# Guoqi de xiaolü

# 国企的效率

◉ 童亚辉 著

浙江人民出版社

**图书在版编目（CIP）数据**

国企的效率 / 童亚辉著. — 杭州 ：浙江人民出版社，2022.10

ISBN 978-7-213-10805-1

Ⅰ.①国… Ⅱ.①童… Ⅲ.①国企改革-研究-中国 Ⅳ.①F279.241

中国版本图书馆CIP数据核字(2022)第184803号

# 国企的效率

童亚辉　著

出版发行：浙江人民出版社（杭州市体育场路347号　邮编　310006）

　　　　　市场部电话：(0571)85061682　85176516

责任编辑：沈敏一

责任校对：姚建国

责任印务：陈　峰

封面设计：厉　琳

电脑制版：杭州兴邦电子印务有限公司

印　　刷：杭州富春印务有限公司

开　　本：650毫米×970毫米　1/16　　印　　张：21.75

字　　数：246千字　　　　　　　　　　插　　页：6

版　　次：2022年10月第1版　　　　　　印　　次：2022年10月第1次印刷

书　　号：ISBN 978-7-213-10805-1

定　　价：78.00元

如发现印装质量问题，影响阅读，请与市场部联系调换。

# 序 一

在中国，国有企业是一个十分独特而重要的存在。

新中国成立后，我国国有企业在国民经济和社会发展事业中发挥着举足轻重的作用。作为承载了新中国社会主义制度优越性、担负着特殊的社会和政治功能的经济组织，它所具有的重要性是其他任何经济单位无法比拟的。

经过数十年的建设和经营，国有经济已经成为我国占主导地位的经济形式。在建立我国完整的经济体系尤其是工业体系方面，国有企业是毋庸置疑的主力军。可以这样说，没有国有企业，中国的社会主义经济体系无法形成且长期的快速经济增长完全不可能实现。按理说，对于在新中国建设、发展中发挥了不可替代的重要作用的国有企业，对于这样一个具有十分显著的中国特色的经济组织，中国经济学界应该有客观、科学、系统、深入的研究。然而，令人遗憾的是，事实并非如此。

改革开放后，经济学界围绕我国国有企业展开的研究和争论，一度十分活跃，各种学术观点彼此争锋，一直持续到20世纪90年代初。回顾起来，那应该是中国经济学界研究国有企业问题的黄金时代。那个时候，经济学家的思维方式和知识结构颇具多元、开放的特点，马克思主义政治经济学的、东欧改革经济学的、西方转型经济学、比较经济学的理论范式，被积极引入中国的国有企业研究，经济学界的现实感和常识感尚未完全丧失。正是这种知识基础的多元性以及基于整体的考察视野，使得学术界在讨论国有企业时尚能较为全面、较具历史意识地看问题。马克思主义政治经济学出身的老一辈经济学家，能够以基于唯物史观的历史理性思维，把国有企业问题置于特定发展阶段和中国政治经济社会体系的大背景下来予以评价和讨论。但是，毋庸讳言，脱胎于苏联体系的政治经济学范式，即便其立场与指导思想是稳定和牢固的，也缺乏可以与西方经济学进行对话的方法体系、话语体系和工具体系。研究专著多半叙事宏大、体系完整，而真正立足现实，有理论厚度、现实针对性和解释力的则付诸阙如。

20世纪80年代末90年代初，东欧剧变、苏联解体，冷战结束，新经济自由主义和经济全球化的浪潮互相裹挟，借助美国在世界上的强大影响力被推送到世界的各个角落。实施全面开放战略的中国成为这种推送的目的地。

在融于现代经济学深层的新经济自由主义意识形态范式的主导下，中国的经济学走上了系统性重构的轨道。经过十余年的时间，中国的经济学研究，无论是基础理论还是应用研究，都呈现出全盘"美国化"的面貌，成为中国社会科学中被西方范式套牢程度最深的理论场域。

标榜价值中立、实证研究取向的西方经济学，形成了一整套基于"公理性"假设的逻辑演绎体系，借助数理分析方式，成功地塑造了客观、科学的学术面貌。这一整套"科学的"经济理论，其价值内核是把建立在私有产权制度和竞争性市场机制基础上的所谓自由企业制度作为经济体制的理想形式，把单个企业的盈亏作为经济效率高低的唯一衡量标准。其具体操作方式就是基于方法论个人主义、形式主义实证经济学的分析范式，将企业从其赖以存在的社会政治文化结构中剥离出来，舍弃企业的历史和伦理特性。一旦企业被仅仅定义为一种纯粹意义上的经济主体，一种以资本主义市场经济体制作为其运行环境的基本利益单元，则自然就可以将其纳入以狭义理性经济人方式行事的一般意义上的纯粹经济主体来予以分析——只需考察企业的盈利和亏损，以此来判定它存在的价值。

　　讨论中国的国有企业，学者取何种立场、观点和方法，是十分值得注意的。基于新自由主义的经济学范式对公有制经济尤其是国有经济而展开的研究，无论其学术的具体内容和表现形式有多么不同，其价值内核和基本结论是接近的，那就是，无一例外地用单个国企的账面盈亏来作为评价依据。这种经济学断言，如果国企盈利了，一定是因为制度性专营、政策性垄断给予国企的特殊优惠；而如果亏损了，则是由于产权界定模糊所导致的责任不清、竞争激励不足。不仅如此，这种经济学还抱有牢固的信念，即国有企业的行为会造成整个价格机制的扭曲，损害资源配置的宏观效率。总之，这种经济学以武装到牙齿的实证研究体系确定了以下的研究结论：国有企业本质上不是具有经济学正当性的经济组织形式。是否认同这个结论，似乎成为衡量一个人是否为受过科班训练的合格经济学家的唯一标准。这种关于国有企业的观念，也自然而然地成为国际主流经济学的"学术共识"。一个对经济思潮和主流学术语境毫不知情的人，对这样的"共识"，是很难抗拒的。

　　经济学界的主流对国有企业的"共识性偏见"之所以形成并牢

固确立，一方面是因为西方新自由主义经济学范式全面重构了的经济学，以现代科学的面目获得了众多的拥护者；另一方面则是因为学术界缺乏真正有分量的抗衡者与反对者。在我国，放眼望去，既有扎实的经济学功底又有国有企业实际工作经验，真正了解、理解国有企业的实际运作，善于思考并提炼实践经验的人，即兼具理论与实践双方面能力的学者少之又少。如此一来，在我国就缺乏一种足够强大的声音去回应经济学界几乎一面倒的否定性研究。

我早年有一段时间从事比较经济学和制度经济学的教学与研究，关注过国有企业的改革和发展这个重大的理论与现实问题，对当时学术界普遍关注的国企改革的几个焦点问题，譬如到底该如何看待国有企业的亏损，亏损的国企如何通过改革来扭亏为盈，西方发达国家是如何对国有企业实施经营和管理的，等等，有过关注，做了些粗浅的研究。20世纪90年代中期前后，发表过《国企如何走出困境?》《西方国有企业管理模式的比较与借鉴》等文章。不过，那时候，苦于缺乏适合中国国情的政治经济学方法和理论体系，便不得不采纳当时已经成为国内经济学主流的西方经济学范式来判断和处理国有企业问题。另一方面，作为一个一直生活工作在大学这个象牙塔内的经济学教师，完全没有在国企工作的经历，屈指可数的几次社会调查也是走马观花、蜻蜓点水，根本谈不上深度了解和理解国有企业的真实状况。在这种条件和社会背景下，围绕国企而展开争论的各方观点的是与非，我所作出的判断多半是随波逐流的。当时以及此后的相当长时间里，像我这种情况，在国内学术界应该不是少数。

中国共产党诞生已经101年，新中国至今已走过73个春秋，全面实施改革开放战略也有44年了，任何公正的观察者和研究者都不能不承认中国所发生的翻天覆地的变化。以经济实力为重要标志的国家综合实力已经跻身全球二强，GDP总量位居世界第二，仅次于美国，而且与美国的差距在不断缩小，以购买力平价为标准测算的GDP总量已经超越美国居世界第一。政治、社会、文化、生态等领域发生的变化，虽然不能像经济领域那样用GDP指标来量化，但变化之大是每一个中国人都可以切身感受到的。以任何国际通行的评价体系来衡量，中国人民的生活水平都在持续提高。很难想象，离开强大的国有经济组织，中国能够取得如此伟大的发展成就；更不能想象，完成第一个一百年奋斗目标，朝着实现第二个一百年奋斗目标、建设社会主义现代化强国前进的历史进程，可以没有国有企业的担当和作为。

我的基本判断是，并不是国有企业本身出现了正当性危机，而是主流经济学理论本身存在着正当性危机。我以为，中国的经济学界，需要开启一场新的理论变革。关于国有经济的真正科学的研究，亟待激活。

不久前，我收到大学时代的同窗好友童亚辉发来的一部名为《国企的效率》的书稿。当时我正在北京参加全国"两会"，利用几个晚上的时间，通读了全书。这部著作解答了困扰我多年的关于国有企业的重大理论和现实问题，系统有力地回应了目前经济学界关于国有企业的主流认识和正统观念。我阅读后，感到十分欣慰，深感它内容充实，是一部国有企业研究的力作。

亚辉本科读的是政治经济学专业，后来又进一步深造，获得经济学博士学位。在读书期间，他得到青木昌彦、上原一庆、王怀宁等著名经济学家的指导，有着扎实的经济学功底。他的理论储备包括但不限于马克思主义政治经济学、新制度经济学、比较制度分析、世界经济学等，从书稿的内容可知，他对新古典经济学也十分熟悉。在退居二线之前，他长期在能源部门的国有企业工作，有着极为丰富的实践经验，是一位优秀的企业家，曾获"能源70年·功勋人物"称号和2020年"十大风云浙商"特别奖。我以为，这样一位既受过较好的理论训练，又在国有企业深耕多年、亲身经历了改革开放后我国国企改革发展的全过程、极富实践经验的人，在国有企业的问题上无疑是最有发言权的。

《国企的效率》的内容十分丰富，而且具有系统性。全书几乎囊括了我国国有企业所有的重大问题，包括国企性质与地位、国企对我国经济社会发展的贡献、国企的组织形态及其变迁、国企的运营以及内部治理的核心、国企的效率高低到底该如何度量和评价以及国企的改革等。这些问题不是彼此独立互不相关，而是彼此制约互相影响的。要讲透其中的任何一个方面，都不能孤立片面地就事论事，而必须要联系其他的方面。不仅把国企自身当作一个系统的整体，更重要的是把国企置于我国政治社会文化的更大系统中去考察，不是把国企当作一个相对静态的实体来进行分析，而是当作一个不断变迁演化的历史塑形的存在来动态地予以考察。唯其如此，我们才能准确地把握中国的国有企业。我以为，《国企的效率》较好地呈现了体系性考察的特点。

不同于以往很多研究国企的论著，《国企的效率》试图集各家之长，构建一个国企研究的新学术框架。我以为这样的尝试十分可贵，成效也很明显。在书中，我们欣喜地看到，作者以马克思主义的立场观点方法为研究的基本遵循，借鉴了现代经济学的具体分析方法和工具，构建起了集学术规范性与综合性于一体的"国企经济学"理论体系。这一体系初步呈现出具有中国风格、中国特色、中国气派的社会科学新面貌。

　　理论联系实际，是《国企的效率》一书的亮点。作者长期在国企工作，对我国国企运营的特点以及优劣之处非常熟悉，他以实事求是的态度，联系相关的理论对现实中国有企业的经营进行了相当系统的解读和分析，也较为深刻地剖析了国企制度和运行机制存在的若干问题及其成因，对目前国企存在的某些弊端，不饰非、不推诿，而是坦诚面对，条分缕析，提出了进一步改革的可行方向与具体对策。

　　综上所述，《国企的效率》是一部十分出色的学术专著。它的问世，意味着我国学术界在构建新的"国企经济学"方面迈出了坚实的一大步，必将为中国经济学更大范围和更深程度的创新提供有益的新动能。

　　是为序。

罗卫东

　　罗卫东，第十三届全国政协委员，浙江大学经济学院教授、博士生导师，浙大城市学院校长，国务院特殊津贴获得者。

# 序 二 ————

　　中国的国有企业是中国特色社会主义的重要组成部分，是其重要的物质基础和政治基础。在市场经济中，企业是微观主体，充分发挥企业的活力是任何一个经济体健康发展所不可或缺的条件。但是企业有各种分类，有国有企业、国有控股企业、股份制企业、私营企业等。自主经营、自负盈亏、谋求盈利是企业的共性特征，而各种类型的企业又各有其区别于其他企业的特殊性。中国的国有企业既是经济中的微观主体，具有追逐经济效益的共性特征，又作为特殊的企业，承担着其他的责任，要兼顾社会效益、政治效益或者说政治责任。所以，研究中国的国有企业，除了需要运用一般的经济理论外，还应该从更为广阔的视野来分析研究。童亚辉先生的《国企的效率》就是这样的一部著作。

　　在我看来，《国企的效率》主要探讨了两个问题：一是关于国有企业的效率，二是关于国有企业今后的改革和发展。

　　国有企业的效率低于非国有企业，国有资本的收益率低于非国有资本，都已成为一种共识或被广为认可的事实。如果只是从狭隘的、企业的、微观的账面效率指标上看确实如此，但是，如果从更加宽广的角度和更加宏观的视野来看国有企业的效率及国有资本的收益率，上述结论就不一定是对的。童亚辉先生从他在国有企业工作几十年的经历出发，结合对国企效率问题的深刻思考后认为，要全面、客观地分析国企效率必须结合中国的实际，须从国企所承担的经济责任、社会责任和政治责任三个方面来综合考虑国企的效率问题。而即便是经济效率，也不能仅局限于本企业的一些账面指标，而起码应该考虑国企解决外部性问题的引致效率，以及承担社会责任和政治责任的宏观效率。除此之外，作者还特别提出了国资协作效率，或者说国资运行的总体效率的概念，即由国家产业政策所推动的经济结构转型所带来的效率提升和政府基于国有资本的所有者身份对其所属的全部或部分国有资本采用合作协同的方式，以总体利益最大化的目标进行资本运营所形成的交易成本的节约所带来的效率提高。"中央政府资本和地方国有资本也可以通过政府的行政协调，进行合作协同，在集中力量完成工程、项目、科研的同时，也获得丰厚的经济效益——而无须在搜寻、缔约和监督合约执行上投入太多资源，即节约了大量交易成本。"在书中，作者还进一步指出："我国国有企业在微观效率之外的宏观效率和总体效率是中国特色社会主义制度的'制度红利'之一，这种制度红利在资本主义社会中是不存在的——可能这也是主流经济学无法触摸到国有企业宏观效率和总体效率的原因之一。只有认清这种制度红利，我们才能在真正意义上坚持道路自信、理论自信、制度自信和文化自信。"

童亚辉先生在其论著中提出的关于国企效率的观点，我把它称为国企整体效益论。这一整体效益论的提出，源于他的学术素养，对中国文化、哲学、历史的深刻认识和他长期的国企工作经历。所以本书还有一个值得称赞的地方是其方法论。围绕国有企业，作者采用了一种综合的方法论思路，即以国企为切入点，采用包括经济、政治、历史、文化等多个方面的综合分析，研究国有企业在我国国民经济中的地位、使命和历史贡献，探讨应该如何认识国企的效率问题，并对国企今后的改革提出建议。比如在政治和经济的关系上，作者认为两者是密不可分的。政治集中体现了经济的总体要求和总体效益，是最大的经济，政治就是宏观了的经济，宏观经济就是政治经济学。这种你中有我、我中有你的观点带有鲜明的中国文化的烙印。作者又提出，国有企业是中国特色社会主义制度下的国有企业，有其鲜明的政治属性，所以，它的目标、职责、功能、定位是不同于一般意义上的企业。基于这种综合性视角，作者提出国企整体效益观的思想。

以往人们普遍认为市场经济体制改革和完备的基础设施建设是中国经济实现快速增长的"密码"。市场化改革针对的是不适应经济社会发展的计划经济体制，但是，完备的基础设施靠的是什么往往被人忽略。而本书作者明确指出，中国强大国资国企的存在，是打开中国基础设施建设、推动产业结构转型升级的"密钥"。在改革开放前，强大的国资国企为一穷二白的中国建造起了门类齐全的工业化体系，为改革开放后的经济腾飞奠定了必要的物质基础。在改革开放后，强大的国资国企又为我国经济的持续快速发展创造了条件，是更好地发挥政府作用的具体体现。我国之所以有强大的国资和国企，是有历史文化背景的。从历史的角度看，我国国有企业持续存在的"文化合法性"源于占主流地位的国家本位的经济思想，以及集体主义文化传统。

因为有长期在国有企业领导岗位的丰富工作经验，加上喜欢对实践中遇到的问题作理论上的思考，童亚辉具有一般经济学家和一般企业家所不具有的独特优势，能够从经济现象中洞悉出深刻的见解。作为一家企业的主要领导，他自然关心企业的经营业绩，关心企业的微观效率、职工的福利水平等。又因为他担任一家国有大企业，且是基础性、支柱性国企的领导，所以特别关注党和国家的大政方针，关注国企在贯彻国家大政方针中所体现出的外溢效益，即他所认为的宏观效率和总体效率。

关于国有企业的改革方面，虽然大的改革思路国家已经明确了，但在具体的操作层面上仍存在着许多需要进一步研究的地方。作者从国企改革亲历者的角度，提出国企改革首先要明确国有经济的功能定位，即既要弥补市场经济中的市场缺陷，又要能够巩固社会主义制度的经济基础和发挥国有经济在国民经济中的主导作用。这样的定位赋予了国有经济"盈利性使命"和"公共政策性使命"的双重特性。由此，对国有企业的改革应该按照分类改革的思路推行，而切不可"一刀切"。作者分别从企业的政治、经济、社会三种属性出发，在确立以市场主体为国有企业改革价值基本取向的基础上，分门别类地对不同类型的国企改革从委托代理中授权管理制度的完善、国有资本退出机制的路径设计、市场化经营中激励约束机制的构建、责任追究体系的完善、法人治理体系的完善等方面进行了有益的探讨并提出了改革建议。不难看出，这些建议中所闪现的真知灼见都源于作者本人一生的实践经验和理论思考。

最后，我相信，靠着深厚经济管理学功底，以及在国企岗位打拼30余年的亲身经历，童亚辉先生所呈现给我们的这部《国企的效率》不仅能满足国企研究者们的兴趣，更能为国企的具体实践者、经营者们的实践提供有效的指导。

是为序。

钟晓敏

2022 年 4 月于杭州钱塘江畔

钟晓敏，男，1963 年生，浙江平湖人，经济学博士。现任浙江财经大学校长、党委副书记、二级教授、博士生导师。享受国务院政府特殊津贴，国家"万人计划"哲学社会科学领军人才，中宣部文化名人暨"四个一批"人才，国家百千万人才工程人选，国家级突出贡献中青年科技专家。兼任教育部高等学校财政学类专业教学指导委员会副主任委员、国务院学位委员会应用经济学学科评议组成员。

# 自　序

从1988年3月，国家煤炭工业部撤销，我转到新组建的中国统配煤矿总公司工作，到2020年12月离开浙江省能源集团公司，我在国企工作了近32年。其中，在央企工作12年，在地方国企工作近20年。国企工作占据了我一生的绝大部分工作时间，我伴随着国企的改革发展一路走来，应该说，是国企的知情者。我所服务的企业与煤炭、电力、天然气、石油和可再生能源等基础性产业相关，加上我在原煤炭工业部从事过几年全国煤炭分配调运工作，因此，我对基础性、功能性国有企业有比较深刻的感受。

但我还算不上是一位国企的明白人。直到去年底我从国企负责人的岗位上退下来，摆脱了繁忙而充满挑战的生产经营活动，才有时间把平时困惑已久但无暇思考的有关国企的一些基本问题进行梳理和探究，并撰写成书，以求教于方家。

一

先谈国企的效率问题。国企有效率吗？国企没有效率！无论是经验判断、统计数据表明，还是经济学理论分析，很容易得出这个结论，而且基本成为一种社会共识。我本人在很长一段时间里，非常认同这个判断，也赞同这样一句话："国企搞好是偶然的，搞不好是必然的。"国有的资本收益率低于非国有企业是个普遍性的事实，企业行政化，领导官员化，员工冗余、工作热情不足，经营者不作为或乱作为，这或许是很多人心中的国企"标准画像"。在计划经济时代，国家对国企实行生产资料统一调拨，按计划生产，产品统一分配的计划管理，国企实际上是一个生产车间。因此，日本东京大学教授小宫龙太郎定论："中国没有企业！"即使在改革开放后，国企进行了多轮改革，但政府管理的色彩依然浓厚，在资源配给、价格管理、产品供应、人事管理、收入分配等诸多方面，国企仍然自主权不足，以至于不被社会上、商业界，甚至一些行政官员认为是真正的企业。国企的高管，不管业绩是否优秀，都不能被认为是企业家。政府倡导要尊重企业家、爱护企业家，提倡企业家精神，等等，往往仅针对民营企业家。以至于国企的经营者们，说自己是企业家，底气不足，私下自嘲"非官非商，亦官亦商"。

当代经济学理论告诉我们，只有市场竞争才能最大限度地提高企业效率。只有完善的市场经济体制，才能为企业提供充分的竞争环境。只有企业成为合格的市场主体，才能开展市场竞争。而为数众多的国企还不具备作为市场主体的独立性，无力参与真正意义上的市场竞争。因而，国企缺乏效率是必然的。看来，从理论和实践上看，国企没有效率是可以"盖棺论定"的。

但在政府和国企的长期工作经验告诉我，问题并不这么简单！既然国企效率这么差，那要国企干吗？采用西方国家采取过的私有化办法退出不就可以了吗？俄罗斯"休克疗法"后，经济状况又如何呢？习近平总书记在2016年10月10日国企党建工作会议上强调，国有企业是中国特色社会主义的重要物质基础和政治基础，是我们党执政兴国的重要支柱和依靠力量。如果国企是低效率的落后生产力，能承担起基础性、支柱性的重要使命吗？社会主义的根基和中国共产党的执政基础还会稳固吗？

新中国成立短短70余年，特别是改革开放仅仅40多年，我国的工业化和经济社会发展道路走过了西方国家百年甚至几百年的路程。有人这样描述我国社会主义建设的奇迹：短短70年，村村通电、乡乡通路，文盲率从90%下降到3%，高等教育本科率达到40%，高速公路、高速铁路里程全球第一，钢铁、水泥、发电量全球第一，肉类、蔬菜、水果的消费与种植全球第一，新生儿夭折率全球倒数，犯罪率在5000万以上人口的国家和地区中最低……我国拥有39个工业大类、191个中类、525个小类，是全世界唯一拥有联合国产业分类中全部工业门类的国家，形成了举世无双、行业齐全的工业体系。我国的工业体系，大多都是从改革开放前的小煤矿、小钢厂、小机械、小化肥、小火电、小纺织、小印刷、小食品企业的基础上发展起来的。改革开放后，特别是加入WTO以后，我国的工业迅速得到发展壮大，在轨道交通、电力、矿山、钢铁、水泥、炼化、船舶、航天、家用电器、纺织、工程建设、通信工程等产业发展和装备制造水平上实现了超越，有的可以用"碾压国外同行"来形容，不仅占领了世界市场，还把高大上的工业品搞成了"白菜价"，奏响了一曲从弱小到逆袭的时代壮歌。我们不仅容纳了全世界主要的中低制造业，成为"世界工厂"，还用不断创新的科技，攻破了很多技术壁垒，粉碎了西方国家对技术的封锁和垄断。

毋庸置疑，在国际竞争中胜出的，一定是行业中富有竞争力的佼佼者。而在这些"国之重器"中起基础性、主导性、骨干性作用的正是国有企业或国有控股企业。这么看来，总体而言，国有企业是具有效率的，而且有非常不错的效率。一个以公有制为主体的国家，如果主体没有效率，却在国际竞争中完美胜出，并创造出人类发展史上的奇迹，怎么能说得通呢?!

看来是我们对国企的判断出了问题，国企的效率被低估了！国企的账面效益不能全面反映国企所创造的价值，国企创造出的另外部分价值应该是以其他的形式"溢出"到社会了。我们往往把这部分的溢出效益称之为间接效益或社会效益。而我们对这部分效益研究不够、知之甚少。我们不清楚单个国企的账面低效率如何构成国资总体上有效率。我们以往只是从管理的角度去看待国资的运行，从"政策工具"的角度去看待国企的政治、社会功能，而没有从经济学的角度去研究和评价国企创造出来的，以政治责任和社会责任的面貌展现出来的那部分价值的成因及来源。这种我国社会主义基本经济制度下的特有经济现象，在资本主义国家里是没有的。因而，在当代西方经济理论中，无论是宏观经济学，还是微观经济学，乃至专门的厂商理论，都没有涉及国企。看来西方自由经济的理论学说，解释不了我国所特有的国资国企的效率问题。西方关于企业效率的评价体系和方法，并不适合用来评价我国的国有企业。关于我国国企不具效率的错误结论，很可能是源于对西方相关理论和方法的错误套用。我们必须建立起符合我国社会经济制度和国资国企实际的国企效率理论体系、评价方法。比如，各单个企业的有效率，就一定构成社会总资本的有效率吗？我国社会制度特有的优越性——集中力量办大事，仅仅是能办成大事吗？从经济学的意义上说，不同企业间资本和分工大合作是不是有可能达成高效呢？我国的国有资本，形式上是分散由各个独立的国企进行经营活动，但实际上在一定范围内都只有一个所有人（央企属中央政府，地方国企属于它所在的省或市、县政府）。政府在必要时可以对其所属的全部或部分国有资本采用合作协同的方式，以总体利益最大化的目标进行运营，甚至中央政府资本和地方国有资本也可以通过政府的行政协调，进行合作协同。在集中力量办成工程、项目、科研的同时，也获得丰厚的经济回报。我们有理由推想，在社会主义制度下，效率不仅仅来自市场竞争，还可以出自合作协同。我以为，国资国企的效率，应该由企业账面的微观效率、向政治及社会溢出的宏观效率和国资运行的总体效率三部分构成，来自市场竞争和合作协同两种机制。

## 二

再来谈谈国企的改革问题。自改革开放以来，国企大体经历了五轮改革，从扩大企业自主权，企业内部经营机制改革，到现代企业制度和国有资产管理体制改革，再到以混改为主要内容的所有制改革，层层推进，不断走向深入，取得了巨大成绩，但与党中央、国务院提出的明显增强国有经济活力、控制力、影响力、抗风险能力的目标要求相比，仍然有很大差距。

第一，企业自主决策权力不足和决策能力不足并存。一方面，与理论定义的真正意义上的企业（如民企、外企）相比，国企在投资、生产、营销、人事、分配等方面缺乏必要的自主权；另一方面，董事会在决策机制的完善、运行和经营者素质等方面不能满足自主决策要求，甚至有的董事会形同虚设，或是一人说了算，或是一盘散沙。

第二，企业内部激励约束处于一管就死、一放就乱的怪圈之中。收入分配方面，职业经理人市场的形成缺乏必要的环境要件，经营者收入缺乏合理的确定标准和形成机制，职工收入能高不能低和平均化倾向明显，股权、期权等长效激励手段无法有效应用。国企员工能进不能出，有时还要承担一定的就业任务。同时，国企缺乏活力成为普遍现象。

从国资管理层面看，也存在一些需要改善的问题。

第一，出资人缺位问题的解决措施没有落到实处。理论上讲，国家设立国资委这个特别机构，行使出资人代表职责，解决了出资人缺位的问题。实际上，国资委仍然是行业主管部门，对国资国企进行行政管理。出资人代表并没有进入企业法人治理体系之中，能够通过发挥股东会职权来行使出资人权利。独资国企也都不设立股东会，即使是国有合资企业，股东会也只是由出资企业的经营者组成，出资人及其代表依然游离在企业治理体系之外。

第二，国资运行缺乏必要的退出机制。国资应根据其担当的使命，在不同时期，随着使命的变化，保持进入和退出的动态运行。但国资委是国资的管理者和监督者，不是经营者。没有经营所必需的机制安排，也缺乏建立对国资进入和退出的评价体系。只有当国企出现重大亏损难以为继，有可能出现职工领不到薪水而涉及稳定问题时才出手相救，承担"救火队长"的职责。由此可见，前面所说的国资之间的合作协同，往往是在政府为某一重大事项作出"集中力量办大事"决策时，才开展的资源组合。这种合作协同所引致的资本效率是"办大事"的无意之为、意外收获。

第三，"有形的手"对国企作用的科学运用问题。国企是公有制的主要实现形式，在我国的经济制度中发挥着主体性作用。大多数央企和地方骨干型国企，往往在国民经济运行中发挥着基础性和

"政策工具"作用。这种作用构成了国企的政治责任和社会责任。这部分付出便被表述为国企的政治效益和社会效益。有意思的是，这部分国企的资产付出，国资委是不管的。政府经济运行部门在使用国企这个政策工具时，一般不需要与国资主管部门沟通。这个政策工具该不该用、用多少合适、"性价比"如何，往往取决于政府官员的经验、权威，以及与企业的"讨价还价"。如果企业产生重大的利益损失，政府会在恰当的时候，通过资源配置或政策支持，给予补偿。这类基础性、功能性企业在政府这只"有形的手"的调控下，无法成为独立的市场主体，开展市场竞争。账面鲜有良好的经济表现，成为为世人所诟病的低效率的国企典型。其实在本文前面讨论国企效率部分已经讲过，说这类国企是低效率的，有失公允。恰恰是可能它们在政治责任、社会责任上有重大担当，从而带来很高的宏观经济效益，诠释着"政治是经济的集中表现"（列宁语）。也正是这种宏观效率贡献，使国企成为我们党执政兴国的重要支柱和依靠力量。

那么问题来了。这类基础性、功能性的国企改革，应该采取什么样的价值取向？我国经济体制和国企改革的基本逻辑是：社会主义市场经济体制的基本框架，由市场主体、市场体系、宏观调控体系、收入分配制度和社会保障制度"五大支柱"构成。通过发展国有资本、集体资本和非公有资本等参股的混合所有制经济，使国企成为自主经营、自负盈亏的市场主体，从而打破撒切尔夫人所说的"社会主义和市场经济不可能兼容，社会主义不可能搞市场经济，要搞市场经济就必须实行资本主义，实行私有化"这一预言。但是，当国企真正成为自主经营、自负盈亏的市场主体，具备按市场供求关系和竞争法则独立自主开展决策和经营活动的"经济人"的时候，它还具有"政策工具"的属性吗？政府又如何通过在行为方式上与民企、外企并无二致的国企来实行宏观调控、发挥其国有经济的支柱作用呢？这些不能由政府支配而是由市场支配的国企还有存在的必要吗？如果仅仅是因为所有制上是公有的，政府只能通过赚取国有资本收益体现国企的作用，那和西方国家的国企又有什么区别呢？要解决这个问题，要么对现有政府将国企作为"政策工具"使用的方式方法进行改革，使之适应企业作为市场经济独立主体的新定位新特点，继续发挥基础性、功能性作用；要么深入研究对这些基础性、功能性国企改革的价值取向，保持国有资本的完整性，强化政府对国资的运营和管控，建立科学、高效的政策工具应用评价体系，通过国资的合作协同，引致国企的总体效率，通过政策工具的科学运用提升国企的宏观效率。

本书除了对上述基础性、功能性国企改革的价值取向开展讨论外，还尝试对国企的"三大责任"属性、收入分配制度、职工主体地位和追责容错等方面改革问题进行探讨。重点在于提出问题，通过问题导向，引起大家的关注与思考。

需要特别指出的是，中国的国有企业，是公有制的重要实现形式，在以公有制为主体的基本经济制度和中国特色社会主义市场经济体制下运营，是迄今为止人类历史进程中，包括资本主义社会所不曾有过的，具有独特的内在发生发展规律。因此，研究中国的国有企业，必须在重新审视当前主流经济理论的基础、前提和方法下进行。为此，我在比较全面系统地论述国企之前，以导论的形式，花较大的篇幅，作了相关经济理论的审视和反思方面的努力，为读者更好地理解中国国企提供理论上的背景。由于本人长期从事企业经营实务工作，理论功底相对薄弱，书中难免会有疏漏甚至错误，热忱欢迎读者批评指正。

　　商事已矣，文心犹存。我谨将此书作为我一生经济工作的总结，为商海生涯画上一个句号，开启自己所钟爱的文化艺术之"无用人生"。录旧作《花甲归休感怀》作为此序的结语：

　　　　商海沉浮察不祥，谁教微命奉游光？

　　　　蝇营岂望摩霄汉，句曲何曾为稻粱。

　　　　侠骨尝从余业崛，文心始复少陵狂。

　　　　秋风大壑龙蛇走，不尽潮河入浩茫。

　　是为序。

童亚辉

2022 年 4 月于杭州

# 目　录 ————————

# 导 论

学习经济学的主要目的，
就是不受经济学家的欺骗。

——琼·罗宾逊

# 经济学的神话

理论源于实践，是对事物运动规律的总结、归纳和系统表述。理论的目的是为了指导实践。看一门理论是否科学，就看它有没有对事物运动的本质及其相互关系形成规律性的认识，从而正确指导实践，并在实践中得到验证，即所谓"实践是检验真理的唯一标准"。理论在对实践的科学指导中实现全部的价值和意义。

西方经济学的诞生以亚当·斯密《国富论》的发表为标志（萨缪尔逊语）。此后，在一大批天才的经济学家的努力下，以斯密"自由竞争"市场机制的伟大发现为基石，带着对"看不见的手"的无限崇拜一路走来，构筑起了以新古典学派为主流的庞大的资本主义经济理论大厦。其中，很多堪称经典的经济理论都闪烁着人类智慧的光芒。然而，在我看来，崇尚自由市场自动调节（市场均衡）和自主促进经济作用的主流经济学，除了教会学习者们建立起一些理想性的经济观念和一些工具性的分析方法之外，更像是一门关于西方经济史解释的学问。比如，张伯伦基于现实中更多处于垄断竞争或不完全竞争的市场模式，运用边际分析法，解释了垄断竞争的成因、均衡原理以及福利效应。凯恩斯则基于资本主义世界实际出现的生产过剩危机和就业不充分的现实，否定"供给创造自己需求"的萨伊定律，指出在通常情况下，总供给与总需求的均衡是小于充分就业的均衡，所以要从增加有效需求入手，来实现充分就业，消除产生失业与危机的基础。既然"无形之手"不能解决新阶段社会经济的均衡问题，那用"有形之手"也就顺理成章了。尽管凯恩斯为政府干预经济找到了依据，被奉为现代宏观经济学的开山鼻祖，但他仍然强调市场机制是基础，政府只能在"市场失灵"的情况下进行有限干预。"萨伊定律"是对处于社会供给普遍不足的"初级阶段"资本主义经济现象的说明，而"凯恩斯主义"则是对20世纪二三十年代资本主义发展到一个"新阶段"的社会经济现象的说明。事实证明，即使"革命性"的凯恩斯经济学，在市场机制的"紧箍咒"下，其理论的实践指导意义仍然是非常有限的，很快便被理性预期理论"打脸"。卢卡斯等人从货币政策的角度，解释了政府干预经济的宏观政策的无效性，证明了同样存在"政府失灵"。在此期间或此后的一些经济学家们，尽管提出的很多理论精彩纷呈，风靡一时，但大多着眼于分工、贸易、组织或增长等经济大树中的枝干，运用数学、物理学、心理学等原理或工具，用趣味性、游戏般的语言和模型，解释社会经济的各种现象和人的各种行为动机。因此，西方主流经济学对于指导社会经济的实践活动，并没有起到"合理配置资源"或前瞻性的指导作用，也没能成为教会人们如何创造财富的学问。中国改革开放后的大量事实也表明，学富五车的经济学家往往不是操控经济实务的行家里手，而那些文化程度不高的农民凭着其天生的商业直觉成为白手起家的财富创造者。从经济学理论的作用而言，只有马克思创立的政治经济学是一个例外。他的理论深刻地改变了世界的格局，影响了人类社会发展的进程和方向，体现了真理的力量。

西方主流经济学最终没有成为揭示人类社会经济发生、发展规律的科学，其根本原因恐怕在于其局限性。西方经济学因资本主义的兴起而产生，因资本主义的成功而成就。历代经济学家从新兴资本主义"一骑绝尘"的经济表现中，看到了资本的力量，同时也敏锐地意识到，人类文明发展自然形成的自由市场环境，是资本大显身手的最好舞台。从而得出结论：市场机制是人类社会最有效率的资源配置机制。以此为理论前提，他们提出坚持私有制、坚持经济自由化和反对政府干预经济的三大主张也就顺理成章了。他们的局限性，不仅表现为受资本主义经济制度、运行方式以及文化思想等客观环境所局限，还表现为对人类社会不同发展时期经济模式多样性和经济体系复杂性的认识局限。马克思历史唯物主义认为，社会发展历史有其自身固有的客观规律，一切社会制度、社会形态都是人类社会从低级到高级的发展过程中的暂时现象，对此要用发展的眼光来看待。把资本主义制度看成是永恒的社会制度，把市场经济看成是唯一有效率的经济制度，是片面的、形而上学的。社会经济是一个复杂开放的耗散巨系统，它贯穿着人与社会的方方面面，试图用一种模式或一种理论来总结和解释其内在机理的做法是不可取的。

市场均衡是西方经济学描绘出来的一个神话。市场达到均衡状态，意味着社会生产和社会消费达到完全一致，无论是数量上还是结构上。这是一个极其理想的经济状态。让西方经济学家们欣喜的是，市场本身先天具备了这种神秘的"均衡"力量。它仿佛有一只充满魔力的"看不见的手"，在充分竞争的条件下，运用价格杠杆，调整着供需双方的力量对比，最后走向均衡。但他们很快又发现，在通常情况下，市场竞争并不那么充分。市场上总归不是都有无限多的买者和卖者，产品完全没有差别是不现实的，厂商进入市场也存在门槛，最关键的是买卖双方的信息掌握总是不对称的——

用中国的老话来说就是"买的没有卖的精"。因此,以充分竞争作为前提条件,是过于理想化了,完全竞争的市场均衡不是常态。

为了维护市场均衡理论,20世纪30年代张伯伦和罗宾逊提出了垄断竞争市场均衡理论。该理论从短期和长期两个方向描述了垄断竞争下市场均衡的情形,分析了达到均衡的条件和利弊,使均衡理论更加符合市场实际,展现了市场均衡理论的生命力。按照垄断竞争理论的定义,垄断主要存在于产品差别大的情况下,其他基本与完全竞争的情况相同,因而,基本接近完全竞争。垄断竞争市场均衡同样是一种很具效率的市场均衡。但是,尽管我们很难界定清楚一个市场有多少产品是在这种垄断竞争的情况下进行交易的,仅就其具有垄断的特性而言,必将影响着市场配置资源的效率。垄断竞争减弱了价格杠杆的作用,提高了市场价格,改变了利益最大化的概念,使之既表现为超额利润,也可能表现为亏损减少;造成产能过剩,使商品产量低于有效规模。更主要的是垄断竞争同样不能回答完全竞争理论遇到的厂商数量、市场自由进出和信息不对称的现实问题。市场的严酷性还不仅只止于此,寡头竞争或寡头垄断也是市场的常态。寡头的出现,极大改变了供需双方以及供需双方内部力量的对比,垄断价格取代了市场价格,使市场的均衡对国民经济变得毫无意义。"看不见的手"便也失去了拨乱反正的魔力,只能交由政府这只"看得见的手"来力挽狂澜了。

市场是配置资源的最好方式,这是西方经济学描绘的另一个神话。由于寡头竞争和寡头垄断的存在,市场配置资源的效率大打折扣。但是,均衡理论的问题还不仅仅只有以上这些,还有一个重要的问题需要引起我们足够的思考,即是不是所有资源都适合通过市场方式来进行配置?经济学对于资源这个概念的研究是非常缺乏的。微观经济学常用生产要素来泛指资源。"生产要素就是用于生产产品和劳务的资源","笼统地讲,主要的生产要素为土地资源、劳动、资本和人力资源"(蒙代尔等,2020:4)。它将"资源"定义为"生产过程中所使用的投入",也就是生产要素的代名词。由此,我们大概知道了"资源"在经济学意义上的基本内涵,即生产要素。然而在现实生活中,资源是个十分庞杂的体系,有水、土地、森林、草原、动物、矿藏等自然资源,也有人力资源、信息资源等社会资源,还有经过劳动创造的各种物质财富。大多数自然资源以及高科技形成的社会资源由于其稀缺性往往成为垄断资源,形成垄断价格,使市场方式配置没有了效率。或者,所有者没有意愿进入市场交易,使配置资源的市场没有了用武之地。如某交通公司要修一条高速公路,从资源配置最优的角度而言,购买沿线土地用于修路是对资源的最佳利用。但由于某土地所有者,出多少钱也不愿出售土地,使得高速公路无法修成,也使得土地资源不能得到最优利用,市场也就失去了资源配置的功能。

要素并不总是通过市场方式最优配置的另一个情形就是,企业组织的替代。科斯说,企业是市场的替代。这说明,企业和市场一样,同样可以起到配置资源的作用。企业因其采用资本的集中和内部组织对人力资源的等级管理,特别是人力资源配置由行政命令代替了市场交易谈判,极大地降低了交易成本。因此,企业也可以看成是另一种资源配置的有效方式,尽管企业一开始是用市场方式来获取资源的。

西方主流经济学,作为工具式的理论,无法解释人类社会复杂的经济问题,更不能给社会经济发展以正确的指导。"迄今为止尚无国家按照主流经济学理论制定经济政策而获得成功的。即使有少数几个国家和经济体实现了转型发展，其经济政策按照主流经济学理论来看，也是错误的"（林毅夫等，2021：397）。

# 同行眼中的"市场失灵"

在主流文献中，"市场失灵"问题是政府干预的主要缘由。这是深刻影响西方同时也影响着东方的一种理论和意识形态的观点。他们深信，市场可以组织生产过程，而且由市场进行组织在结果上比其他组织方法更好。然而，他们也承认，市场可能会"失灵"，政府可以通过提供正确的激励来重新分配资源以解决这种失灵。一些主流学者甚至承认了这种"市场失灵"会产生以有效需求不足为核心的一系列问题。同样地，政府可以通过财政或货币政策发挥积极作用来刺激需求。尽管如此，一系列"市场失灵"现象仍被认为是由市场的不完善引起的，并且只在短期中存在，而只要坚持让市场发挥调节作用，就会使经济状态趋向均衡状态。因此，政府干预的目的也仅仅是为了解决市场的这种短期性的不完善（Mazzucato & Wray，2015）。

越来越多的经济学同行开始认为这种论点存在根本性缺陷。如，马祖卡托、兰德雷等非主流经济学学者就这些论点存在的缺陷进行了深入讨论（Mazzucato & Wray，2015）：

第一，没有证据表明，市场会趋向于达成均衡状态。正如凯恩斯甚至在他创作《就业、利息和货币通论》之前（例如在《自由放任主义的终结》中）就认为的那样，"看不见的手"这一概念源自政治意识形态，而不是经济理论。他的论点后来被严格的一般均衡理论所证实。该理论迫使支持者放弃寻找证据，以证明在存在均衡价格向量的高度简化市场经济模型中，市场的力量将使得经济体完成资源的有效配置。个人最优和社会最优的冲突问题不是由于市场失灵造成的，因为即便模型中所有主体都对市场信号作出最佳反应，所谓的"失灵"也会存在。问题在于，就市场过程而言，它通常不会使经济走向均衡。正如凯恩斯所说，这意味着"公共利益"实际上并不能通过个体追求"私人利益"而得到增进，而这正是斯密的观点。

第二，一般均衡模型中是没有金融，甚至不存在货币的。正如凯恩斯所说，我们经济中的生产是围绕着货币进行组织的：生产从货币开始（用于为生产融资），到最后拥有比开始更多的货币。由于生产的目标在于"赚钱"，所以没有理由认为生产决策会与资源的有效配置是协调一致的。事实上，在过去的半个世纪里，许多最重要的金融创新几乎与真正有助于促进经济增长的活动毫不相干。它们在很大程度上与金融资产头寸的融资——也就是债上加债，以及围绕这些资产的价格变动的投机活动有关。臭名昭著的"合成"抵押债务，以及由此衍生的担保债务凭证的平方和立方就是最好的例子。这些产品基本上就是衍生品形式的赌注而已，也正因如此，其与促进经济长期增长的活动几乎是无关的。

第三，市场没有反映包括家庭、企业和公共机构在内的不同组织的互动结果。要了解这些组织如何作出决定，以及是什么推动了组织的投资活动，就需要深入了解组织，而不是单纯地去了解市场。在创新投资方面，因为大多数创新尝试都是失败的，所以去了解企业如何理解风险和不确定性，以及它们如何长期投入所需的资源是至关重要的。事实上，创新的大趋势在很大程度上根源于政策，并受到政策的引导。第二次世界大战后，全球范围内的许多重大创新都得到了政府的财政支持：政府为基础研究提供了资金，又为这些研究最终产生的产品提供了市场。而欧美国家过去三四十年的政策变化从根本上改变了它们的创新环境，使得在很大程度上由政府提供的耐心的、长期的投融资活动都不复存在了，取而代之的则是投机性融资活动。

第四，市场不能自发地促进财富均等化。经济活动既包括"做蛋糕"，也包括"分蛋糕"。虽然主流框架认为市场决定了如何分蛋糕——应该以每个生产要素的边际生产力为分配依据，但现实中如何"分蛋糕"是很复杂的。市场本身并不"做蛋糕"，而只是在"分蛋糕"过程中发挥着一些作用。在现代经济中，"分蛋糕"也主要是在市场之外进行的。发达的市场是经济发展的结果，而不是原因。市场本身就是一种制度，不存在单一的市场类型。在严格的主流理论中，占主导地位的市场类型是"拍卖人"市场，但这种类型的市场在现实世界中是罕见的。在大多数情况下，价格是在生产活动开展之前或是生产要素进入市场之前就已经被决定的。在过去的30多年中，美国的激励结构发生了重大变化（部分是政策变化导致的），高层管理人员和为数相对较少的金融市场参与者可以参与"分蛋糕"。这在很大程度上促进了财富和收入流向最顶层的人，这种财富和收入的空前集中加剧了分配不平等。虽然正统观念侧重于"技能偏向型"的技术变革（一般认为是市场力量的结果），但实际情况是使高层人士致富的多数价值提取活动都与合法地操纵股票价格有关。美国经济学家海曼·明斯基对企业日益依赖证券交易委员会（SEC）的担忧是正确的，因为该机构所颁布的规则的变化在将"分蛋糕"的控制权移交给公司高层管理人员的过程中起着极为重要的作用。

第五，虽然主流理论假定了资源的稀缺性，但金融并不是一种稀缺资源。主流理论（以及新熊彼特理论）通常将金融与储蓄相提并论，并假定金融中介机构专门在各种竞争性用途（投资、政府赤字和净进口）之间分配储蓄。但是，正如海曼·明斯基所说，金融机构实际做的是在发行自己的借据时接收借据。这与资源的稀缺性不相干，只是一个承销过程。稀缺的不是储蓄，而是好的借款人。金融创新削弱了承销的作用，取而代之的是一种"以市场为基础"的模式。在这种模式下，人们认为市场可以有效地定价和分配风险，这些风险将由基本上不受监管且追求利润的信用评级机构评估。事实证明，新模式的效率并没有更高（这是从降低成本的意义上说，因为新模式需要更多的参与者来"分蛋糕"），而且这种模式在风险评估方面的表现也是一塌糊涂。

第六，近几十年来，欧美国家有一种信念助长了放松管制和去管制的运动，即金融市场在"自由放任"的情况下运作得最好。虽然全球金融危机使人们对此产生了怀疑，但很明显，金融改革的重点仍然是利用好市场激励机制和简单的补救措施，例如迫使银行"投入更多的本金"和提高资本比率。这与主流经济学的市场失灵方法是一致的。因此，这些改革不是海曼·明斯基所倡导的对金融系统的根本性重构，即把金融重新导向经济中的资本发展。也正因如此，金融系统没有发生任何根本性的变化，它仍然像2007年那样脆弱不堪。这一点非常重要，因为这意味着没有重要措施能将金融重新引导到为经济长期增长而服务上去。

第七，市场失灵理论只能描述一种稳态情形。在这种情形下，公共政策旨在纠正失灵的根源，使市场可以继续做它最擅长的事情：有效地分配资源。这一理论假定，一旦纠正了失灵，市场就能引导经济走向增长和发展的道路。但市场是短视的，只能沿着现有的技术—经济轨迹配置资源。因此，当政策需要动态地创造和塑造新的市场时，市场失灵理论几乎就没用了。这意味着市场失灵理论在解决创新和社会挑战问题方面的作用是有限的，因为市场失灵理论无法兼容具有重大变革性、促进性和任务导向性质的公共投资。事实上，虽然市场能够催生"量变"，但从社会视角来看，其提供的质变方向往往代表着次优结果。这就是为什么我们回顾历史时，会发现是国家而不是市场在为技术—经济转型提供方向。

第八，市场失灵理论中用以评估公共政策的工具（静态的成本收益分析）无法有效地捕捉到诸如以任务为导向的公共政策所带来的各种重大变革。此外，在市场失灵的视角中，公共政策必须最大限度地减少"政府失灵"。因此，该理论呼吁建立最小规模的国家机器，又呼吁公共部门组织（包括国有企业）建立起一种不会影响私营部门利益的组织类型，同时还要求公共部门组织效仿私营部门中的组织追求经济效率。这就使得国家机器无法参与到实验中（这对重大变革至关重要）且无法应对不确定性（这是创新过程的基础）。最终，市场失灵理论的工具箱将会导致一个残缺的、非创业型的国家出现。

# 为科学而"科学"的方法论

在讨论了市场均衡理论的本质性缺陷以后，其方法论层面上的问题同时也呈现在我们的面前。用什么样的方式方法去观察事物、解决问题，对一个科学理论的建设同样是十分重要的。因此，我们有必要对西方主流经济学的方法论进行深入的探讨。在深入认识主流经济学的方法论之前，我们需要思考一个问题：物理学和生物学的思维有什么差别，即什么是类型逻辑思维（typological thinking），什么是总体逻辑思维（population thinking），以及两者的相互关系。柏拉图认为，在生成世界（world of becoming）之外，还有一个形式世界（world of being）。简单来说，生成世界就是我们所观察到的、所直接面对的这个现实世界，而形式世界则是所有事物的本质所在的那个世界。比如，数学老师介绍圆形的时候在黑板上画的圆，这个圆永远不会是标准圆，但我们都知道有一个绝对标准的圆的存在，不过这个标准圆不存在于我们所处的生成世界，而是在那个形式世界之中。所以生成世界只不过是形式世界的投影，即变化着的现象和不变的本质之间的关系。因此本质所在的形式世界才是最重要的，才是真理的所在。而科学家的任务就是要对生成世界进行抽象，在形式世界中发现永恒真理。

在类型逻辑思维下，事物表现出的特异性只不过是对本质的偏离，是一种误差而已。反映在统计学上，就是大数定理和中心极限定理——只要样本足够大，就会在无数次测量中得到一个恒定的总体均值，而这个总体均值就是克服了统计误差的、反映测量对象真实情况的数值，也就是那个不变的真理。这种思维方式就是刚才提到的物理学范式，它在科学史上占主导地位，并且始终有着从自然科学向社会科学进军的冲动——一个典型的例子是曾繁荣一时的社会物理学（这个社会物理学和现代的社会物理学是两码事，后者是大数据科学的一个分支）。这个学派试图应用以物理学为核心的自然科学的思路、概念、原理和方法来研究人类社会，但似乎早已过时了。

而总体逻辑思维恰好与类型逻辑思维相反，它的提出者达尔文认为自然选择的基础恰恰就是个体差异，所以生物学研究的重点应该是个体差异。反映在统计学上，总体逻辑思维认为均值只不过是总体的一个特征值而已，不是什么绝对真理，科学研究应当重视个体之间的差异，仅仅研究均值的意义并不大。简单来说，这种思维方式认为，差异就是差异，就是持续存在的事实，而不是对什么本质的偏离。事实上，差异才是演化动力的来源。

这两种思维的差别，既反映了（以物理为核心的）自然科学和社会科学的差别，也反映了新古典经济学和演化经济学的差别。新古典经济学以物理学为师，坚持把研究对象同质化处理，不考虑层级差别。较高层级即是较低层级的加总（微观加总即宏观），认为经济体始终存在均衡，并且认为非均衡状态只是一个均衡到另一个均衡的过渡状态而已，即均衡是常态、非均衡是非常态。其实现实生活中存在着大量以非均衡态为常态的市场，例如股票市场。如果读者对此感兴趣，可以了解一下圣塔菲研究所人工股票市场的计算机实验，对该人工股票市场进行的一系列实验证明了当股票市场交易者对股价的预期一开始就是不同的（交易者不是同质的、是有差异的），并且这些交易者根据市场情况来调整自己预期的速度较快（符合现实情况的速度）时，这些交易者的预期将会一直保持多样性，并且股票市场也不会收敛到一个均衡状态，而始终存在波动。

理解了主流框架的逻辑基础，就可以继续深入讨论主流框架的本质。对此，目前流行着两种说法。有一种说法是主流经济学就是维护市场有效性的一种意识形态，事实上这种说法还很流行。但是把主流经济学当成捍卫经济体系而搭建起来的一门学科的想法太过于狭隘了，毕竟客观性是一门学科得以成立的必要条件。此外，这一说法事实上是假定主流经济学研究结论必然会证明经济体系的有效性，而这种假定即便在一般意义上也是错误的。即使是那些在职业生涯中一直研究均衡模型的人，通常也不会得出那种可以用来为经济体系辩护的推论。甚至有些经济学者虽然采用了个人主义—理性主义的分析框架，但是他们的理论直指当前经济体系存在的问题——这里面甚至包括许多马克思主义经济学者。所以，"意识形态说"是有失偏颇的。

另一种说法认为，主流的方法论是建立在个人主义式的个体行为最优论上。这也不准确。例如在博弈论中，人并不一定被要求是理性的，甚至在许多研究中研究者只是假定个体遵循固定的简单规则行事而已。此外，一些主流学者甚至为了经济理论的有效性而预备随时放弃个人主义框架——事实上主流经济理论本身也在发生这种转向。不过，虽然主流经济学一直在自我更新，但至少有一样东西从始至终就没变过，那就是形式化—演绎框架。这也是为什么主流经济学必用数学模型的根本原因。

许多经济学者虽然意识到数学模型已经逐渐成为"检验文章及格与否的唯一标准"，但一般都不会觉得这么做有什么问题，因此也不会以此为切入口往深处探索。毕竟数学模型就是用数学语言替代自然语言，既能梳理清楚经济思想中的逻辑，也方便实证（计量）工作。但仔细想想，现代主流经济学所必须依赖的就是某种形式的数学（演绎）方法，这似乎是它唯一一个持续存在的特点。对主流传统而言，这是它毋庸置疑、无可辩驳且必不可少的硬核所在，其他经常被非主流经济学批评的地方倒是一直在更新变化。因此，用"新古典主义"这个词汇来概括主流经济学似乎是过于简单了，因为"演化博弈论正以崭新方式将制度（概念）整合到分析中；生态经济学正在重塑理性的处理方式；致力于应对古典统计学局限性的计量经济学正在重塑经济学家看待经验证据的方式；复杂性理论为均衡状态的概念化提供了新的途径；计算机模拟提供了一种新的分析方法；实验经济学正在改变经济学家对实证研究的认识……"（Lawson，2006）。

那么反过来，异端必然表现为对滥用这种形式化—演绎框架的排斥，具体表现为对一切社会现实进行数学建模的排斥。而且这种反抗不是小范围的、摇摆的、周期性的，而是广泛的、坚定的、持续性的，因此背后必有深层次的原因。这是因为主流经济学的这种分析框架并不适合处理社会物质（social material）——也就是说用形式化—演绎框架分析社会现象是不合适的，而异端的反抗也根源于此。要讲清楚为什么用形式化—演绎框架分析社会现象不合适，既需要对社会的本体论进行探讨，还需要找到框架中与社会物质不相容的部件——即其隐含的本体论预设。这种框架预设了封闭系统的存在（即确定性事件或随机性事件有规律地发生的系统），而系统内的事件可被概念化为因变量和自变量，其因果关系可用函数关系表示。

　　因为数学演绎方法依赖于封闭系统的假设，所以它必然为原子论与孤立论所支撑。换句话说，这种因果关系必然表现一种独立的、可重复（可预测）出现的规律。例如，给定 x，y 必然会发生。因此，坚持数学建模的本体论预设包括这样的限制条件：社会的各个领域都是由孤立原子的集合所构成的，而这一条件为真的情况在现实中非常罕见。

　　社会本体论认为，社会现实和社会结构具有分层性质和转换性质。什么是分层性质呢？考虑一片树叶从树枝上飘落的过程：首先，叶片的飘落，即我们所观察到的现象，是经验层；其次，不同叶片在飘落过程中受不同干扰因素影响，或者因为我们的观察角度不同，会呈现出各异的飘落方向、速度——这就是实际层；而叶片本身受到万有引力的作用产生向下坠落的趋势则是真实层（含结构、力、机理和趋势的一层）。由于现实世界是三个层次的复合体，所以每一种社会现实都有时空特定性。这意味着，经验层和实际层都是从较低层次中产生，由在较低层次上运作的原则形成，且其存在依赖于较低的层次的存在，但是它们不但不可完全还原到较低的层次上，而且还会对较低层次起反作用。换成经济学的语言，那就是经济现象不但不能完全还原到个体的最优决策上，还会对个体的决策产生反作用。

　　而这又恰恰反映了本体论的另一特性，即转换特性：社会结构是预先存在的，影响人们行为的存在。但人们具有的能动性会在结构下再生产或者转换结构——即人们在结构下活动，又在改造结构。如果我们既知道社会生活到处都是原子化的，又知道对于任何类型的结果，我们都可以有效地分离出一套固定的原因，那么我们应该完全信任主流经济学者的演绎主义方法。然而，本体论分析表明，封闭系统是社会本体论中的一种特殊情况，而这种特殊情况似乎不常出现。

正如剑桥大学哲学家劳森所言："如果我们有必要接受用因果标准（和感性标准）归因于实在的话（换句话说，只有根据这个标准，我们才能通过其效应认识到磁场等的存在），那么，可以说不在场也可能是真实的。作物种植区的干旱、在经济的某具体领域政府的不干预政策、运输业罢工等分别同下雨、积极的政府监管和按时行驶的火车与公共汽车一样具有因果效应，一样是更加不容置疑的真实。对人的能动性实际上如对意向因果性一样，已经进行了详尽阐释。它有目的地帮助着的（具有内在动力的）过程和事态如果没有这样的能动性，这些事件或事态通常就不可能发生……真实理由必须是有意向的人的行为的原因。这些原因也许已惯例化、已被默许，往往是无意识的、多重的和相互矛盾的。但是，人的能动性不仅是意向因果性，而且是被深深嵌入的意向因果性。从哲学上说，它是由具有突现力的唯物主义取向所支撑的。突现性可被定义为两种特征或两个方面之间的特殊关系，其中的一种可产生于另一种，虽然产生出来的特征或方面也许会反作用于前者，但在因果关系和分类上仍然不可还原为前者。真实的突现性显然依赖于存在的开放性，它排斥现实论（一种认为'真实'可以还原为'现实'的理论），需要有一个水平观念或层次观念（物理的，生物的，社会的，等等）"（劳森，2014：60）。

因此，因果关系不是不存在，而是高度复杂的。这就要求社会科学工作者"重视人的能动的意向性，包括承认实在和以行动为条件的社会结构的相对自主性，这等于承认社会对于自然的不可还原性。的确，很清楚的是，我们信奉的唯物主义的形式最终需要：本体形式单一依赖社会形式，社会形式单一依赖生物形式，生物形式单一依赖物理形式并且与在分类和因果上具有的互无还原性联合起来共同发挥作用。这样虽然意味着我们可以承认在历史—地理层面上的有机物质源自无机物质，人类源于原始人，但当我们要解释那些部分地归因于有意向的人的能动性的物理和生物状态时，就有必要参考未被物理学或生物学界定的包括各种力的那些性质。简言之，人类世界必须被看作不可还原的因果上有效力的相依性存在方式。突现的实在反过来导致了决定方式的多元性的可能。也就是说，任何事件、事态或行动均可同时受到不同类型的规律的支持或制约。因而，物理规律和我的生理状态都使我能够写这本书，同时也对我的写作方式设定了一些限制，但它们决定不了我写的内容。后者还不仅取决于包括文化和科学在内的社会决定方式，也取决于心理决定方式。如果机器受物理或力学规律的支配，经济因素则决定何时何地应用这样的规律。我的驾驶既受力学定律和引力作用的制约，也受交通规则的制约"（劳森，2014：60—61）。

相互交错的因果关系既决定了分离单一因果关系是困难的，又体现了因果关系在层级之间发生作用的事实。经济学目前重视前者，即采用各种计量方法、实验方法分离出单一因果关系，但对后者的重视不足。劳森对后者的解释尤其值得研究者重视："对突现性和多元决定方式的这场讨论导致了对整体性范畴的继续使用。整体是（或包括）一些具有内部相互联系的元素或方面的系统，也就是一些在其中某些方面构成另一些方面的存在或实质（特点和行为方式）的系统。这些是这样的一些系统，在这些系统中，相互依赖性或内部依赖性或联合体的形式和结构因果性地影响着那些元素，那些元素的形式和结构又因果性地相互影响着，并影响着整体。范式例子包括抑扬顿挫的旋律和各种绘画，每种都由许多内部相互关联的部分组成的整体组成。每种都必须被设想为一个整体，不能纯粹通过分别对每个组成部分的分析理解它。正如凯恩斯所言，'对一个实体的美的任何判断都必须来自把其当作一个整体进行的思考而不能从对各种不同部分的判断中推演出来'。很容易看出，内生关系普遍存在于社会王国。正如地主是佃户的必要条件一样，雇主的存在也需要预设雇员的存在，教师的存在需要预设学生的存在，等等。同样清楚的是，这些类型的个体能够利用的力量以某种方式依赖于他们之间的相互关系。同样，个体们在罢工中、战争中、骚乱中、庆祝活动中能够采取并的确在上述活动中采取的行动方式，主要是由作为整体的那个事件和他们身在其中的关系决定的。由公司建立的就业惯例和劳资关系往往与当地的环境有着密切的内在关系，特别是与机会、技能和对当地劳动力供给的感受有着密切的内在关系。在'工业区'的企业之所以常常能够正常运转，是因为当地集中了一批生产配套产品的其他公司。一个工业区也许可被视为一张内部相关的空间网络。即便是本书，也是由其元素在语义上处于网络关系中的句子构成的，除了其他因素外，从存在上看它是由经济学学术理论构成"（劳森，2014：61—62）。

因此，"批判实在论"（critical realism）是理解复杂世界的一个更好的切入点，也是对社会科学而言更合适的本体论。总而言之，真实的社会是"除别的因素外，这是一个完全结构化的开放的，本质上动态的，以突现性、新颖性、整体性因果上有效力的不在场等为其特点的世界。我们立即就可看出相比之下为正统经济理论提供信息的科学理念所预设的原子论和封闭的本体论是何等的肤浅！因此，在现代经济学中（通常不明言的）社会图景是以决定主义而不是以起改造作用的有意向的能动性，以静态平衡而不是变化，以外在主义（D.休谟提出的一种理论认为任何地方的事件都是'松散和分开的、连接的而绝不是联系的'）而不是内在关系性，以现实论而不是以开放性、深层性、突现性和不包括否定性的单一性为标志的。它把一幅可爱丰富复杂的全景图变成了一块单色的平板、一簇线条。这全都是因为坚持必须使科学成果变为'只要这样，就会那样'的形式的观念，我们有理由把这种观念称之为教条"（劳森，2014：62）。

既然主流经济学的方法论有着前述重大问题，那么为什么它还在被坚持使用，或者说为什么依然占据主流地位？这在很大程度上可以归因于科学工作者们对于"预测"的执着。在很多人心目中，一项科学如果不能进行预测那么就算不上科学，但事实真是如此吗？劳森对此有精彩的反驳。

首先，他驳斥了经济学中对于预测的"迷信"："我这里所指的情况是经济学研究中的一种几乎普遍的做法，即竭力把经济科学的各种概念与成功预测的可能性紧紧地拴在一起。这种科学与成功预测的假设的联系不仅是那些拒绝承认经济学有可能成为科学的经济学家所坚持的看法，也是那些认为如此构想的经济科学已经确立的经济学家所坚持的看法。大量明确的主张实际上表达的都是这个意思……一句话，希克斯坚称在下面的预测类型学中的 x 和 y 是可观察到的现象：（1）y 将发生——无条件预测；（2）如果 x 那么 y——强式有条件预测；（3）假定没有干扰如果那么 y——弱式有条件预测。希克斯将非专业人士的科学观与（1）联系起来，将波普尔的证伪主义科学观与（2）联系起来，而将他自己的科学观点与（3）联系起来。根据希克斯的看法，经济学与（3）的关系最为密切。但是，由于（3）说明的是具有高度不可重复性的现象，因此经济学被认为仅仅处于'科学的边缘'（同样处于'历史学的边缘'）。希克斯的描述显然引起了许多人的共鸣，毫无疑义，这是因为它的确表达了一种深刻的见解。当然弱式预测的可能性比强式预测看上去更有道理。认可希克斯的观点产生的问题不仅在于经济学成为科学的可能性（如希克斯设想的那样）被排除，还在于不清楚经济学的存在还有多大的用处……然而希克斯的错误不在于他对预测类型的讨论，而在于他概括出的两个相互关联的前提：科学被限制在其对可感知现象的关注上；科学研究的目标是获得对这样的现象进行分类概括。更准确地说，正如我们从头至尾看到的那样，科学的主要任务是鉴别和阐明产生或有助于产生我们所体验到的，如包括人的行为在内的各种事件的现实性结构、力量机制过程和趋势"（劳森，2014：263—266）。

也正因如此，预测是不可能成功的："如果预测的目标是成功地预测在科学上有意义的经济事件或事态的话，那么前面讨论的一个蕴含意义是这样的目标，即便可能实现，也将是极为罕见的。至少会以不合格的形式出现。对非实验型事件的预测依赖于恒定事件关联的自发发生正如希克斯所看到的这样的事，在社会领域并不多见，似乎是不可能有的。这个见解并没有排除预测趋势的可能性。我仅仅指的是对事件的（无条件）预测。也许的确存在如树叶下落和利润下降这样的可预测的趋势，即便在具体情况下它们实际上是上升的。也许偶尔还有可能预见可实现的结果的范围界限或边界……因为现在可以承认科学的主要目的根本不是阐明或预测事件，而是鉴别与理解产生那些事件或有助于那些事件的结构力量机制和趋势，因此这种理解是分析政策和有效行为（在可行的时候）

所必需的……同样，经济学的目标既可是鉴别助长突现和世界范围内的贫困失业歧视的持续的那些机制说，同时也可以鉴别所有在其中生产与发挥人的潜力被否认或严重受限的形势。并且经济学还可用来详尽阐述诸如包括关系在内的替代体制结构等有效应对。总之，在更加成熟的科学的基础上，结果必然与希克斯的观点相反，经济学可能成为一门在精确的自然科学意义上的科学，尽管这取决于经济学家们惯用的做法的彻底转变"（劳森，2014：267）。

倒也不必为预测的无法实现而感到惊慌，因为"对事件的预测既不可能也不必要……因为成功预测的可能性按现状依赖于事件的恒定关联的存在，这就意味着要么未来已经被决定，要么当外生变量由我们控制的时候，未来会被我们所控制掌握……这里主张的实在论与科学的魅力在于，它支持人的选择，实际上是支持人的解放具有真实可能性的观点。从这个观点出发，制定政策和策略的目标就不仅是要改善事件与事态，而且是要用其他所需的和有效力的结构代替那些不被需要的结构，以促进范围更大的且更理想、分配更公平的人的发展机会的产生。我们会发现合理的有意向的解放性的真实变革，不再像在实证主义中那样，与包括经济学在内的科学的解释功能相冲突——实际上会被公认为是构想正确的科学的一个正当条件。更准确地说批判实在论提供了一种关于科学、自然社会和经济的新观点，它不仅有很强的解释力，而且还能维护人类社会历史不仅是可解释的，而且是能够被主动创造的这样的直觉性真理"（劳森，2014：267—268）。

主流经济学这种为使其理论成为自然科学一样的方法论偏执，极大地局限了它对社会经济本质的认识，影响了它指导经济实践的功能发挥。

# 政治是经济的集中表现

"食色，性也"，利亦性也。告子说，饮食男女是人的本性，是动物都天然具有的习性。而我认为，趋利也是人的一种天性，凡是动物都有此性，何况人乎？只不过人的这种趋利本性，往往被表现为人的社会属性而被人们混同于社会属性。但人的趋利性与语言、思想、劳动、道德等从社会实践和人与人的关系中形成的社会性不同，它源于人的自然本性。可以说，人的一生就是对各种利弊不断作出选择的一生，而这种利弊选择，又是无时不有、无处不在的。

之所以说，人的这种趋利天性有时被认为是社会属性，是因为人的"得失观"受到社会文化、个人经验的极大影响，不同的人对得与失的选择大相径庭。所以，这个"利"又是极具特殊性，极不确定的。有些人眼里的"得"，在另外一些人眼里可能是"失"，甚至有些人会认为"得"就是"失"，"失"就是"得"。因此，很难有一个统一的标准去度量。

然而，经济学却把这种人的自然属性等同于有明确指向、确定含义、可度量的社会属性；把人的趋利性假定为以完全追求物质利益为目的而进行经济活动的理性"经济人"，并以此为基石，构建起微观经济学的理论架构。人的"得失观"的多样性，决定了人性的多样性。后来的经济学家们发现了"经济人"的定义难以解释复杂的经济问题，只好努力扩展研究工具，引入心理学、社会学、行为学、伦理学、法学等理论方法，来丰富经济学的研究理论。即便如此，也难以穷尽所有可能性。

我们联系本导论三部分关于经济学方法论的讨论就不难知道，西方经济学试图以"经济人"为假设作为把握人们经济活动的行为准则出发点，并运用数学、物理的方法来描述关于人的经济活动的规律性，存在"世界观"和"方法论"两个方面的致命缺陷，使之难以成为研究"国家财富增长、个人得失选择"的真正的经济科学，沦为一门描述社会经济状态的"均衡学"。

"政治是经济的集中表现"。列宁的这一著名论断是针对当时苏维埃抛开政治大局观念去讨论工会工作的错误倾向说的。他从经济和政治的关系中，定义了政治，证明了作为上层建筑的政治与经济基础之间的辩证关系，即经济是政治的物质基础，政治是经济的集中表现。没有离开政治的经济，也没有离开经济的政治。但我在这里借用列宁的这一"金句"，是为了引申出另一层含义，即从任何经济学意义上讲，政治集中体现了经济的总体要求和总体效益，是最大的经济。研究宏观经济必须回归经济学的本源，真正成为研究国家财富增长、助力全社会总体利益最大化的科学。这是因为：首先，趋利是人与生俱来的天性，无时无刻不影响着人的行为方式。而人的"得失观"又是复杂多样的，不仅有物质利益，还有精神利益。使人的福祉最大化，只能在政治层面协调，这也是政治的使命。其次，在汉语中，"经济"的本意就是"经世济民"，其目的就是"安邦兴业，治国富民"，政治和经济本来就融为一体，不可分割。再次，西方经济学把经济学研究割裂为宏观和微观两个领域来研究，两者与科学的一般经济学的关系，既不是整体和部分的关系，也不是一般和特殊的关系。同时，它丧失了研究社会经济发展的一般规律和宏观总体规律的功能，只能对微观层面和宏观层面的经济现象进行观察学意义上的描述，把经济学异化为分别描述微观市场供需均衡和宏观总供给与总需求均衡状况及其实现形式的"均衡学"。最后，只有从政治的角度研究，才能真正全局性、系统性地把握各种利益的得失平衡、财富创造的总体要求，实现全社会总体利益的最大化。因此，从这个意义上来说，政治就是经济，是宏观化了的经济。政治反映了经济的实际，也体现了经济的总体要求。宏观经济学本质上只能是"政治经济学"（区别于研究阶级利益的政治经济学）。现在，经济学界有一种倾向，就是一些经济学家，致力于"纯粹"的经济研究，竭力排斥政治因素。此做法引起了一些政治家的质疑，因为任何不考虑政治约束和政治后果的经济政策建议都是难以实施的。我要强调的是，即使注意到了政治和经济的这种紧密联系关系，却仅仅将政治与经济分为两个独立的领域加以对待的认识仍然是不够的。宏观经济就是政治本身的一个部分。不理解这一点，就不能把握宏观经济的实质。

"肉烂在锅里"，这是中国的谚语。它体现了中华文化的智慧，简单明了地诠释了局部和全部的关系。出发点不同，评价结果完全不同："肉烂了"——微观损失，"在锅里"——宏观并无损失，哪怕有的肉化成了肉汤。如果还能做成更受人欢迎、附加值更高的肉冻，则宏观效益更大。这种微观和宏观不同得失的情况，在现实社会中比比皆是。如某国举办奥运会，政府投资花费了十几亿甚至几十亿元，而奥运会本身可能入不敷出，造成几亿元甚至更多的亏损。从奥运项目微观的角度看，是一项不经济的投资活动，但从宏观角度看，可能是一次非常划算的投资，因为运动会为社会带来了十几亿甚至几十亿元的财富。一方面是对财富的创造。运动会场馆建设用掉的大量建材（如钢铁、水泥、铝合金等），通过对资源的采集和自然原料的加工，把自然资源的潜在价值转化为显现的物质财富。如果恰逢此时社会产能普遍过剩，还可通过产能提升，促进就业和生产效率，使建材物资生产的成本更低。而另一方面，运动会扩大消费，促进相关企业的生产，大量的投资被转化为相关企业的利润和员工的工资。而真正被运动会花费掉的直接费用（成本）可能远远低于运动会的实际收益。因此，运动会项目亏损了，但"肉烂在锅里"。就全社会而言，这是一次劳动、设备与自然资源相结合的财富创造，也是一次社会财富再分配，具有财政转移支付的性质。

西方主流经济学经过200多年的研究探索，建立起完备的微观和宏观两大理论体系。它从微观经济研究开始，逐步将微观经济的研究方法、范式上升为宏观经济理论。这一切看起来自然而然而又天衣无缝。因为有"经济学之父"亚当·斯密的经典理论作支撑，即所有市场参与者会受到一只"看不见的手"的引导，从而所有人在实现个人利益最大化的同时，也就实现了社会利益最大化。换句话说，就是社会的微观效率构成了社会的宏观效率。但前面列举的奥运会项目的例子，证明了现实生活并非一定如此。个体利益与全体利益、局部利益与整体利益往往并不一致，有时甚至是对立的。对此，西方主流经济学将其归结为"市场失灵"，需要政府这只"有形的手"进行干预。但遗憾的是，主流经济学眼中的政府干预，仅止于为恢复市场均衡而发挥有限作用，依然恪守亚当·斯密微观效率即宏观效率的教条。而对微观主体与宏观整体之间的本质性利益冲突，既没有相应的关注，也没有解决的良策。

主流经济学理论体系的二分法缺陷也促使了经济理论的探索和创新。20世纪70年代中叶，德国爱登堡大学教授汉斯·鲁道夫·彼得斯提出"中观经济"的概念，试图通过对部门经济、地区经济、集团经济从空间、结构、环境、效益、公益、发展、规划等多维度的研究，来填补宏观经济和微观经济未能触及的经济层面，把区域经济和一定规模的经济体经济上升到中观层次来研究。不可否认，中观经济研究拓展了经济学研究领域，丰富了经济学研究手段，增强了经济学理论对经济实践的指导意义。但仍然未能够解决斯密的"教条"所存在的问题，仍然未能架起由微观经济走向宏观经济的"桥梁"，也未能把宏观经济的本质引向政治。

# 中国经济增长的"密码"

前面我们花了较大的篇幅来讨论"市场的失灵"，为政府干预经济提供了理论依据。然而，政府作用仅仅是为了弥补市场的缺陷吗？"在近期的经济发展史上，出现了一些奇怪而出人意料的事情：人们观察到20世纪后半期成功的发展中国家并没有遵循主导的经济发展思想或第一波和第二波经济发展思潮的政策主张。这一令人不解的事实促使研究者们重新审视一些构成经济发展理论基础的大前提"（林毅夫、付才辉，2019：3）。在成功的发展中国家里，中国无疑是最出色最具代表性的。

中国的成功，被归功于经济体制的改革。由计划经济体制转向社会主义市场经济体制，实行对内搞活、对外开放，这无疑是正确的。但如果仅仅是以为，"一个改革开放的时代是由于思想解放的结果，这是一种历史唯心主义"（复旦大学王德峰语）。中国走向市场经济体制有其客观必然性。社会主义计划经济体制本身包含着与自身相异的要素（异质要素），它必将发挥出越来越强的能动作用。由于存在分工，必然存在商品交换和货币，价值规律必将起作用。不同的产业部门也就必然要有价值的实现，因而市场经济体系导向的改革是不可避免的。按复旦大学王德峰教授的理论，这种货币资本所拥有的社会权力，在计划经济胎腹里长大成熟起来，然后突破计划经济体制。

然而，熟悉发展经济学，了解世界发展中国家20世纪中叶以来多数国家的经济增长情况的人们都会知道，市场经济体制并不是一个国家实现经济快速增长的"充要条件"。"1960—2009年间，仅约1/3的低收入国家达到了中等或中等以上的收入水平"，"其中许多国家陷入了中等收入陷阱"（林毅夫、付才辉，2019：2）。这些低收入国家中，绝大多数都是市场经济国家。中国的高速增长，不仅仅是经济体制转换的结果，还有其更深层次的原因。

解释低收入国家实现快速增长的内在机理，林毅夫的《新结构经济学》无疑是迄今发展理论中最为贴近实际，也最有说服力的。然而，我以为，至少就中国的发展而言，他还没有释全其中的"密码"，疏忽了一些中国所特有的增长因子。

新结构经济学总结了第一波经济发展思潮的不足，即主张政府干预，通过进口替代和优先发展现代先进产业促使结构转变的政策建议，重新审视了"华盛顿共识"的新自由主义政策在拉丁美洲和东欧转型国家导致的严重经济问题，提出了一种新古典主义的方法，来研究经济结构的决定因素和动态发展过程，试图为第三波经济发展思潮开辟道路。它认为一个经济体的经济结构内生于它的要素禀赋结构，持续的经济发展是由要素禀赋的变化的和持续的技术创新推动的。为了让企业进入比较优势产业，通过市场竞争来决定要素价格，使之充分反映这些要素的稀缺程度，市场作为经济的基础性制度是十分必要的。新结构经济学把先前许多发展中国家未能实现有力增长的主要原因，归咎为这些国家实施了进口替代和贸易保护的发展战略，违背了由自身要素禀赋结构所决定的比较优势。不顾国内资本的稀缺，去优先发展资本密集型的重工业，从而不得不去保护优先部门中大量没有自生能力的企业。林毅夫同时还批判了"华盛顿共识"所倡导的自由化政策，认为它未能考虑到发达国家与发展中国家间的结构性差异，也忽略了发展中国家对各种扭曲进行改革时的次优性质。他最后还提出了新结构经济理论的核心观点，即发展中国家必须依据其要素禀赋发展比较优势产业，要素禀赋的变化和持续的技术创新推动经济结构的升级，从而实现经济增长。这些创新性理论观点是令人信服的。

但是，就中国经济增长的情形而言，新结构经济学在其"三大支柱"之一的"在产业升级过程中政府应该起因势利导作用"（林毅夫、付才辉，2019：654—674）方面，未能吃透其促进经济增长的本质，准确把握经济现象背后的逻辑。它认为，政府在经济增长中的作用是"增长甄别"和"因势利导"。首先是"增长甄别"，即政府对新产业和优先利用政府资源来发展的产业进行甄别。"一个新的产业不仅要符合国家的比较优势以尽可能地降低生产要素成本，还需要尽可能地降低与交易相关的成本"，"假设一个国家的基础设施和商业环境很好，产业升级和多样化自发地发生，如果没有政府协调，则企业可能会进行很多与国家比较优势一致的产业。这样做的结果是，大多数产业不能形成足够大的产业集群，因此不能在国内和国际市场上具有竞争力"（林毅夫、付才辉，2019：654—674）。因此，政府要确定一国可能具有潜在比较优势的新产业，这是第一步。其次是"因势利导"，即政府在经济发展中尤其是在促进产业技术创新、扶植产业升级和实现经济多样化方面起积极的因势利导作用。"产业结构的升级和基础设施的相应改善需要协调投资行为，并对先行者产生的、无法被私营企业内部化的外部性予以补偿"，"政府应主动设法缓和协调问题和外部性问题，从而促进结构转变"（林毅夫，2012）。因此，政府要消除那些可能阻止优势产业兴起的约束，并创造条件使这些产业成为该国的实际比较优势。林毅夫从这个理念和认识出发，策划了政府的各项具体实施方法：（1）政府可提供一份符合本国要素禀赋结构的商品和服务清单；（2）在清单中优先考虑已自发进入的产业；（3）鼓励和维护尚未进入的新产业；（4）为优先产业扩大规模提供帮助；（5）建立工业园区和出口加工区，为优先产业的成长提供良好的基础设施和商业环境；（6）给优先产业提供税费减免等优惠政策。

对照中国经济增长的情形，新结构经济学关于政府作用的有关理论观点，至少存在这样一些问题：首先是政府事前选择比较优势产业的能力，即一国的比较优势产业是政府选的？还是市场选的？其实从一个农业国家向工业国家转变的过程中，初始的潜在比较优势是自然存在并大体相同的。优势基本都集中在廉价富余的劳动力及土地、矿产等自然资源，并与之相应的日常生活用品的短缺，即市场需求。生产要素方面缺乏的是资本、技术和高素质的劳动者。这些国家基本上都适宜发展劳动密集型产业，根本不需要用政府开具清单来进行明示。而这些优势产业的具体实施（潜在的显现化）则是由市场通过价格机制对资本进入的引导来完成的，而非由政府来甄别的，实际上也根本不需要政府来甄别。中国的改革开放，就是放开市场准入，取消所有制的限制，还资本以应有的社会权利。各级政府只是欢迎并大力招引商人和资本进入本地参与经济建设，并根据业绩予以税费优惠。至于这个产业（企业）是不是有比较优势，那是资本自己的事，完全要通过"适者生存"的市场竞争法则来证明，而不是由政府事前清单化地列出来的。至于后来经济发展到了一定阶段后，中国出现了环境、能源、土地、水资源等方面的约束，政府实行"选商引资"，那是另外一回事。可见新结构经济学在批判政府脱离实际地发展进口替代等资本技术密集型产业，主张争取优先发展比较优势产业的战略性政策的同时，夸大了政府在产业选择方面的能力和作用，沾染了唯心主义色彩。也正因此，一些经济学家敏锐地抓住了这个弱点，提出质疑。如复旦大学韦森教授提出："在对本国和本地区的资源禀赋、比较优势、有市场增长潜力的产品以及行业和未来创业的发展前景的判断方面，乃至在各企业本身的竞争力和产业升级的战略选择方面，政府部门及其官员就一定比在生产、贸易第一线的企业和企业家更高明？知识面更全面、判断更准确？甄别更合宜？"（韦森，2013）这被称为"韦森之问"。此外，余永定、黄少安、张军等也对此提出了同样的疑问，认为新结构经济学过分倚重"好人政府"，而有悖于人们对政府的认知。其实，从前文的分析就可以知道，各国的潜在优势资源禀赋在发展的初始阶段大体是相同的，政府所要做的是放开市场准入，并对市场主体给予经济上的适当扶持。优势产业选择（甄别）是市场的优胜劣汰法则决定的，并不那么需要一个高明的"好人政府"。

新结构经济学的另一个问题就是关于要素禀赋结构的升级问

题。"林教授似乎把资本/劳动比的变化作为要素禀赋结构变化的主要表现（例证）。问题是，经济增长理论中的资本是同质的，而产业升级涉及的是异质资本。资本/劳动比的变化可以推导出资本与劳动边际成本、边际收入的变化，但无法解释技术转换（产业升级）"（余永定，2013）。余永定认为，新结构经济学未能把要素禀赋结构概念由宏观层面具体化到产业层面，从而建立起要素禀赋结构升级和产业升级之间的逻辑联系。中国改革开放后经济高速增长的另一个十分重要的经验，就是基础设施建设对于产业升级所起的关键性作用。我之所以强调其"关键性"作用，是因为有对世界另外一些国家尽管具备了市场经济制度和优势资源禀赋，但最终未能获得增长的事实认知。阿根廷几乎试遍了西方经济学给出的所有增长模式，但最后似乎都失败了。林毅夫把他们的失败归咎为错误的进口替代战略。不可否认，这是其中的主要原因之一。但同样重要的情形是未能相应地解决好一国的基础设施配套问题。中国的经济增长，既得益于改革开放、发挥市场配置资源的基础性作用，也得益于完备的工业基础和"同比较优势未来的演化方向一致"（林毅夫、付才辉，2019：654—674）的基础设施建设，两者缺一不可！

关于基础设施配套的情形，林毅夫并没有专门予以论述，只是作为政府因势利导的作为而简单带过。我认为，恰恰是政府在基础设施建设上的"有为政府"作用才是促进中国经济产业结构转型升级，实现经济持续高速增长的关键所在。而中国基础设施建设得以大规模开展，有赖于强大的国有资本和国有企业。良好的产业政策，促使要素资源禀赋的优势产业起步、发展，完备的基础设施配套使得产业结构由自然资源优势产业向资本及技术密集型产业升级。而强大的国有企业使完备的社会基础设施的提供成为可能。这应该是中国经济增长的独特优势和内在逻辑。

新结构经济学未能关注到社会基础设施对经济结构升级的关键性影响和国企在社会基础设施建设中的作用从而对中国经济增长的重要贡献，这不能不说是一个重大缺陷和遗憾。究其原因，恐怕首先是过于迷信市场机制的作用，而忽视了有为政府的作用。虽然林毅夫敏锐地观察到20世纪后半期一些成功发展的国家，并没有遵循占主导的经济发展思想的政策主张，而提出要重新审视一些构成经济发展理论基础的大前提，但他依然坚守在诞生于资本主义制度下的主流经济学的教条里。他反复申明"市场应成为经济的基础性制度"（林毅夫，2012：5、44），是新结构经济学理论框架中的支柱性理论之一。同时，政府的作用也只能限制在应对"市场失灵"的传统定义中。从而使其在理论上一直处于"市场基础"和"政府作用"的两难之中。"林毅夫提出的'因势利导型政府'是一个比较好的概念，应当充分展开和发挥，但同时又使用了'政府主导'的说法，这就提出了一个问题，因势利导和政府主导是不是一个东西"，"既然认为市场是有效配置资源的根本机制，就没有什么政府的主导地位和作用"（张曙光，2013）。林毅夫看到了政府的"主导作用"，但无法做到理论自洽而难以深入研究。"对于发展中国家的经济增长来说，实物基础设施是一个紧约束；而在提供必要的基础设施以促进经济发展方向，政府的作用必不可少"（林毅夫、付才辉，2019：22）。对此，霍普金斯大学安妮·克鲁格教授更是一针见血地指出："很多人会支持林毅夫分析中的大部分内容，但其分析有两个方面不足以令人信服。一个是由政府主导的具有潜在比较优势的产业的甄别，另一个是产业专用的基础设施的提供。林毅夫希望大家对此进行更深入的研究"，"在这些问题未被回答之时，新结构经济学恐怕被作为政府支持特定产业甚至特定企业的许可证，其作用方式可能并不比进口替代策略更有助于经济增长"（克鲁格，1995：222—226）。

就中国发展而言，政府的"主导作用"是存在的，而且十分明显。市场配置资源更多的是与人民日常生活相关的商品和服务的生产要素资源，而矿产、交通、通信、水资源、土地、能源、环境等基础性的重要资源，本质上仍然是由政府主导配置的。因此，在中国的经济模式中，市场、政府和企业三种机制共同配置要素资源，它们各有所长，形成合力。市场配置一般性生产要素资源，发挥微观上的效率；政府配置基础性资源，发挥宏观上的效率；而企业代替市场，主要是在人力资源初次以后的配置上，将外部交易转变为内部管理，发挥组织效率。

其次是对国有企业的功能缺乏应有的认识。当代的某些中国经济学家，在思想上往往打下了深深的西方主流经济学的烙印，对政府和国企抱有深深的成见。"目前，一些中国大型国有企业……已负债累累，只是它们大到不能倒，从而绑架了商业银行，也绑架了当地政府，使地方政府不能让它倒闭而已"（韦森，2013），"中国经济经过30年超过9%的高速增长，现在结构已经严重失衡，市场机制受到抑制和扭曲，政府如何正确发挥作用和国企的强势扩张已成为阻碍发展的关键"（张曙光《市场主导和政府诱导》）。他们的评价标准似乎只有一条，就是市场机制作用的发挥，否则国企都是不具效率或者是不合理的存在。关于国企的效率，将在下一部分和本书的第四章里予以讨论。这里要讲的是国企在社会基础设施建设中的独特优势。这也是林毅夫没有回答的，关于基础设施与比较优势未来演化方向一致的实现问题。

　　主流经济学家可能在惊叹中国社会基础设施建设取得巨大成就的同时，无法理解其背后的关窍。一是基础设施项目的成本—收益及其外部性是如何确定，又是由谁来实施的？"大多数经济学家认为，在选择基础设施项目时，应该利用成本—收益分析，如果'外部性'和'协调'是重要的，那么……在成本—收益中又如何估计外部性？"林毅夫坚持认为，只要基础设施同比较优势未来的演化方向是一致的，它就应该随着经济增长而升级。但是他并未深究未来演化方向的甄别方法。把单个企业或产业卷入基础设施投资决策又似乎赋予了它们过大的影响力"（克鲁格，1995）。这两个在私有制度和小政府国度里的难事，在中国则是非常容易得到解决的。因为中国有庞大的国资国企。国企一方面注重企业账面上的成本—收益分析，同时，也注重企业外溢到社会的社会效益分析，只要总体效益可行，基础设施项目便可以付诸实施。关于项目"外部性"成本，政府将其视为投资环境来对待，无偿提供给企业。通过设立经济开发区或产业园区，依托国有企业，提供"四通一平"（路、水、电、通信和土地供给、地面平整，后来提高标准的"七通一平"，增加热、气和排水设施）基础设施配套，根本不需要在企业间进行关于"外部性"成本承担的协调。从而有力推动了招商引资工作的开展和产业的发展。至于"基础设施的甄别"工作，局部性的看需求，通过需求调研预测，编制基础设施建设规划，一般由国企按规划有序建设；全局性的，在看需求的基础上对标发达国家的水平，如铁路、高速公路建设，对标发达国家的人均里程水平，确定国家的相应产业发展规划，加以实施。庞大的国资国企的存在，极好地解决了基础设施投资中眼前和长远、局部和全局、个体与整体之间利益的矛盾，避免了企业间基础设施"外部性"成本分摊的难题，从而极大提高了政府开展基础设施建设、推动经济结构转型升级的能力，同时，其自身也获得了良性快速发展。

市场经济体制改革和完备的基础设施建设，是中国经济实现快速增长的"密码"，而中国强大的国资国企存在，是打开中国基础设施建设、推动产业结构转型升级的"密钥"。

# 国企经济学

不认清"市场均衡"理论的本质及其方法论，便不能回归经济学研究财富创造和分配使命的本源；不承认源于人的本性的"得失观"的多样性、复杂性，便不能认清经济学的政治本质；不了解中央政府和国资国企的作为，便不能解开中国经济快速增长的"谜团"；而不了解中国国企的特殊品格，便不能理解中国国企存在的经济学意义。

西方主流经济学几乎没有给国有企业留下存在的空间。唯一留下的，就是用于弥补所谓"市场失灵"的不足。但主流经济学同时认为，与其通过国有企业来进行"低效率"的生产以追求社会利益最大化，倒不如通过补贴和征税的方式，使私人成本和收益与社会成本和收益相匹配，以实现个人效益基础上的社会效益最大化。

事实上，他们没有发现，中国的国有企业，不仅在解决"市场失灵"上发挥了重要作用，而且还作为政府重要的政策工具，成为政府有效配置资源的主要实现形式。它还以良好的社会宏观效率，创造出基础性的社会物质财富，成为中国经济快速增长的中坚力量和国民经济的重要支撑。

之所以国有企业可以堪当此大任，是因为它们除了作为市场主体所具有的"理性经济人"的基本素质外，还具有与一般企业不同的品格特性。作为一般的社会经济组织——企业，它生活在社会主义市场经济体制下，遵循市场规则，接受"看不见的手"指导，努力增强竞争实力，提高生产效率，追求企业利益最大化。但公有制性质，又赋予了它不同于私有企业的特殊品格——政策工具——可以理解为"有形的手"的功能延伸和增强。

第一，生产以满足社会需求为最终目的。在正常情况下，国企的商品或服务供给遵循市场供求关系，在供需均衡中形成均衡价格。但当社会供给出现短缺、市场价格上涨存在社会稳定风险的情况下，国有企业根据政府的调控要求，努力增加商品生产，尽最大努力满足社会需求。因此，有国企参与的市场均衡可以表示为：

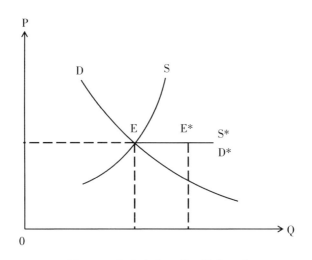

图0-1　国有企业：满足社会需求

*来源：作者自制*

图中：P为市场价格，Q为市场需求，S为供给曲线，D为需求曲线。S*为国企供给曲线，D*为国企供给下的需求曲线，E*为国企供给下的市场均衡点。在一般情况下，经过市场供需交易，D与S相交于E点，形成均衡价格。但在社会供给短缺的情况下，国企根据政府的调控要求，价格不变增加产量以满足社会需求，形成新的供给曲线S*，同时需求曲线也表现为D*的形状，两者相交于E，重合于E—E*，形成新的在政府干预下的市场均衡。

第二，供给以平抑市场物价为己任。实现物价的平稳有序，有利于人民生活的稳定，有利于国民经济的健康运行，也体现着国家的良好治理制度安排和政府的宏观调控能力。当商品或服务在市场供给和需求的作用下达到的均衡价格超过普通市民的承受力时，政府无一例外地要对市场进行干预，实行价格管制。比较典型地采用"规定价格上限"和"规定价格下限"两种方式。但遗憾的是，在自由市场经济的国度里，要"驯服"市场绝非易事，往往会带来供给不足或需求缩减、滋生黑市交易、败坏市场秩序的不良后果。当国有企业介入时情形就大不一样了，因为国企可以按照政府的要求，通过确定价格、扩大供应来稳定市场价格，起到压舱石的作用。如下图示：

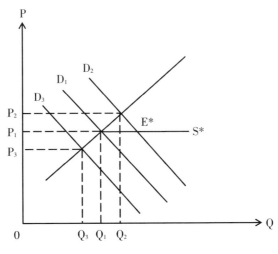

图 0-2 国有企业：平抑物价

来源：作者自制

上图表示某商品的供求量与价格的关系。P 为价格，Q 为供应量，S 为供给曲线，D 为需求曲线，E 为均衡价格。在正常情况下，市场价格随着需求量的变动（$D_1 \rightarrow D_2$ 或 $D_1 \rightarrow D_3$）而变动，最后形成相对均衡。但如果商品供应相对于需求严重短缺而造成价格高企超过普通民众的承受能力，政府作出限价决策时，国企则成为执行政府调控决策的急先锋和主力军，义不容辞地承担起稳定市场物价的责任，为维护市场和经济秩序发挥不可替代的作用。此时的供给曲线成为 $S^*$，市场均衡产量为 $E^*$，价格保持 $P_1$，水平不变。

第三，收益遵循让利于民的宗旨。一般的社会经济组织——厂商，都遵循着企业利润最大化的原则，即最优产出原则：产量达到市场价格与单位产出的边际成本相一致的水平。如下图：

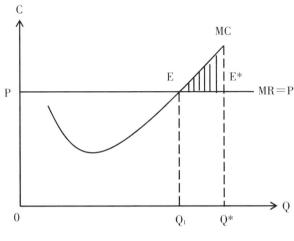

图0-3　国有企业：让利于民

来源：作者自制

图中，C为成本，Q为数量，P为价格，MC为边际收益曲线，$Q_1$为利润最大化产量，$Q^*$为国企最大化产量，E为成本与收益的均衡点，$E^*$为国企的成本与收益的均衡点。当MR＝P时，厂商实现了利润最大化产量。

尽管说，在一般情况下，国有企业也要遵循企业最优产出原则。但由于国有企业大多都是从事基础性的商品和服务的生产供给，而这些商品和服务的供给，往往带有一定的稀缺性和差异性，对国计民生又有较大的影响。因此，国有企业通常是把满足人民的物质文化需要作为企业的宗旨，在满足国资保值增值任务的同时，尽可能地降低资本收益，让利于民，把企业效益的最大化变为社会总体效益的最大化。表现在图中，就是国企降低资本收益率，增加供给，让利于民（图中阴影部分），但总体效益不变。

第四，垄断不形成垄断利润。不可否认，寡头垄断作为一种存在少数大生产者的市场结构，即使在连自诩比较完善的自由经济国家，也是比较普遍存在的，比如从火车、飞机、通信到电力、油气的产品或服务都是由寡头垄断者提供的。中国也不例外。按照西方微观经济学原理，与完全市场竞争相比，垄断者必然会降低产出，提高价格，攫取垄断利润，从而导致市场无效率。如下图示：

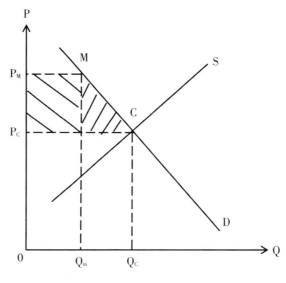

图0-4　国有企业：不产生垄断利润

来源：作者自制

图中，P为价格，$P_C$为正常价格，$P_M$为垄断价格，Q为供应量，$Q_C$为正常供应量，$Q_M$为垄断供应量，S为供给曲线，D为需求曲线，C为正常供求下的均衡点，M为垄断下的均衡点。由图可知，垄断企业利用市场势力，人为降低产出（$Q_C \to Q_M$），造成社会生产力浪费（三角形阴影部分）；推高市场价格（$P_C \to P_M$），攫取了垄断利润（长方形阴影部分）。幸运的是，在中国国企的垄断寡头中，这种情形不会发生。因为中国国企没有攫取垄断利润的内生动力和企业文化基础，国资管理部门也没有此类要求。相反，这类有行业影响力的国企，作为重要的政策工具，在社会保供和稳定物价上承担更多的社会责任，其资本的收益往往低于国资平均水平。

　　第五，资本体现更大范围的规模优势。众多的国有企业，如果从出资人的角度看，就一定范围而言，都是同一个出资人，即一定范围的众多国企其实可以看成是一家大国企，如众多央企可以看成是国务院国资委的一家企业。它们都是一个出资人，采用一套决策、管理和考核办法。国资的这种整体性特征，使其获得了比单个企业大得多的规模经济优势。一是专业化分工的优势。一个国资委下的国资企业，往往都有明确的产业布局和专业分工。每一个国企都专注于一到几个主业，从而获取明显的分工效率。二是合作协同的优势。各家国有企业，在一个出资主体的管理下，使协作变得非常容易，从而获得在产业协同、项目和科研合作等方面带来的总体效益提升。如下图：

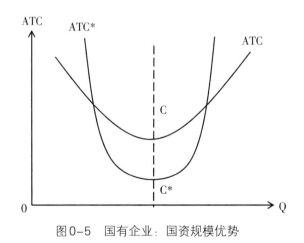

图0-5　国有企业：国资规模优势

来源：作者自制

　　图中，ATC 为平均总成本，Q 为产出数量，社会 ATC 为平均总成本曲线。ATC* 为国资平均总成本曲线。C 为社会总成本最低点，C* 为国资平均总成本最低点。国资通过内部企业专业化分工和合作协同，降低了平均总成本（C→C*），从而产生了国资的规模效益。

第六，极大地促进社会有效投资。正是基于国企的这种优秀的品格和气质，社会给了国企在增加有效投资方面以更大的施展本领的空间。80多年前，凯恩斯发现在市场经济中并不存在生产和就业向完全就业方向发展的自动机制，否定了"萨伊定律"。指出有效需求不足是造成经济萧条的直接原因，为政府干预经济建立了理论依据。这是一次经济学理论的进步。但迄今为止，西方经济学家并没有发现资本主义经济中还有一个影响经济发展的制度性缺陷——有效投资不足。这个缺陷是资本主义制度的局限造成的，源于私人企业的逐利本性。

举例来说，如需要修一条从A地到B地的高铁，不考虑土地供给、环境、技术、民意等外部因素，仅就投资决策而言，其投资收益情况是：总投资1000亿元，投资回报期30年，投资回报率3%，如下图：

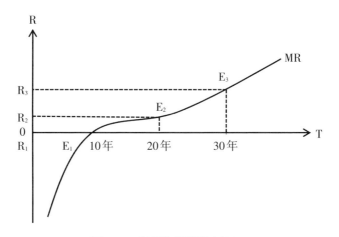

图0-6　长投资周期的例子

来源：作者自制

　　图中，T为投资收回期（年），R为投资回报率（％），MR为收益曲线。投资第10年，收益曲线相交于$E_1$点，实现盈亏平衡；投资第30年，收益曲线相交于$E_3$点，实现3%的投资回报率。对于这类大投资、长周期、低收益的项目，私人企业是没有投资意愿的，项目也难以通过董事会的决策。但对于中国国有企业而言，投资此类项目是习以为常的，特别是社会基础设施项目，基本都是这类投资。这也是中国改革开放以来，投资规模大，基础设施发展快，经济结构转型得以顺利进行，经济得以实现快速发展的重要原因。

　　那么，国企做这样的投资是不是效率很低呢？这就看你的账怎么算了。如果仅从国企的账面利润看，无疑是低效的，在极端情况下，还可能赔本。但从社会整体（宏观）效率看，则是另一番景象。同样以上述高铁项目为例，高铁建成以后，某消费者要坐车从A地去B地，如果选择坐旧式火车，则票价是100元，所需时间20小时，如果坐高铁，则票价为500元，所需时间5小时。假如该消费者的时间成本为100元/小时，则可算出该消费者坐老式火车的总成本是购票成本＋时间成本＝100＋2000＝2100元；而坐高铁的总成本则是500＋500＝1000元，消费者从高铁中得益1100元，亦即投资高铁的国企向该消费者"溢出"1100元。高铁国企根据消费者的承受能力，以他们负担得起的价格定票价，承受了10年的亏损和长周期的低投资回报，却向社会"溢出"了巨大经济效益，极大地增进了社会福祉。国企这种"时间换空间"和总体利益最大化的做法，使私有经济中不可能实现的项目变成可能，极大地促进了有效投资的增长和社会福祉的增进，成为中国特色社会主义发展经济的独特制度优势。

表0-1 基础设施投资"溢出"效益

| 出行方式 | 票价(元) | 时间(小时) | 时间成本100元/小时(元) | 总成本(元) | 收益(元) |
|---|---|---|---|---|---|
| 旧式火车 | 100 | 20 | 2000 | 2100 | 0 |
| 高铁 | 500 | 5 | 500 | 1000 | 1100 |

来源：作者自制

中国的社会经济快速发展，是一个全新的现象。这种"新"体现在社会主义公有制国家的社会经济取得长足的发展上，体现在公有制制度下中国特色社会主义市场经济体制的建立和完善上，也体现在以公有制为主体、多种经济成分取得协调可持续发展上。它与资本主义私有制度下自由市场经济的发展模式，在私有制基础、基本经济制度、经济运行方式和市场主体的生产目的、功能定位、运营方式等方面有着根本的不同。中国经济给经济学家在经济理论的创新和发展上，提出了新的要求。同样如此，要认清和把握国企及国企改革，必须跳出资本主义自由经济理论的束缚，以新的视角和意识、实事求是的态度来审视与研读。我在上述部分所作的努力，目的便在于此，希望以此为读者朋友提供一些新的思考维度、思想观念和思维逻辑方面的启示，为他们阅读本书作理论上的铺垫。

本书第一章论述国企的地位。主要从国企的性质、国企的形成、国企的贡献及国企对国家经济发展所起的作用等方面来阐述中国国企的基本面貌和社会地位，给读者国企的总体概念，并结合中国模式的特点对发展型国家、企业家型国家理论以及国家理论的升级进行介绍和分析，通过借助替代性的理论框架，帮助读者更好地了解中国经济的运行方式和国有企业的作用。

第二章论述国企的组织。这一章围绕企业组织、企业组织理论和中国的国企组织三个部分，比较系统地介绍了企业组织的一般特征和国企企业组织的特点。对传统厂商理论、新古典主义企业组织理论和新制度学派企业组织理论的发生、发展以及当代西方经济学界对企业组织理论的研究进展与主要特点作了概述，让读者对企业组织以及人们对企业组织的深化有一个概念性的认识。最后，在通过对文化理念相近的东方人本主义组织理论和正统的马克思企业组织理论的进一步比较分析中，阐明中国企业组织的本质特征，提出我的相关主张。

第三章论述国企的治理。这一章论述了国企的特点、国企的价值决定和国企的治理三个方面。我国的国企与其他国家的国企在所有权归属和管理模式上有相近之处，具有国企所应具有的一般特征。但中国的国企还有着鲜明的个性特点。本章介绍法国、美国、挪威、日本和新加坡等西方典型国家国企的概况，从国家政治制度、经济制度下的运行方式中分析比较中西方国企的共同点和差异性。在中国国企的价值决定上，提出既要看企业的现金流量，也要看企业对社会福利的贡献；既要看企业的盈利能力，也要看企业在社会的使命地位的新理念新观点。此外，还介绍了当代经济学关于公司治理的有关制度和模式的理论研究成果，向读者展示了中国的企业治理结构和内控体系及其鲜明特点。

第四章论述国企的效率。关于国企的效率研究，是本书的重点之一，也是最具挑战性的问题。本书从效率的概念入手，向读者介绍了帕累托改进和卡尔多—希克斯改进的两个主要效率概念，分析了效率的度量和效率概念存在的理论陷阱，进而讨论了迄今理论界关于国企效率研究的情况及其存在的问题，提出了国企的效率应该由国企的微观效率、宏观效率和国资总体效率三个部分构成，并论证了其三种效率的来源，即市场环境引致、外部性有为引致和国资协作引致。第一次提出"外部性有为"的概念，以及国企在此方面的贡献。为了便于读者一目了然地弄清国企效率的概念及其度量，本书尝试性地给出了国企效率的数学模型。

第五章论述国企的改革。这一章系统地回顾了1978年国企改革以来大体五个阶段的改革内容和目标任务，并从现代企业制度建立、组织形式转型和监督体系完善三个方面，总结国企改革所取得的重大成果。最后梳理分析了国企改革所面临的若干深层次问题。

第六章论述深化国企改革的若干思考。2020年6月，中央全面深化改革委员会审议通过了《国企改革三年行动方案（2020—2022年）》，明确了新时期国企改革的重要任务和分类改革的方式方法。但在该方案的具体实施上，还需要就一些重大理论问题和实践问题，作进一步的探索，以实现国企改革在理论和实践上的重大突破。我根据多年的国企从业经验和改革实践，提出了授权管理制度、资源配置效率、市场化经营机制、责任追究工作体系、法人治理体系、国企改革价值取向共六方面当前国企改革所面临的深层次问题，并通过分析问题的成因和症结，尝试性地提出解决方案。目的是引起大家的重视和思考，并就这些问题开展讨论，以期找到更好的解决办法，推进国企改革走向深入，更好地完成中央确定的国企改革目标任务。

参考文献 ———————————————————————————

[1] Lawson T. "The Nature of Heterodox Economics"[J]. *Cambridge Journal of Economics*, 2006, 30(4): 483–505.

[2] Mazzucato M, Wray L R. *Financing the Capital Development of the Economy: a Keynes-Schumpeter-Minsky Synthesis*[R]. LEM Working Paper Series, 2015.

[3] T. 劳森. 经济学与实在[M]. 龚威译. 北京:高等教育出版社, 2014.

[4] 安妮·克鲁格. 发展中国家的贸易与就业[M]. 李实译. 上海:上海人民出版社, 1996.

[5] 列宁. 列宁选集(第4卷)[M]. 北京:人民出版社, 2012.

[6] 林毅夫, 付才辉. 新结构经济学导论[M]. 北京:高等教育出版社, 2019.

[7] 林毅夫, 王勇, 赵秋运等. 新结构经济学:理论溯源与经典文献[M]. 上海:格致出版社, 上海三联书店, 上海人民出版社, 2021.

[8] 林毅夫. 新结构经济学文集[M]. 上海:上海人民出版社, 2012.

[9] 蒙德尔等. 经济学解说[M]. 胡代光等译. 北京:经济科学出版社, 2000.

[10] 韦森. 探寻人类社会经济增长的内在机理与未来道路——评林毅夫教授的新结构经济学理论框架[J]. 经济学(季刊), 2013, 12(03): 1051—1074.

[11] 余永定. 发展经济学的重构——评林毅夫《新结构经济学》[J]. 经济学(季刊), 2013, 12(03): 1075—1078.

[12] 张曙光. 市场主导与政府诱导——评林毅夫的《新结构经济学》[J]. 经济学(季刊), 2013, 12(03): 1079—1084.

[13] 保罗·克鲁格曼, 罗宾·韦尔斯. 微观经济学[M]. 黄卫平等译. 北京:中国人民大学出版社, 2012.

# 第一章 国有企业的地位

财富的生产力比之财富本身，不晓得要重要到多少倍。

——弗里德里希·李斯特

# 第一节　国有企业的形成与性质

国企是中国特色社会主义制度的重要物质基础和政治基础。有关公开资料表明：截至 2020 年底，中国国有企业资产总额 268.5 万亿元，国有金融企业资产总额 323.2 万亿元，行政事业性国有资产总额 43.5 万亿元，国有土地总面积 52333.8 万公顷，全年水资源总量 31605.2 亿立方米。

由于新冠肺炎疫情影响后的恢复性增长，2020 年国有企业经济运行有不俗的表现：营业总收入实现 755543.6 亿元，同比增长 18.5%，2019—2020 年两年平均增长 9.9%。其中中央企业 417279.3 亿元，同比增长 17.7%，两年平均增长 7.8%；地方国有企业 338264.4 亿元，同比增长 19.5%，两年平均增长 12.7%。利润总额实现 45164.8 亿元，同比增长 30.1%，两年平均增长 12.1%。其中中央企业 28610.0 亿元，同比增长 27.0%，两年平均增长 12.4%；地方国有企业 16554.7 亿元，同比增长 35.9%，两年平均增长 11.5%。应缴税费实现 53559.9 亿元，同比增长 16.6%，其中中央企业 36234.1 亿元，同比增长 14.0%；地方国有企业 17325.8 亿元，同比增长 22.6%。资产负债率为 63.7%，上升 0.3 个百分点，其中中央国有企业 67.0%，上升 0.5 个百分点；地方国有企业 61.8%，上升 0.3 个百分点。近年来，随着国企改革的不断深化，国资国企呈现出日益向好的发展态势。

国有经济在中国国民经济中发挥着主导力量。根据世界银行高级专家张春霖博士的估算，2017年中国国有企业增加值占当年GDP份额为23%—28%，占就业人数的5%—16%；[①]2017年销售额大于2000万元的规模以上工业（采矿业、制造业、公用事业）企业的资产总额中，国有企业占到了39%，在主营业务收入中占到了23%，在从业人员总数中占到了18%（张春霖，2019）。这些数据可以帮助我们对国有企业及其重要性有一个初步的了解，但距离真正弄清"什么是国有企业"还远远不够。本节着重勾勒当代中国国有企业的形象，并阐述国有企业内涵和来源及其本质特征。

## 一、国有企业的定义

生活语言和学术语言不同。生活中使用的概念常常是模糊不清的，既容易和其他概念混淆，也容易导致自相矛盾的情形出现。但是日常生活中的概念指代在通常情况下并不必要进行严格定义，这是由语言的基本功能决定的。正如著名哲学家乔治·贝克莱在其1710年的著作《人类知识原理》中所说的那样：语言的一些目的："（1）语言的唯一的主要的目的还不只在以文字来传达思想，如一般人所想象的那样。此外它还有别的一些目的；（2）它还可以引起人的情感，刺激起人的行动；（3）还可以阻止人的行动；（4）还可以使人心发生某种特殊的倾向……在常用的语言中，这种情形并不罕见"（贝克莱，2010）。可见，生活语言并不完全作为一种信息传递工具而存在，因此在运用概念组成语句时不需要对概念进行严格定义。

---

① 估算得到的是一个区间而不是一个具体的数值,这意味着真实的数值很有可能位于这个区间中的某一个数值上。

不过，当我们要就一个对象进行深入讨论时，就必须进行严格定义以尽可能规避由于主观理解差异造成的歧义，保证信息传递的通畅无阻。这就是学术语言的作用。作为本书最重要的讨论对象，国有企业这一概念必须要围绕其内涵进行严格的定义，而不仅仅是在外延上作界分。本书对国有企业的定义与《国有企业境外投资财务管理办法》第一章第二条的内容保持一致，即将国有企业定义为由国务院和地方人民政府分别代表国家履行出资人职责的国有独资企业、国有独资公司以及国有资本控股公司，包括中央和地方国有资产监督管理机构及其他部门，比如宣传、财政、教育部门所监管的企业本级及其逐级投资形成的企业。国有独资即国家百分百控股，国有控股指国家股本占相对多数。注意，这里没有涵盖国有参股公司，这是因为国有参股公司在组织形式、经营目标上并不必然表现出国有企业的基本要求和特点。

## 二、国有企业的来源

新中国成立前夕，我国通过了具有临时宪法性质的《中国人民政治协商会议共同纲领》，其第28条明确指出，"凡属有关国家经济命脉和足以操纵国民生计的事业，均应由国家统一经营。凡属国有的资源和企业，均为全体人民的公共财产，为人民共和国发展生产、繁荣经济的主要物质基础和整个社会经济的领导力量"。这一条就奠定了这一时期的方针，新中国迅速进入国有企业的创建阶段。新中国国有企业主要有五种来源：继承的解放区公营经济、没收的官僚资本、征用的外资企业、政府新办的企业和公私合营而来的企业（剧锦文，2019）。

解放区留存下来的公营经济是新中国国营经济的前身。它们中很大一部分是为军事活动服务的军需工业，在形式上多为手工劳动的小作坊和半机械化的小型工厂（赵德馨，2017：10）。在经典军事文艺作品《亮剑》中，主人公李云龙在被坂田联队包围后坚持突围，被暂时撤职并安排到一家规模不大的被服厂做厂长——类似这种被服厂就是解放区公营工业的典型。除了这类为后勤服务的工业，军工中比较出名的则是由中央军委修械厂、江西省苏维埃政府修械所以及红三军团修械所合并而来的中央军委兵工厂（廖添土，2012）。以上类型的公营工业中，规模相对较小的在新中国成立后成了地方国有企业的重要来源，而那些相对规模较大的则和30多家解放区银行——例如1948年陕甘宁边区银行和西北农民银行合并而来的西北农民银行（是中国人民银行的前身之一）——一起划归中央及其派出机构有关部门管理（赵德馨，2017：10）。

在解放区的公营经济中，还有一些由解放区党政机关操办的以农业与手工业为主的企业、贸易公司，它们原本是起着为党政机关日常开支提供收入来源的作用。但在1949年之后，一方面国家已然有足够财力负担党政机关开支，另一方面这些企业和公司的存在造成这些机关的利益与国家集中管理经济活动的目标相冲突，并且还有可能成为滋生腐败的温床。基于这一情况，1952年3月，中央决定将机关生产事业转交有关部门统一经营管理（赵德馨，2017：10）。这些根据地政府经营的公营企业在新中国成立后成为新中国国有企业中的一部分，因而它们的管理模式和产业布局也影响着之后国有企业的发展模式（剧锦文，2019）。除了这类实体企业，还有一些在当时没有完全企业化的报社，例如人民日报社、文汇报社等。

不过这些公营经济并不是新中国成立初国有经济来源的大头，

大头在于没收的"官僚资本"。所谓官僚资本，即国民党政府所有的国家资本和其政府内部高级官吏的私人资本，其中，国民党政府所有的国家资本占比最高（剧锦文，2019）。

在接收国民党政府的企业（也就是官僚资本中的国家资本）中，金融方面有中国银行、交通银行、中国农民银行、中央银行、邮政储金汇业局和中央信托局构成的四行二局系统以及各省地方银行系统共计2400多家，并且许多银行的海外分支行职工都纷纷起义接受人民政府领导；在工业方面，共有2858家企业被接收，其中包含职工129万人；在交通方面，有国民党政府交通部、招商局所属企业，计有铁路2万多千米、机车4000多台、客车4000多台、货车4.7万辆、铁路车辆和船舶修造厂约30家、各种船舶吨位20余万吨，另有飞机12架；在商业方面，有复兴、富华、中国茶叶、中国石油、中国盐业、中国蚕丝、中国植物油、孚中、中国进出口、金山贸易、利泰、扬子建业、长江中美实业等大型贸易公司及其分设各地的分支机构和经营网点。如果按照固定资产原始成本估算，没收的国民党政府财产约为150亿元，而1949年全国工业产值仅为140亿元（赵德馨，2017：10）。

而接收的国民党政府内部高级官员的私人资本，则全部为人民政府依法没收的汉奸、历史反革命分子、1949年被宣判的战犯（全部为国民党政府高级官员）的财产——其中包括孔祥熙和宋子文等人经营的新华、裕华、广东国货等银行（赵德馨，2017：10）。

另一个需要重点阐述的来源是对外资企业的征用，这些企业由于与境外势力关系密切，因此接收策略相对复杂一些。新中国成立后，国内外资企业主要是剩下了为数不多的一些工矿设备和地产等，其中多为英美资本，少部分的分属法国等10余个国家。人民政府成立后，立即开展清除外国在华经济势力的工作。这项工作历经两个阶段。

第一阶段，人民政府废除了外国对华的经济控制权，但只对外资企业采取监督和管制的措施，并未急于进行处置。

第二阶段，人民政府采取了区别对待的处理方式。新中国成立之后，中国提出"一边倒"的政策，美方也提出要对中国进行经济封锁。1950年3月，美国商务部宣布，运往美洲以外国家的所谓"战略物资"，必须领取"特种许可证"才能放行，用以针对中国、朝鲜以及苏联、东欧等社会主义国家。1950年12月，为了挽回朝鲜战场上的不利局面，美国宣布管制中华人民共和国在美管辖区内的所有公私财产，并且下令禁止一切在美国注册的船只开往中国港口，实行对中国的全面禁运。中国政府于1950年12月和1951年4月发布命令管制美国政府、企业在中国境内一切财产，冻结其一切公私存款，同时征用英国亚细亚火油公司财产。在处理外资企业时，中国政府坚持了毛泽东同志指出的"把我们的人搞得多多的，把敌人的人搞得少少的"原则，对以美国为首的与中国敌对的资本主义国家和一般资本主义国家，对具有垄断特征的大企业和一般外商小企业，采取区别对待方针，并且在处理方法上采用了征用、代管、征购、管制等灵活多样的方式。经过处理的以及取消外国特权和实行经济封锁后无法继续经营的企业最终都转归人民政府所有，成为我国国营经济的一部分（赵德馨，2017：10）。

到1953年，在华外资企业数目从1192家缩减至563家，其资产总额也从12.1亿元减少到1.5亿元。除了这些没收的外资企业之外，国有企业的来源还包括苏联政府让渡和交还的在华资产（剧锦文，2019）。

1945年苏联军队进入东北时接管了原由俄国经营的铁路，还接管了大连与旅顺的港口以及日本在东北的部分工厂和经济机关，并且还拆运了一些物资回国。根据《关于中国长春铁路、旅顺口及大连的协定》，苏联政府最终在1950年到1954年期间交还了上述铁路、港口与物资和工厂（赵德馨，2017：10）。

另外，在新中国成立后，特别是在第一个五年计划实施期间，我国在苏联援助下新建了一批企业，这一批企业也在之后迅速成为社会主义经济建设的骨干力量。政府对此的投资大致分为两部分：一部分是投资于金融和贸易企业，主要用于扩大国有银行和贸易企业的自有资本，以扩大其经营规模和增强其控制能力；另一部分是基础设施建设，这些投资的主要方向有三个：兴修水利、恢复交通运输和恢复工业——当然，在工业投资中不仅只有恢复性投资，还有以重工业为投资重点的新设项目投资（剧锦文，2019）。如今我们耳熟能详的许多企业就是在这一时期建成的，例如鞍山钢铁集团、扩建后的本溪钢铁公司、长春第一汽车制造厂、包头钢铁公司、四川长虹电子集团、华北制药集团等。

最后需要关注的一类来源，是我国在"三大改造"期间逐步实现国有化的企业。在1953年到1956年12月，我国通过完成国家资本主义从低级到高级的过渡逐步实现了对私人工商业的完全国有化。简单来说，就是国家先采取向私人工商业下订单并包销这种方式逐渐掌控销售网络，同时使私人工商业逐步依赖于国营经济。与此同时，不断壮大的国营经济逐渐挤出私人工商业的生存空间，政府借此机会实现公私合营①规模的扩大，最终实现全行业的公私合

---

① 公私合营，即企业的股份中既有私人资本又有国家资本，近似于一种混合所有状态。

营。而一旦企业实现了公私合营，其性质就发生了重大变化，因为人民政府派出的公股代表会参与到企业管理中，并居于领导地位，实际上是代表人民掌握了对生产资料的支配权。在分配上，这些企业的利润按照"四马分肥"原则分配，即将企业利润等分为国家征收的所得税、用于扩大再生产的企业公积金、工人的奖励基金和资本家红利。很明显，公私合营的企业几乎完全嵌入国家计划中，已具有所谓的"半社会主义性质"（赵德馨，2017：10）。

到1955年下半年，农业合作化运动达到高潮，这使得私营业主在经济上与农村市场的联系被彻底切断，再加上自身已经高度依赖国营经济，以及企业内部工人群众进入社会主义的强烈意愿，许多业主在企业陷入严重困难和强大的社会大势下选择交出企业、接受公私合营。

在全行业实行公私合营后，通过取消原有利润分配制度，只给业主发放给定利息，企业的生产资料在实质上已经完全归国家所有。所谓的业主已对生产资料丧失了支配权，顶多只是在企业内以员工身份参加企业工作，因此所有企业已经和国营企业没有区别了（赵德馨，2017：10）。这类在三大改造中被国有化的企业数量众多，其中具有代表性的是一批"中华老字号"企业，例如北京同仁堂、老凤祥、青岛啤酒、茅台、海天等。

## 三、国有企业的性质 ————————————————————————

为什么要讨论国有企业的性质？严格来说，国有企业的性质本身已经没有讨论空间了，因为它是由法律规定的，而法条本身是清晰的。所以，这部分的重点不是深究国有企业的性质是什么，而重在讨论国有企业独特性质所决定的为其特有的经营目标。

　　首先需要回顾一下国有企业自新中国成立以来被法律规定的性质到底是什么。早在新中国成立之初，《中国人民政治协商会议共同纲领》第28条中就明确指出，"国营经济为社会主义性质的经济"，将国营经济在性质上与半社会主义性质的合作社经济、农民和手工业者的个体经济、私人资本主义经济和国家资本主义经济作了明确区分。"五四宪法"的第6条中论述如下："国营经济是全民所有制的社会主义经济，是国民经济中的领导力量和国家实现社会主义改造的物质基础。国家保证优先发展国营经济。"现行的"八二宪法"在第7条中指出："国有经济，即社会主义全民所有制经济，是国民经济中的主导力量。国家保障国有经济的巩固和发展。"由此可见，在法律层面，我国国有企业的性质从新中国成立至今都是一以贯之的，即企业生产资料归全体人民共同所有，换言之，国有企业是全民所有制的具体表现形式。因为全民所有制实现了劳动者共同占有生产资料，所以作为其具体表现形式的国有企业就有着鲜明的社会主义性质。

　　而这里需要重点讨论的是由国有企业性质所决定的经营目标。它之所以重要，是因为如果不对企业性质引申出的经营目标进行明确界定，就无法为国有企业的日常经营提供基准和考核依据。

　　目前关于国有企业性质决定的经营目标究竟是什么，有两种流行观点。

　　第一种观点认为，国有企业的经营目标既有利润最大化的经济目标，也有社会福利最大化的社会目标，后者的存在是为体现国家意志和服务于人民群众的整体利益。这就要求国有企业除了自身的盈利目标之外，还要服务于国家的宏观调控和产业政策，体现公有制经济的决定性力量，并克服社会化大生产与生产资料私有制之间的矛盾。这一观点还认为，国有企业的双重目标在很大程度上是一致的，因为国有企业实现其社会目标的前提，是要实现国有资产的保值增值并在市场竞争中生存和发展，而这恰恰就是国有企业的经济目标（周业安、高岭，2017）。

第二种观点认为，国有企业虽然具有双重目标，但对两种目标应赋予的权重则要根据国有企业的类型来划分——竞争性国有企业应以追求利润最大化为主，而非竞争性国有企业则应以追求社会福利最大化为主。[①]即竞争性行业的国有企业的经济目标应优于社会目标，垄断性行业的国有企业的社会目标应优于经济目标（周业安、高岭，2017）。

而本书倾向于认同第二种观点，即国有企业双重经营目标各自所占权重应该针对国有企业的不同类别进行差异化分析。

问题在于，国有企业的分类应基于什么标准呢？

目前流行的有两种划分方法：一是把国企划分为公益类、商业类，二是划分为处于竞争性行业的、处于非竞争性行业的（杨瑞龙，2017）。

所谓公益类和商业类的划分，其实是根据企业主要产品的性质对企业进行分类。而所谓公益类产品和商业类产品对应经济学上的概念，大致为公共产品和私人产品。什么是公共产品和私人产品？一个最明确的界分是：公共产品具有非竞争性和非排他性，而私人产品具有竞争性和排他性。非竞争性是指，在头一波消费者消费了某物品后，其他后来的消费者再消费该物品所需成本和头一波人是一样的，消费的人数增多也不会影响其他消费者消费数量和质量；非排他性是指，消费者在消费某物品时，不能阻止其他人一同来消

---

① 关于竞争性与非竞争性的说明，将在后文展开。

费此物品。表1-1根据是否具有竞争性和排他性对产品进行了分类。

表1-1　根据竞争性和排他性的产品划分

|  | 竞争性 | 非竞争性 |
|---|---|---|
| 排他性 | 私人产品 | 俱乐部产品 |
| 非排他性 | 公共资源 | 公共产品 |

来源：作者自制

从表1-1中可知，除了私人产品和公共产品，还存在具有竞争性和非排他性的公共资源以及具有非竞争性和排他性的俱乐部产品。公共资源的例子有很多，例如水资源、渔业资源、公路等，虽然任何人在消费时都无法排除他人对此的消费，但它们在一定时期的数量是有限的，消费过多都会使得大家的处境变差——例如高峰期拥堵的公路；俱乐部产品如教育、线上讲座等，可以通过设立门槛阻止非成员进行消费，但在成员内部它不会因消费人数的增加而减少，比如10个人和1000个人同时参加线上讲座都不会影响我们的消费情况。

现在回到对公共产品和私人产品的讨论。公共产品的涵盖范围很广，大到国防小到宿舍卫生，正因其不具备排他性也不具备竞争性，因而只要有一个人付出成本去提供（或者购买）这项产品，那么这个掏钱的人就必然无法独享这项产品的好处。从经济学的理性人假定出发，可以很轻易就得出所有人的占优策略——自己不出钱出力，等着搭便车。[1]但当所有人秉持着这种策略行事时，最后的结果就是无法产生公共产品，因而大家都无法使用这一产品。[2]这

---

[1] 占优策略，指在博弈中无论竞争对手如何反应都是属于本人最佳选择的策略。

[2] 严格来说，在主体对公共品价值的评估存在显著差异且均为正时，无第三方协调下的公共产品供给也可能产生。

个时候，政府就应该站出来，以补贴或者直接创立国有企业的方式生产这些公共产品。在实际生活中，纯公共产品其实比较少，而公共资源和俱乐部产品这种混合产品比较多，因此公益类国有企业往往也包含生产混合产品的企业，除开这些企业之外，剩下的以生产个人消费品为主的国有企业就是商业类国有企业。

具体而言，公交、地铁、环卫、国防设施、卫生保健、义务教育等通常属于公益类国有企业的经营范围，例如国家电网、中国水务集团、中国铁道建设集团等；而主要目标在于国有资本保值增值的企业就是商业类国有企业，例如中国宝武钢铁集团、中粮集团、中国第一汽车集团等。值得重点关注的是，公益类和商业类界分并不是明晰的，它们之间存在许多模糊地带，并且公益类和商业类产品界分会因时因地发生变动。例如本书在这里将中粮集团划归为商业类国有企业，但中粮集团也承担着国家战略粮食储备安全的职责，因此也具有重要的公益性质。正因如此，2015年12月，国务院国资委又把商业类细分为商业一类和商业二类，把具有公益性、基础性特征的商业类企业明确为商业一类，进而分类改革、分类管理。

第二种划分方法则是根据国有企业所处领域进行的划分。值得注意的是，这一划分中的"竞争性行业"与上一种划分中提及的产品"竞争性"并无瓜葛。竞争性行业涵盖的范围太广，不便于界定，因此我们可以先从非竞争性行业的概念界定出发。非竞争性行业分为两类，一类是自然垄断行业，另一类则是刚才提到的生产公共产品的行业（董辅礽等，1995：492）。所谓自然垄断行业，是指这样一类行业，其行业内产品或服务的生产具有规模经济特征，[①]因此由单个企业进行垄断生产最有效率——例如自来水、电网、城

---

① 规模经济是指在给定生产技术的前提下，产出越多产品的单位成本越低。

市天然气等。为什么自然垄断行业中单个企业进行生产最有效率呢？以自来水供应为例，一家自来水公司在一个片区铺设自来水管道后，若另外几家竞争对手也在此片区再次铺设管道，就会造成重复投资并造成效率损失。而除开处于非竞争性行业的国有企业，剩下的国有企业自然就是处于竞争性行业的国有企业。

基于国企性质的复杂化、多样性，尽管政府和学界均存有与以上两种不同的分类方法，但实际表达的意思是基本一致的。为了便于读者理解，我们还可以根据国企主要产品的配置主体的不同，将国有企业划分为基础性和竞争性两类进行阐述。

所谓基础性的国有企业，是指处于我国经济的命脉、出于国家控制国计民生需要的目的而设立的国有企业，也就是习近平总书记在全国国有企业党的建设工作会议上强调的"中国特色社会主义的重要物质基础和政治基础，是我们党执政兴国的重要支柱和依靠力量"。而所谓竞争性的国有企业，则主要是参与市场公平竞争为主的产业，基础性作用相对较弱。这类企业多为在精简政府机构的过程中，从过去各部委、省内厅局转变过来或从其自办公司中剥离出来。基础性国有企业更多地处于前面所划分的弱竞争性行业，而竞争性国有企业则更多地在竞争性行业中运营。

总的来说，基础性国有企业是符合政府进行宏观调控需要或者保护国家经济命脉需要的国有企业，而竞争性国有企业则更多的是一种计划经济时期的历史遗产。后者的市场化程度更高，或在地方政府的政策保护下参与竞争，或直接参与市场的平等竞争，但几乎不直接发挥基础性国有企业所发挥的基础性作用，且效率大多也不如民营企业。竞争性国有企业偏低的效率与其所处的行业特征就带来了一系列亟待改革的问题，例如退出机制的问题——这一点将在后面的章节中进行讨论。因此，国企改革除了要对基础性国有企业进行改革，还需要对看似相对有效率的竞争性国有企业进行改革，这正是本书的核心观点之一。

## 第二节 国有企业的贡献

从社会主义建设时期，再到改革开放的新征程，我国国有企业从未缺席，并持续发挥着重要作用。在2016年10月10—11日召开的全国国有企业党的建设工作会议上，习近平总书记强调："新中国成立以来特别是改革开放以来，国有企业发展取得巨大成就。我国国有企业为我国经济社会发展、科技进步、国防建设、民生改善作出了历史性贡献，功勋卓著，功不可没。"中央明确地肯定了我国国有企业在过去70余年的新中国经济建设发展中作出了巨大贡献。但是在过去较长的一段时间里，国有企业被打上了"低效率"的标签。因此，我们在对国有企业的认识上存在着"国企悖论"，即一方面认为国有企业是"低效率"的经济组织，拖累了我国的经济快速发展；另一方面又看到一个以国资国企为主体的中国以令世界惊奇的速度快速增长。客观地说，这两种认识都从不同的角度看到了我国经济和国企的一些切实存在的特点，因此要破解这一悖论，就需要在一个自洽的框架下理解它。本节旨在梳理国有企业的经济社会贡献，从认识上改变大众基于误解所形成的刻板印象，帮助读者正确认识国有企业的贡献，为第四章对国企效率的讨论做认识上的准备。

## 一、国有企业的历史贡献

　　海内外学者普遍认识到，新中国建立国有企业是后发国家实现工业化战略的重要途径方式。通过国家计划、资源统筹和人力安排等，国有企业可以迅速实现国家经济增长的目的。不仅如此，国有企业对于社会民生的改善也具有重要的意义，新中国的人均收入和生活质量相比新中国成立之前有了很大的提高，在这一点上国有企业的贡献功不可没。国有企业还是中国确保主权和领土安全的重要依靠，国有企业尤其是军工企业为军事现代化提供了重要的装备。国有企业为中国的重工业发展作出了贡献，这是落后国家实现现代化的成功手段。华裔历史学家黄仁宇同样充分肯定国有企业的贡献，他在《大历史不会萎缩》一书中写道，从技术角度看，中国的社会主义体制在追赶资本主义方面表现出卓越的能力，以国家计划和分配为特点的经济体制，能够在短时间内存积了大量的资本，其成效显著，"所以能不待时机之成熟立即进入重工业及高等科技（与军备不可区分）"。这一时期中国生产出了大量的拖拉机，并开始了大型水库等基础设施的建设。今日中国的国家资本以及公众资本，很大程度上都是这一时期积累出来的（于国辉，2019）。

　　中国以国有企业带动工业化的战略被证明是相当成功的。英国经济学家彼得·诺兰在《十字路口》一书中写道，从20世纪50年代中期到70年代中期，中国在经济和社会发展的关键领域取得了重大的成就，"国民生产的增长速度快于大多数发展中国家"，这一事实充分证明了国有企业在推动工业化进程中的重要作用。国有企业的生产还惠及了广大的人民群众，中国人民享受更多的工业制成品，生活水平相比新中国成立之前有了很大的提高。彼得·诺兰还在书中提到了中国人民生活中不可或缺的"四大件"——手表、自行车、收音机和缝纫机，这些工业产品全部都出自中国的国有企业，现在它们走进千家万户，这在新中国成立前是不可想象的。此外，中国的医疗卫生和教育事业都有了长足的进步，"中国的婴儿夭折率和儿童死亡率下降到了很低的水平"，这都与国有企业的生产活动有着很大的关系（于国辉，2019）。

国有企业还为国家的财政体系提供了稳定的支撑，国有企业成为国民经济和国家安全体系的重要组成部分。美国学者斯蒂芬·查尔西在《追寻富强：中国现代国家的建构》一书中指出，国有企业的大规模建设首先增强了国家的财政能力。近代中国与西方交往中的困境，在很大程度上根源于国家的财政和军事能力薄弱。国有企业的建设以及新中国成立初期的发展，明显提升了国家的财政汲取能力，中国从此成为一个现代化的"军事—财政国家"，这也意味着中国现代国家建构的初步完成。在这些学者看来，国有企业的存在是确保国家主权安全和军力建设的重要支撑。中国国有企业的建设不仅对于国家的工业化进程起到了重要的作用，而且对于国防建设意义重大。美国学者卞卡南在《制度变迁的逻辑：中国现代国营企业制度之形成》一书中详细阐释了国有企业在中国的历史来源，在他看来，应对外部的威胁和挑战，是中国国有企业出现的重要动力。从清末的洋务运动，到抗日战争，一直到新中国成立后保家卫国的种种努力，国有企业尤其是国有军事工业都扮演了重要的角色，"战争所引起的持续的全面危机"促成了国有企业的制度安排（于国辉，2019）。

## 二、国有企业在改革开放时期的贡献 ———————

改革开放以来，中国国有企业进入了新的阶段。当然，没有一劳永逸的制度，新中国成立初期卓有成效的国有企业，随着历史的发展，开始面临危机。比如政府对企业经营活动的严格控制，投资完全依靠政府拨款，缺乏必要的行业竞争者，"技术进步缓慢"，全要素生产率下降，等等。这些问题的存在和加剧，导致20世纪70年代开始国有企业的盈利能力和生产效率受到质疑。这是70年代国有企业改革的前期背景。尤其是党的十二届三中全会以来，国有企业在市场竞争中作为独立经济主体的地位得到进一步确认，现代公司治理结构也进一步确立，这有效提升了国有企业生产的效率。中国国有企业改革的实践证明，企业完全可以在不采用私有化方案的情况下，取得更好的经营业绩（于国辉，2019）。

国有企业在中国的基础设施建设中继续扮演重要角色，这为国民经济的增长提供了重要的物质条件。经济合作与发展组织（OECD）在《国家发展进程中的国企角色》这一权威报告中高度肯定了国有企业在中国经济增长中的贡献，特别是提供公共服务或具有强烈公共服务元素的活动，包括城市公共基础设施比如电力、集中取暖、道路建设与维护；承担涉及巨大"沉没成本"的项目，比如跨区域的基础设施、地铁和机场；为大型项目和长期战略融资，比如国有银行对大型科技项目的贷款支持；等等。韩裔经济学家、剑桥大学教授张夏准指出，如果听任利润最大化企业的摆布，生活在偏远地区的人们也许不能享有邮政、用水和交通的基本服务。在这种情况下，国有企业成为确保全体公民普遍享有基本服务的有力依靠。国有企业在改革过程中对企业职工的就业权利更为尊重。法国学者托尼·安德烈阿尼指出，中国国有企业将更多的重心放在实体经济，这些行业相比金融、证券能够提供更多稳定的就业机会，并且，在遇到经济危机时，中国的国有企业更愿意通过降低工资而非大量裁员来解决问题，这为社会民生提供了重要的保障。还有，私营的养老金和健康保险体系拒绝接受"高风险"的群体，这些人通常是穷人。国有企业运营这样的体系将确保最容易受到伤害的群体也能得到重要的社会保障（于国辉，2019）。

国有企业还为中国共产党提供了选拔和锻炼领导干部的重要平台，许多高级别的领导干部都有在国有企业中工作的经历。加拿大政治学家贝淡宁在《赫芬顿邮报》上发表文章指出，有人认为中国共产党的领导干部不懂经济，这是对中国政治体制的严重误解。事实上，国有企业构成了中国共产党选拔领导干部的三大来源地之一，其他部门的干部也会被调入国有企业进行历练，以充实他们的职业履历。"官员通常通过公务员、国有企业和政府附属的社会组织（如大学和社会团体）进行轮换，并在全国不同地区任职。"在此基础上，中国共产党提升了干部的经济理论水平，以及在经济领域的工作能力。经过这种多样化的锻炼，相比美国，中国能够产生更高素质的领导干部（于国辉，2019）。

## 三、国有企业与民营企业的融合发展 ───────

习近平同志在党的十九大上提出建设社会主义现代化国家"两步走"的目标，要把我国建成富强民主文明和谐美丽的社会主义现代化强国。2021年是中国共产党成立一百周年，也是向建成社会主义现代化强国目标进军的起始年。社会主义现代化国家建设离不开经济增长、市场稳定，更离不开作为国民经济运行微观基础的国有企业和民营企业的健康发展。国有企业和民营企业在新的发展阶段将要有新的责任担当。具体而言，国有企业和民营企业需要有以下四种担当。

第一，国有企业和民营企业要明确各自的角色担当。国有企业的所有权归属决定了其应承担三重责任，即社会责任、经济责任和政治责任，然而经济利益最大化与社会福利最大化往往难以平衡，要继续通过明确功能和规模分类，使不同类型的国有企业在兼顾三重责任的基础上有所侧重，更加明确其参加经济活动、承担社会奉献、肩负政治责任的角色担当。纯粹商业类国有企业要逐步在一般竞争性经济领域缩小规模、引入多种所有制资本，甚至可以在非必要的行业中果敢退出，为民营企业保留更多发展空间；发挥基础性作用的商业类企业要在基础性经济领域和外溢性经济领域加大比重，充分发挥政策支持、资金筹集、人才获得等方面的天然优势，提高资源利用效率，紧跟创新驱动战略，深耕关键技术突破，形成大国重器。公益类国有企业可以继续保持国有独资形式，保障国家对公共产品的把控，具备条件后再探索混合所有制改革。同时，要加强国有企业的功能和规模定位动态化，商业类国有企业不意味着忽视社会责任，在必要情况下也可以参与公益类生产。民营企业也应积极承担经济责任与社会责任，将外部竞争与内部追求利润最大化转化为强大动能，活跃市场氛围，提升经济效益，从而继续为社会公益事业贡献力量，发挥"稳就业，保就业"的作用，缓解社会压力。在经济全球化的环境下，更应警惕资本外流，灵活运用国家的支持政策，在市场竞争中不断提升竞争力（张婧歆，2021）。

第二，国有企业和民营企业要强化互补合作。国有企业和民营企业要明确互补点，并利用协同效应取长补短，实现"强强合作"。通过行业内部相互学习和合作，国有企业吸收民营企业丰富的市场经验，提升市场应变能力，进一步明晰产权，使管理、经营体制更加灵活，民营企业利用国有企业丰富的资源、强大的品牌效应和相对成熟的经营模式，实现规模生产，国有企业与民营企业还可以形成上下游产业链、供应链，实现经营优化、发展稳定、效益提升。国有企业和民营企业的互补合作的实现还可以通过深入混合所有制改革，国有企业应建立相关评估标准，引入更多有潜力、有能力的民营战略投资者，将民营企业的技术、先进市场经验融入生产和经营，提高生产积极性，实现企业利润最大化，民营企业也能通过股权、基金的转让引入国有资本，缓解融资压力、增强品牌效应、获取核心技术（张婧歆，2021）。

第三，国有企业和民营企业要共同活跃市场经济。"激发各类市场主体活力"是"十四五"时期的经济目标，未来继续实现国有企业做大做强、民营企业繁荣发展、社会持续进步，关键在于通过市场公平竞争激发市场活力。国有企业与民营企业强化竞争意识是必要的前提，一家独大、各自为营不符合市场规律，更不利于提升能力，应在优胜劣汰的机制中找不足、补短板。国有企业与民营企业还应平等化竞争地位，共同营造公平竞争的市场氛围，国有企业不能一味地利用其在特定市场上的特权，特别在一般性竞争行业中更应放弃利用政策倾斜、资源垄断等方式抢占市场，在引入竞争者的同时，更要融入市场。最后，国有企业和民营企业要提升竞争实力，竞争的目的是提高企业实力、增强市场活力、实现高质量生产，因此应避免盲目竞争，要重视自主创新、机制融合，加强知识技术性人才培养，推动产学研合作，不断提高竞争能力（张婧歆，2021）。

第四，国有企业和民营企业要共同服务于新发展格局。国有企业与民营企业要合理选择以国内大循环为主体、国内国际双循环相互促进的新发展格局下的发展着力点。一是国有企业、民营企业必须强化身份认同，加强合作、互帮互助，共同应对市场风险，警惕经验不足、抗风险能力较低的民营企业被外资跨国公司吞并，从而导致产业的沦没。二是要积极响应创新驱动发展的号召，通过科技创新，去除过剩产能，实现高质量生产。三是要提高生产要素利用效率，满足多元需求，在国内市场上建立良好公平的企业间竞合关系，在关系国家安全、国民经济命脉的行业和领域以及自然垄断行业和领域，通过战略规划和相应政策使国有企业占主导地位，民营企业辅助发展；在竞争性领域，通过市场配置资源和政府适度干预，以公平竞争或平等合作的方式，探索以国有企业为主导、民营企业为主导、混合所有制企业为主导、国有企业和民营企业共同主导等多种可能性，国有企业与民营企业共谋进步，紧盯消费升级要求，繁荣内需市场。四是要进一步扩大对外开放，沟通国内外两个市场，紧跟"一带一路"倡议步伐，积极进行全球产业链布局（张婧歆，2021）。

## 四、"国企效率悖论"

国企悖论的核心焦点在于"效率"。即国有企业是否有效率。一个以公有制为主体的国家，如果主体没有效率，却能在国际竞争中完美胜出，创出人类发展史上的奇迹，这确实是很不合乎常理的一件事。不过也有一些人坚持认为，那是因为不占主体地位的非公有制经济足够强大，消解了公有制经济带来的低效率。这种说法乍一看似乎有点道理，实际上却是一种缺乏实证基础的理论判断——

甚至是一种纯粹的基于立场的判断。虽然目前在我国企业户数、资产、主营收入占比中，私企已占大头，但向国家财政缴纳的税金及附加占比，国企与私企的地位反了过来。衡量企业资产回报率高低，不能光看企业的单位资产创造多少净利润，还要看回报的利润给了谁（宋方敏，2017）。利润流向哪个主体，对于一国经济发展的意义不同，因为不同主体的目标函数是不同的，因而利润用于何处、如何运用都是有差异的。

此外，我们的国企向来不只注重短期效益，更关注中长期发展，引领和承担实施国家经济发展战略。一些公共基础设施、重大工程建设和高科技产业发展，投入巨大，周期较长，微观效益上可能不能立马见效，但其产能的形成，对整个经济社会发挥的作用力和对国际竞争产生的影响力，绝非一般企业可比。国企还是科技创新的领军力量，技术进步是其效率考量的重要指标。当前，我国现代化建设中绝大多数重大先进技术和重大工程项目由国企承担；经济技术要求较高的生产资料和重要消费资料的生产领域，80%以上的技术产品都是由国企提供的。我国国企还承担着扶贫帮困、化解风险、救灾减灾、优化生态环境、协调区域经济平衡发展、支持国防建设、维护社会稳定和国家安全等多方面社会职能，这些担当必然给国企加重负担，表面上看是降低了企业效率，实质上是给社会发展带来无可比拟的带动效益（宋方敏，2017）。

因此，要破解"国企效率悖论"，我们需要对现有的国有企业效率的研究进行一次细致的梳理和辨析。

# 第三节 国有企业与经济发展

政府对经济发展来说重要吗？毫无疑问，多数人会回答"重要"。但是许多人认为的"重要"，只是政府履行好"守夜人"职责意义上的"重要"。简而言之，政府当好市场经济的裁判即可，剩下的则应完全交给私人主导的自由市场。即使需要，也仅仅是在"市场失灵"的时候，发挥纠偏作用。如果是这样，那么国有企业就没有存在必要了。本节将介绍发展型（企业家型）国家的理论视角作为主流理论的第二种替代框架，结合关键事实对"守夜人"论点进行分析。本书认为，持有前述"守夜人"观点的朋友通常受了西方主流经济学理论的影响，而要真正看清中国经济的运作方式，讲清国有企业的作用，依然需要借助替代性的理论框架。

## 一、发展型国家理论

发展型国家理论最早由查默斯·约翰逊在《通产省与日本奇迹》一书中提出，而后戴约、阿姆斯登、韦德等人著作的面世标志着这一理论的逐渐完善。发展型国家理论为我们提供了一个洞察经济发展过程的新视角。随着2008年金融危机爆发，新自由主义意识形态破产，人们的目光又再次聚焦到了发展型国家理论上。

尽管发展型国家理论成型于20世纪80年代，作为一种国家主义的学说，它有着深厚的重商主义历史基础。因为本文既不局限于重商主义学说，也未将其理论视作本文重点，故在此处仅提及历史上国家主义经济思想的两位代表人物——亚历山大·汉密尔顿和弗里德里希·李斯特。美国开国元勋与宪法的起草人之一的汉密尔顿在长期从事财政工作中逐渐形成了一套自己独特的国家主义经济思想，具体可概括为四点：首先，繁荣的制造业是多元经济的基础；其次，自由贸易不适合发展程度较低的国家；再次，政府对产业的干预导致的价格临时性上涨终将被国内产业崛起后永久性的价格降低所取代；最后，他鼓励采用重商主义做法提高本国产业附加值和鼓励某些产业的发展。

历史学派的先驱李斯特有一句经典名言："财富的生产力比之财富本身，不晓得要重要到多少倍。"他认为国家发展是有阶段性的，不同阶段国家推行的经济政策不同。其核心主张可以归纳为以下几条：首先，应发挥国家力量实现国内经济的实质统一；其次，后发国家的首选应当是产业保护政策；再次，对后发国家而言，应当对本国幼稚工业特别是大宗消费品工业实施保护；最后，应有针对性地对根据不同发育程度和工业部门类别实施产业保护。国家主义经济学说的立足点是威斯特伐利亚秩序下的"民族国家"，其既是一种民族国家的意识形态，又是基于弱肉强食的国际现实的学说思想。自20世纪80年代日本、韩国以独特的方式实现经济腾飞以来，这一类经济学说又根据新的时代特点和具体的实践经验发展出了新的理论学说——发展型国家理论。

在1982年出版的《通产省与日本奇迹》一书中，查默斯·约翰逊从日本经验出发，围绕着日本政府部门中的通产省在日本经济发展中的作用进行了归纳总结，第一次提出了"发展型国家"的概念。这一概念指称这样一类国家，即以经济发展为首要目标的国家。在20世纪80年代的"东亚研究热"背景之下，这一概念和相关分析方法吸引了一批学者在这一框架下分析解读东亚经济奇迹。随着研究的推进，发展型国家理论逐渐成形，核心命题和基本概念得到了延伸和明晰，成了一套比较成熟的国家主义经济理论。这一理论的出现其实反映了西方学术界在东亚奇迹出现后的分裂局面。对东亚奇迹的产生原因的不同意见使学术界分化为两派，一派是将东亚奇迹归功于自由市场的新古典学派，另一派是将奇迹归功于政府的"国家主义学派"。即便是在亚洲金融危机爆发后，两派的争执也丝毫没有缓和的迹象。

作为"国家主义理论"的代表，发展型国家理论在成型之初也存在着许多问题。面对质疑和新时代浪潮的冲击之下，在20世纪80年代末成型的发展型国家理论开始将"国家—社会"关系纳入分析框架之中，增强了理论的解释力。在这一时期，具有代表性的观点是皮特·埃文斯提出的"镶嵌的自主性"和琳达·韦斯提出的"被治理的互赖"。而冷战结束后，在全球化和新自由主义浪潮下，各国经济开始向自由市场经济靠拢，而政府权力和政府权威亦开始走向衰落。受此影响，发展型国家理论的关注点又从过去分析政府对经济的推动作用，转移到了研究东亚经济转型和转型之后的经济制度特征上。这一阶段我们称之为"后发展型国家理论"，在这一时期发展型国家理论并没有像过去一样能够形成一个统一的理论，因为各国的经济体制转型其实意味着发展型国家理论基本假设中的"强大的政府"成了历史，而发展型国家理论也成了无本之源。不过也有学者认为在某些国家中，发展型国家并未消失，只是在新自由主义改革浪潮下转变了国家能力的发挥方式（Maman & Rosenhek，2012）。

　　也是在这一时期，中国经济的发展赢得了世人瞩目，更引起国家主义学者重视的是中国典型的发展型国家特征并没有"时过境迁"，而是延续至今。由于中国治理规模空前，地域差异明显，在对中国的研究中，学者们将研究对象从中央政府转移到了更将产业政策作为施政重心、利益更为直接相关的地方政府之上，发展出了"地方发展型政府理论"。

　　依据黄宗昊对发展型国家理论各个阶段的简称（黄宗昊，2016），本书将发展型国家理论初创时的"国家中心论"版本称作"发展型国家理论1.0"，将引入"国家—社会关系"的版本称作"发展型国家理论2.0"，而将目前的后发展型国家理论阶段视作这一理论从2.0到3.0的过渡阶段。我们依据《通产省与日本奇迹》中对日本模式的归纳，可以得到发展型国家理论1.0的核心命题为：第一，存在一个规模不大、薪金不高，而又具备高级管理才能的精英官僚队伍；第二，（国内）具有一种使官僚队伍拥有充足空间可以实施创新和有效办事的政治制度；第三，完善顺应市场经济规律的国家干预经济方式；第四，具备像日本通产省一样的导航机构。

　　在2.0理论中，具有代表性的是皮特·埃文斯的"嵌入的自主性"和琳达·韦斯的"被治理的依赖"。"嵌入的自主性"探讨的是国家在面对较为强势的社会之时，如何找到国家自主性和施政效率的平衡点。埃文斯认为这一矛盾的化解思路是，当国家机关既镶嵌在强大的社会联结之中而又可以为其提供制度化管道时，国家和社会可以针对目标、政策不断进行协商。埃文斯认为这是东亚经济腾飞的主要原因。"被治理的依赖"同样是探讨公民社会力量壮大后国家自主性与施政效率的平衡问题。但韦斯的着眼点主要在私人资本壮大对国家力量的制约上。而韦斯给出的思路是国家与产业中的企业建立制度化合作，把实际存在的相互依赖关系放到台面上，使其成为"被治理的依赖"。在这一基础上，国家就可以运用自主性与社会建立起共识和合作（黄宗昊，2016）。

而3.0理论并没有完全成型，且这一阶段的研究成果要么是基于2.0版本的案例分析，要么是基于研究对象转变进行的分析方法的变形或创新。总的来说，这一阶段有些近乎库恩所述的"前范式阶段的散乱"。此处就"带回本地制度"和基于2.0版本在中国发展出的"地方发展型政府理论"进行简要介绍。"带回本地制度"是发展型国家学派对研究全球化背景下东亚经济转型以及转型后的体制特征的一种分析方法。它的依据是尽管东亚发展型国家已经开始转型或完整转型，但过去根深蒂固的发展型体制依然发挥着作用，从这一角度出发分析制度转型问题并构建理论。"地方发展型政府"的现实指向是20世纪90年代末至今的中国地方政府。由于这一阶段的地方政府"基于国际竞争优势，通过创造条件、提供优惠、筑巢引凤、招商引资，从旁扶持各种外资、民营企业的生产经营。这在经营形态上，与怀特所谓'资本主义发展型国家'形态相对类似，也与东亚发展型国家的宏观产业政策高度相似"（耿曙、陈玮，2017），部分学者据此确定了中国的发展型国家特征，并将中国纳入东亚发展型国家之列，也就是说使中国成为发展型国家理论的适用对象。

毫无疑问，能够执行产业政策、国家战略投资决策的国有企业是中国作为发展型国家的一个必要条件。但是关于国家如何通过创新促进经济发展方面，传统的发展型国家理论是不足的，还需要借用马祖卡托提出的"企业家型国家"这一理论视角。事实上，两者是兼容的。

## 二、企业家型国家 ——————————————————

　　中国人民大学的贾根良教授在2017年的一篇论文《开创大变革时代国家经济作用大讨论的新纲领——评马祖卡托的〈企业家型国家：破除公共与私人部门的神话〉》对企业家型国家进行了系统介绍。该文指出，"马祖卡托的企业家型国家理论与市场失灵理论最重要的不同在于政府是否应该直接介入生产活动。市场失灵理论承认基础研究具有正的外部性，赞同国家可以直接通过提供科研基金解决私人企业没有动力从事基础科学研究的问题，但是，他们反对国家介入应用研究和科技成果商业化等直接的生产活动。然而，马祖卡托的研究却说明，美国政府的干预并没有局限在'竞争前阶段'对基础科学研究支持的界线，而是深入到了应用研究和技术创新成果商业化的阶段：当美国通过国家科学基金（NSF）支持基础研究的同时，却又通过美国国防高级研究计划局（DARPA）、能源部高级研究计划局和国家卫生研究院（NIH）从事应用研究，并通过诸如小企业创新研究计划（SBIR）这样的机构履行风险资本投资的职能"（贾根良，2017）。

　　这一研究结论并非是空穴来风，"正是因为美国联邦政府全程参与了突破性技术创新的基础研究、应用研究和商业化的各个阶段，在创建互联网、纳米技术、生物技术和清洁能源等领域全新的市场和部门上，扮演着企业家、风险承担者和市场创造者的角色，因而被称为企业家型国家。然而，在世界各国特别是在我国，流行着有关美国自由市场经济的神话：美国政府是一个只限于纠正市场失灵的'有限政府'，从而在国家与市场关系特别是两者在技术创新方面的作用上产生了许多神话"（贾根良，2017）。

贾根良指出，有三个"神话"随着最近一轮全球化的开展被传播到世界各地，其中第一个神话就是对公共部门，特别是对国有企业的一系列误解——这也造成了第一章中提及的"国企悖论"："第一个神话是：公共部门是低效的、迟滞的，私人部门是富有活力的，市场在资源配置中起决定性作用，政府只要不挡道就行了，它不应该直接尝试创建和塑造各种市场。但马祖卡托的研究揭示出，虽然近年来美国苹果公司在各类'全球最具创新精神企业排行榜'上一直名列前茅，但苹果手机背后的任何一项关键技术都是在政府出资支持下取得的科研成果。例如，互联网的前身是阿帕网，是在20世纪60年代获得美国国防高级研究计划局资助的一个项目，后者隶属美国国防部。地球定位系统（GPS）最初是20世纪70年代一项被称为"导航星"的美国军事计划。iPhone的触屏技术是由一家名叫FingerWorks的公司发明的，该公司是由获得政府资助的特拉华大学的一位教授和他的一位博士候选人创办的，他们获得了美国国家科学基金会和中央情报局的资助。即便是iPhone的语音识别个人助理Siri也可以将其血统追溯至美国政府：它是美国国防高级研究计划局一项人工智能项目的副产品。马祖卡托揭露这些事实并不否认史蒂夫·乔布斯以及其苹果公司团队在他们如何将现有的技术汇集在一起方面是非常出色的，而是要说明国家在引领创新方面发挥着关键性作用，说明政府是私人企业成功的关键性伙伴：愿意承担企业不想承担的风险，同时也是要说明，在不了解或不承认这个故事的公共方面将不利于未来的苹果公司的诞生"（贾根良，2017）。

第二个神话则赋予了私人创业者，特别是风险资本家以技术创新开拓者的形象，但这也是无稽之谈："但马祖卡托的著作揭露出：风险资本经常是在政府投资并承担创新的不确定性和高风险之后才进入的。换言之，美国联邦政府是重大技术创新的'造浪者'，而风险资本基本上只是扮演着'冲浪者'的角色，正是美国联邦政府作为风险承担者和市场创造者的企业家活动为风险资本的成功奠定了基础。对美国 IT 革命、生物技术产业和纳米技术的研究说明，大多数私人风险资本集中在风险投资的中间阶段，而在早期阶段则是由美国'小企业创新研究计划'提供融资的。造成这种状况的主要原因是：激进创新的早期阶段在风险投资上具有资本密集、较低的收益预期和需要长期坚守的特点，而私人风险资本对此却不感兴趣，从而使政府不得不承担起这种风险承担者的职责……马祖卡托在其著作中引用了其他学者的研究成果，如奥尔斯瓦尔德和布兰斯科姆的研究结论：政府对发展初期的技术企业提供的融资相当于'创业天使'的全部投资，而且大约为私人风险资本投资额的 2—8 倍；她还引用了布洛克和凯勒的研究发现：在 1971 年至 2006 年间，在被《研发杂志》年度奖选中的 88 项最重要的创新之中，有 77 项——或者说其中的 88%——都完全依赖于联邦政府提供的研究支持，尤其是（但并不仅仅是）在其初始阶段，而且在《研发杂志》的奖项中，排除了信息与通信技术方面的创新。此外，生物制药产业 75% 的新发明出自依靠公共资金维持运行的实验室"（贾根良，2017）。

第三个神话则是对政府能力的质疑。但正如在介绍发展型国家理论时已提及的那样，国家能力是东亚经济崛起的一个关键因素，完全基于现有禀赋按照自由市场去配置资源并不是东亚崛起的道路。文中指出，这一神话认为"政府没有能力'挑选出优胜者'，无论'优胜者'是属于一些新的技术、经济部门，还是属于特定的企业。实际上，在过去几十年中，美国政府虽然没有盯住某一家公司，却仍然'挑选出了优胜者'……美国国防部国防高级研究计划局、美国能源部高级研究计划局和国家卫生研究院是突出的代表。与从事基础研究的美国国家科学院和美国国家科学基金会不同，这些机构主要致力于应用研究和科技成果的商业化，他们像投资人那样行动，下注于多样化的创新项目的'投资组合'，美国政府为之提供了保护本国企业、政府采购法等成套的政策体系扶植本国企业的创新。例如，美国的公立学校是苹果产品忠实的客户，1994年，苹果公司占据了美国小学和高中教育电脑支出的58%……美国政府的这些机构在'挑选优胜者'上成绩斐然，例如，美国国防部国防高级研究计划局先后成功地挑选出数百项新技术和新产品的'优胜者'，涉及领域包括能源、航空航天、导弹防御、信息与通信技术、新材料、生物学、医学等，其中最为突出的技术'优胜者'包括互联网、半导体、全球定位系统、激光器、高超音速飞机、无人驾驶汽车、隐形飞机、微型无人机、智能义肢、远程医疗、合金材料等"（贾根良，2017）。

由此可见，国家其实也在发挥着"企业家"的作用。即便从美国的实践来看，"政府在生产性投资和创新活动中可以作为创新活动不确定性和风险的承担者，塑造和创造新的市场，引领私人企业的创新浪潮。政府的生产性投资和创新活动往往肩负着重大的使命，这被称作是'任务导向型'的投资和创新活动……当这些使命完成后，其创新成果就会普惠于整个社会。例如，美国宇航局的'阿波罗登月计划'，先后获得了3000多项专利，带动了20世纪六七十年代美国和全世界在计算机、通信、测控、火箭、激光、材料和医疗等高新技术产业方面的发展"（贾根良，2017）。

既然市场失灵理论无法解释政府在从事上述"任务导向型"投

资和创新活动时发挥的"预见性"战略作用，那么企业家型国家视角是如何理解这些产业政策的呢？贾根良指出："马祖卡托提出了一个新的产业政策分析框架：（1）变化方向的决策；（2）勇于承担不确定性和投身于发现过程的政府组织的性质；（3）任务导向型和市场创造型的产业政策评估；（4）风险分摊和报酬分配的方式，如何使智慧增长（smart growth）导致包容性增长（inclusive growth）。"

具体而言，变化方向的决策是指，重大创新方向通常是由政府来引导的，但是这一决策并不必然由中央一级政府作出，也可能是由各部门乃至地方政府部门进行尝试性决策并最终由中央敲定的战略创新方向。但是，"由于在选择特定部门（如纳米技术）、特定技术（如全球定位系统）和宽广定义的特定领域（如绿色经济）上存在着巨大风险，所以在某些选择成功的同时，将会出现其他选择失败。这就使政策制定者面临着与政策失灵分析框架相当不同的问题：不是试图决定政府干预还是避开干预的问题，而是理解特定的方向和路线图怎样可以被选择，决定怎样动员与管理可以应对动态社会和技术挑战的活动"（贾根良，2017）。

其次是勇于承担不确定性和投身于发现过程的政府组织的性质。这种性质要求研究者们关注："第一，政府必须建立自身强有力的知识和政策能力，而要做到这一点，政府就必须能够吸引到具有相关知识和技能的顶尖人才，因为如果没有这些人才和专家，政府不仅不能研究视野宏大的问题并提出大胆的经济政策，而且，在推进政府任务导向的政策时，政府就没有能力对私人行为者提供方向性的指导和协调。第二，如果政府要建立自身强有力的知识和政策能力，对其自身组织结构的理解就是基本的。已有研究说明，关键性的要素是其组织结构自身的试验、学习的吸收能力，美国国防部国防高级研究计划局这样的政府机构之所以能够成功，一个重要原因就是其内部试验和学习型的组织结构。第三，与市场失灵理论隐含的政府部门与私人部门尽量隔离的政策相反，塑造和创造市场的理论鼓励两者之间建立相互依赖的紧密关系和新型的信任关系，政府可以利用自身的感召力、各种经济行为者之间信任关系的代理人和定位于具体任务的政策工具等对私人行为者提供方向性的指导和协调"（贾根良，2017）。这一点其实和发展型国家视角尤为一致。

再次是任务导向型和市场创造型的产业政策评估。对于任务导向型和市场创造型的产业政策评估框架来说，关键性的问题是要发展一种动态的投资评估工具，以避免产业政策的制定受到既定技术经济范式路径依赖的制约。正如前文所言，市场失灵理论中用以评估公共政策的工具（静态的成本—收益分析）无法有效地捕捉到诸如以任务为导向的公共政策所带来的各种重大变革。此外，在市场失灵的视角中，公共政策必须最大限度地减少"政府失灵"。因此，该理论呼吁建立最小规模的国家机器，并且还呼吁公共部门组织建立起一种不会影响私营部门利益的组织类型，但同时还要求公共部门组织效仿私营部门中的组织追求经济效率。这就使得国家机器无法参与到实验中（这对重大变革至关重要）且无法应对不确定性（这是创新过程的基础）。最终，市场失灵理论的工具箱将会导致一个残缺的、非创业性的国家的出现（Mazzucato & Wray，2015）。

最后是风险分摊和报酬分配的方式，如何使智慧增长导致包容性增长。其实主流经济学对政府干预的苛责也并非完全错误，政府也可能出现"失灵"，特别是在制定产业政策时容易出现腐败现象，最终导致产业政策失败。但除了这一点之外，如果国家只是单纯地对战略创新进行大规模投资，而不参与收益分割，那么就会造成所谓的"投资风险社会化而投资收益私人化"。这使国家变成了私人资本的工具，因而以创新为基础的"智慧性增长"不仅没有导致"包容性增长"，反而成为发达国家财富分配两极分化的重要原因之一。因此，国家必须以某些方式参与收益分割，其目的不在于保证国家机器获益，而是保证创新成果由人民共享，并最终建成"创新型国家"。在这个过程中，国有企业的作用显而易见。缺少国有企业的美国只能靠专利税收入、收入比例还贷贷款和开发银行等方式进行创新投资与收益分割（贾根良，2017），而我国的国有企业完全可以通过向创新型国有企业转型，实现这一目标。

# 三、迈向经济理论3.0

复旦大学的孟捷教授将工业革命以来的现代市场经济作了三种类型的划分，而这三种类型市场经济的理论反映则又对应着三个版本的经济理论。

在市场经济理论1.0中，"经济和政治（以及市场和国家、基础和上层建筑）是截然两分的两种制度；市场经济的主体只有私人企业这一维，国家只是守夜人。在当代，20世纪80年代以来形成的主流宏观经济学，也属于市场经济理论1.0。这一理论反对凯恩斯主义，通过各种具体学说，如货币中性假说、理性预期宏观经济学、真实经济周期理论等，否定国家宏观调控的经济职能，延续了市场经济理论1.0的核心思想。此外，当代新制度经济学或所谓新政治经济学，通过国家中性假说，也否定国家对于经济增长的正面作用，将国家的经济职能局限于降低交易费用、监督合同的实施等，实质上和传统自由主义经济学如出一辙"（孟捷，2020）。

而市场经济理论2.0与1.0则存在明显的对立："其代表为凯恩斯，以及当代演化经济学和后凯恩斯主义经济学。这一类理论认识到，在一个纯粹私人资本主义经济当中，产品市场会出现有效需求不足的矛盾；诸如投资这样重要的权力不能完全交托给私人，国家必须接过一部分投资的权力；在后发经济中，如果不能发挥国家的经济作用，将面临企业家职能稀缺、战略性基础设施落后以及知识生产能力不足等发展的瓶颈。为了克服这些问题，国家权力就必须担负生产关系的功能，影响和改变以自由市场为基础的资源配置，从而构成市场经济当中的另一个主体。在此类理论中，市场和国家、经济和政治、基础和上层建筑被视作相互嵌入和彼此包容的"（孟捷，2020）。

而在以中国经济为经验来源的市场经济理论3.0中则实现了对2.0的超越，主要体现在以下三点："其一，在分析国家的经济作用时，市场经济理论3.0所涉及的范围和内容更为宽广。以宏观政策而论，在社会主义市场经济中，除了传统的财政和货币政策外，还将结构性政策作为重要的宏观调控手段。此外，着眼于国家长期发展战略的'宏观战略管理'或'宏观战略投资'，在中国宏观经济政策中也发挥着十分重要的作用，如史正富所指出的，这种宏观战略投资既超越了纯粹市场逻辑，又可与市场经济整体相嵌合，是社会主义市场经济应对周期性危机的核心制度安排。其二……正是由于党及其意识形态的作用，使国家有可能摆脱阶级关系的再生产所造成的诸多限制和束缚，以根本上不同于资本主义国家的方式发挥其经济作用。其三，市场经济理论3.0突出了竞争性地方政府作为经济主体所起的作用；中国特色社会主义市场经济是'三维市场经济'，竞争性地方政府与非公资本、中央国家一道，都是这一市场经济的内在主体"（孟捷，2020）。

其中，在实现宏观战略投资、党作为经济活动的核心的作用的发挥和地方政府展开良性竞争中发挥着重要作用的，恰恰就是国有企业："通过由各级政府支配的公有企业及银行或非银行金融机构，政治权力决定或影响了投资，在此前提下，政府或者直接充当熊彼特意义的企业家，或者承担集体生产资料和集体消费资料的供给，或者成为投资银行家以实现金融资产的增值等"（孟捷，2020）。显然，近年来较为引人注目的新结构经济学并不属于3.0理论。因为新结构经济学虽然主张有为政府和有效市场，破除了自由主义在认识市场和国家、经济和政治的关系上的教条，但纯理论上依然使用了属于市场经济理论1.0的比较优势学说——这显然是矛盾的。顺应比较优势的国家可能会因为被锁定在价值链的底端，而被具有市场势力的发达国家企业抢走定价权，对中国这样的大国而言，比较优势理论学说可能会遮蔽国家通过投资于基础设施和基础研究，最终直接创造新产品市场的能力（Mazzucato & Wray，2015）。

本章参考文献 ————————————————

[1] Maman D, Rosenhek Z. "The Institutional Dynamics of a Developmental State: Change and Continuity in State-economy Relations in Israel" [J]. *Studies in Comparative International Development*, 2012, 47(3): 342-363.

[2] 董辅礽, 唐宗焜, 杜海燕. 中国国有企业制度变革研究[M]. 北京: 人民出版社, 1995.

[3] 耿曙, 陈玮. "发展型国家"模式与中国发展经验[J]. 华东师范大学学报(哲学社会科学版) 2017, 49(01): 5.

［4］黄宗昊.中国模式与发展型国家理论［J］.当代世界与社会主义,2016（04）:166—174.

［5］贾根良.开创大变革时代国家经济作用大讨论的新纲领——评马祖卡托的《企业家型国家:破除公共与私人部门的神话》［J］.政治经济学报,2017,8（01）:123—137.

［6］剧锦文.1949中国国有企业是怎么来的［EB/OL］.（2019-05-20）［2021-04-30］.http://www.cssn.cn/jjx_lljjx_1/jjs/201905/t20190520_4898288.shtml.

［7］廖添土.建国前中国共产党公营经济的思想实践与当代启示［J］.邵阳学院学报（社会科学版）,2012,11（03）:54—60.

［8］孟捷.中国特色社会主义政治经济学的国家理论:源流、对象和体系［J］.清华大学学报（哲学社会科学版）,2020,35（03）16—28,207.

［9］乔治·贝克莱.人类知识原理［M］.关文运译.北京:商务印书馆,2010.

［10］宋方敏.国企低效"老调"重弹为哪般［J］.红旗文稿,2017（02）:40—41.

［11］于国辉.海外学者论国有企业在新中国建设和发展中的贡献［J］.现代国企研究,2019（14）:90—93.

［12］张春霖,国企对中国GDP和就业的贡献有多大［J］.企业家信息,2019（12）:4—8.

［13］张婧歆.国有企业与民营企业合作关系演变及发展趋势［J］.合作经济与科技,2021（10）:9—11.

［14］赵德馨.1949—1991中国近现代经济史［M］.厦门:厦门大学出版社,2017.

［15］周业安,高岭.国有企业的制度再造——观点反思和逻辑重构［J］.中国人民大学学报,2017,31（04）:38—47.

# 第二章 国有企业的组织

以分工为基础的协作，在工厂和工业上取得了自己的典型形态。

——卡尔·马克思

# 第一节　企业组织形式

在现代社会生活中，组织和"组织形式"这个词一样，已经为人们所司空见惯。那么什么是组织呢？从广义上说，组织是指由诸多要素按照一定方式相互联系起来的系统。从狭义上说，组织就是指人们为实现一定的目标，互相协作结合而成的集体或团体，如政党、企业、军事组织等。在现代社会生活中，组织是人们按照一定的目的、任务和形式编制起来的社会集团。组织不仅是社会的细胞、社会的基本单元，而且可以说是社会的基础。从管理学角度看，组织具有明确的目标导向、精心设计的结构和有意识协调的活动系统，同时又与外部环境保持密切的联系。本节简要介绍传统厂商理论对于企业组织的认识、组织的功能以及企业组织结构的一般构成，便于读者建立起企业组织的一般概念。

## 一、传统厂商理论中的企业

在现代经济中，任何生产都需要在一定的组织形式下开展——这是组织视角的核心观点。也正是因为这一核心观点，组织视角排斥主流方法论上的还原论，即把一切现象还原到个体层面。组织作为一个相对独立的系统，具有无法以个体最优行为来解释的一些基本特征，例如组织的学习过程，惯例的生成、复制与遗传过程等。而传统的新古典经济学通常把企业视作一个投入—产出黑箱，只要投入一定量的资本和劳动要素，就能收获一定的产出。事实上，即便不考虑前述的组织学习过程等组织特有现象，厂商理论视角存在一个问题：雇主和雇员在劳动力市场上交换的并不是实际的劳动，而是在一定时间段内对工人的支配权，但工人实际上会投入多少劳动在宏观层面是不可知的，即劳动合同具有不完全合约性质。因此，雇主付出的实际工资并不是对工人实际劳动投入的标价，而只是一段时间内的使用权的标价。而生产中的实际劳动投入，是与组织形式紧密相关的，如果把企业简单看作一个黑箱，那么事实上是刻意回避了劳动合同的不完全合约性质。

## 二、组织的功能

在英文中，组织和制度可以用同一个单词表示。这一点说明了什么？说明了组织和制度恰好是institution一词的不同意义吗？事实告诉我们，没有那么简单。如果遇到一位母语是英文的朋友，可以问一问他，能否区别"组织"和"制度"这两个概念。答案一般是否定的。这对我们中国人来说非常不可思议，因为制度就是制度，是书面写下的、群体公认的有约束力的规则，而组织则是不同的人们为实现一定的目标，互相协作结合而成的集体或团体，它们完全是两个东西。那么为何英文使用者通常会"混淆"这两个概念呢？要回答这个问题，读者朋友们需要动一动脑筋思考一个问题：是否存在没有制度的组织或没有组织的制度呢？

相信读者朋友们在思考这个问题之后，脑海中应该会浮现出上个问题的答案：制度与组织是同构的、一体的。制度必然依靠组织来创立、执行和延续，而组织也必须以制度为支撑来开展组织活动。可以举一个例子说明。想象一个社会中不存在任何组织，个体以"散沙状"存在于社会中，那么还可能有任何制度的存在吗？显然是不可能的，因为无组织意味着个体间不可能存在着互动，则制度的基本要素之一——群体共识就不可能形成。即便因为各种莫名其妙的原因，社会中存在着制度——例如天降神谕，那么这些制度也一定会消失。因为它们既无法被执行，也无法延续下去。这个例子很好地说明了制度—组织的同构性质，也赋予了组织作为制度研究切入点的重要理论意义。

也正因如此，组织注定与生产关系有着千丝万缕的联系（制度通常对应着生产关系和上层建筑）。要深入理解这一点，需要从张闻天的研究工作入手。1963年，张闻天撰写了《关于生产关系的两重性问题》一文。复旦大学的孟捷教授在《历史唯物论与马克思主义经济学》一书中对张闻天的研究工作进行了总结："第一，生产关系可以划分为两类，一类是直接与生产力相联系的生产关系，或用他的话来说，是'直接表现生产力的生产关系'，这种生产关系是'人们为了进行生产，依照生产技术（即生产资料，特别是生产工具）情况和需要而形成的劳动的分工和协作的关系'。在文中，张闻天曾建议将这种生产关系称作'生产关系一般'……张闻天认为，在马克思的笔下频繁出现的生产方式概念，指的也就是'生产关系一般'。在他看来，上述生产关系一般并不能独立存在，而需要和一定社会形态里特殊的生产关系或所有关系相结合，'这种特殊的生产关系，即一定社会形态中的生产资料和生产品的所有关系。任何生产关系一般都必须在所有关系的形式中表现出来。生产关系一般是内容，而所有关系是形式'。他还指出，所有关系事实上是'包摄所有这些生产、分配、交换和消费关系的总的形式'，是作为总体的生产关系，而不只是对生产资料的所有关系。第二，生产力和生产关系的矛盾，表现为上述两种生产关系的矛盾，'生产关系内这两方面的对立统一关系，这种一般和特殊的关系，内容和形式的关系，这就是我们所说的生产关系的两重性'。'在一定的历史条件下，所有关系对生产关系一般的发展，起促进的作用；但是到一定的发展阶段，这种所有关系又阻碍这种发展。''显然，这里被消灭的是生产关系的特殊，即所有关系，而不是生产关系一般；那表现生产力的生产关系一般不但不能消灭，而且还要继续保存和发展下去，不过要在另一种所有关系……中表现出来而已。'第三，上述两重生产关系之间的矛盾，还进一步表现为不同阶级之间的矛盾。从事直接生产的阶级，在生产关系内总是代表生产力的；而剥削阶级，在生产关系内总是代表所有关系。第四，不能把生产力等同于技术：不能把生产力和生产关系的矛盾看作人和生产技术的矛盾，而不是生产关系内部的矛盾；不能把生产力最后决定生产关系，看作生产技术最后决定生产关系"（孟捷，2016：9—10）。

"张闻天进一步指出，技术本身并不等同于生产力，因为技术只有同人的劳动相结合，为人们所掌握、所推动，才能成为生产力的重要的物的因素。所以，马克思把生产力看作劳动的生产力，'任何生产力，一定要表现为劳动的生产力，才是名副其实的生产力。''生产技术的作用，也只有在人的生产关系中，才能表现出来，脱离了生产关系的生产技术，不过是一堆无用的死东西。'这样一来，'生产技术的发展过程，完全要受到它所在社会的生产关系的内在矛盾的制约，是很自然的了'。……把劳动关系作为有别于生产力和所有关系的独立概念。这种观点的缺陷，是在强调劳动关系的独立性的同时，相对忽略了劳动关系作为中介的地位。除此之外，张闻天的理论还有如下两点缺失。第一，他偏重强调劳动关系和所有关系（或生产的社会关系）的区别，相对忽略了所有关系对劳动关系的影响。……第二，在张闻天那里，表现生产力的生产关系仅限于劳动关系，他在此忽略了某些所有关系也有表现生产力，或者更准确地来说，适应和促进生产力的功能。例如，《资本论》里谈到的对铁路建设起到重要推动作用的股份公司，作为一种特定的所有关系，就发挥了这种功能"（孟捷，2016：10—11）。

综上所述，劳动关系和所有关系其实发挥着两种功能，"即一方面表现、适应和促进生产力，另一方面服务于对剩余的占有"（孟捷，2016：11）。一对关系，两种功能，因而在类型上可以划分为四种组合。那么具体而言，劳动关系和所有关系怎么定义呢？书中对劳动关系的定义是："生产中的协作和分工关系，它不仅直接表现生产力，而且在某种程度上也是生产力的一部分。另一方面，劳动关系的形成也受着剩余占有关系，即所有关系的制约。因此，在劳动关系中，既有表现生产力、属于生产力的部分，也有表现所有关系、属于所有关系的部分。劳动关系在此意义上体现为一种概念的中介或过渡。"而对所有关系（或生产的社会关系）的定义是："与剩余劳动和剩余产品的占有直接相关的权力关系。……大致来说，所有关系涉及如下三个方面的内容：（1）对生产资料及其他资源的支配权力；（2）对他人劳动力的支配权力；（3）决定产品分配的权力。这些权力关系也会对劳动关系的形成和变化发挥直接的影响。"

组织（此处仅讨论生产组织），毫无疑问可以视作是一组劳动关系与所有关系的组合。因此，组织也可以有上述两重功能。一个经济体中的生产组织形式是生产关系的集中体现，其在一定时期内占主导地位的生产组织形式也是经济基础的集中体现。因此，通过借鉴现代组织经济学的分析工具打开生产组织的黑箱，并关注生产组织形式对劳动过程——特别是劳动强度的影响，我们能在不局限于技术决定论的前提下为生产关系变革对生产力的长期影响架起一座中观分析的桥梁。考虑到特定生产关系下的劳动强度和收入分配会影响劳资间、劳动内部和资本内部的博弈力量，这一打开生产组织黑箱的尝试能为我们分析生产关系的内生调整（这种调整不局限于劳资谈判，还包括革命、战争等）提供分析起点。因此，组织也是生产关系研究的切入点。

## 三、企业的组织结构

传统厂商理论把企业这种组织看成是一个黑箱，是追求"利润最大化"的"经济人"，是把各种投入转化为产出的经济单位，可以用一个生产函数来表示：$Q = F(x, \cdots)$。在目标产量 Q 既定的条件下，企业通过对 w、x 等要素价格和要素投入数量的求解，实现成本的最小化，进而实现利润的最大化。在市场经济条件下，通过价格机制，引导企业充分竞争，达到市场均衡，从而也确定了企业的规模和边界。该理论对于分析最优生产选择及其变动方向，对于理解一个产业的整体行为方向，对于研究企业之间策略相互作用的结构方向，是很有见地的。

但传统厂商理论忽略了交易过程中的制度安排和交易成本，忽略了企业作为组织的内部激励，也并未对企业内部组织与治理结构作更深的研究，其企业规模和边界的决定理论也难以令人信服。

自从科斯在 1937 年出版了《企业的性质》这本新制度学派的开山之作，提出企业的本质是交易成本的节约，第一次揭示了企业的成因、规模与边界及内部组织等诸多问题以后，现代企业理论得到快速发展，威廉姆森、德姆塞茨、阿尔钦等一批热衷于企业组织研究的经济学家相继出现，委托代理理论和产权理论创立，进一步丰富了人们对企业组织的认知，加深了对企业的认识。如契约论，通过对委托人与代理人的契约设计，努力解决企业内部管理中的激励与监督问题。而产权理论则详细探讨了企业内部制度对企业效率的影响问题。威廉姆森的"契约人"概念，修正了"经济人"的假说。企业是对市场的替代，企业是一系列不完全契约的有机结合等关于企业性质的理念已深入人心，成为人们对企业性质的一般性认识。

随着现代企业理论的发展和世界企业成长实践的演进，企业内部结构和产权组织形式也在不断发展演变，形成了多种类型的组织结构和形式。

**（一）等级制（科层制）**

等级制是企业管理体制的基本特征。企业代替市场实现交易成本的节约，从根本上说，就是企业以其上下级的指令与服从，代替了市场上合作双方的平等谈判，提高了效率，节约了费用。科层制就是权力依职能、职位进行分工和分层，以规则为管理主体的管理方式和组织体系。其具有以下特点。正式规章：组织管理的权力建立在一整套被所有组织成员共同遵守的规章之上，所有成员无一例外地接受规章的约束。明确分工：组织权力横向方面按职能分工，明确规定每个部门的职能、权限和任务，限定各自的管理范围，各司其职，相互配合，不得推诿或越权。权力分层：组织权力纵向方面按职位层层授权，明确规定每一个管理人员的权力和责任。公务关系：在组织管理范围内，各部门以及管理人员均为公务关系；处理组织事务时，必须照章办事，不允许将私人关系掺杂其内。科层制的优点是权力集中、责任明确、控制严密、效率较高。缺点是，随着企业规模扩大，等级制度容易形成官僚主义或极权倾向，造成信息上下传递不畅甚至扭曲，或者权力过于集中，高层管理者事无巨细，从而使企业运行缺乏效率。

## （二）U 型企业组织

U 型组织结构也称一元结构，是现代企业最为基本的组织结构，其特点是管理层级的集中控制。U 型组织企业，对于每一种行为设有独立的部门，比如生产、销售、人力资源管理、研发等，采用按职能分工实行专业化的管理办法来代替直线型的全能管理者；各职能机构在自己的业务范围内可以向下级下达命令和指示，直接指挥。该组织结构有助于高层获得不同部门的信息、把握经营的总体情况，有助于专业化分工、规模经济和学习效应的实现。缺点是，部门间横向联系差，不利于统一指挥、协调，不利于权、责、利的明确，不利于信息的有效传递，对环境变化的应对也缺乏必要的能动机制。

## （三）M 型企业组织

M 型组织结构是一种相对独立的单位或事业部组成的组织结构，是一种分权结构。在这种组织结构设计下，每个单位或事业部拥有较大的自主权，事业部经理对本单位的绩效负责，同时拥有战略和运营决策的权力。各事业部独立核算、自计盈亏。这种结构的优点是，适应性和稳定性强，有利于最高层摆脱日常事务而专心致力于战略决策和长期规划，有利于更好地调动下层人员的积极性，有利于营造各事业部之间的竞争氛围，提高整体效率，也有利于提高资源在部门间的配置效率。缺点是由于分权设计，造成各部门资源重复配置，管理费用较高，且事业部之间协作较差，难以摆脱职能制结构所固有的局限性。

### （四）H型组织结构

H型组织结构是一种控股公司结构。从严格意义上说，它不是一个企业内部的组织结构，而是企业集团的组织形式。在H型公司持有子公司或分公司部分或全部股份，下属各子公司具有独立的法人资格，是相对独立的利润中心。H型结构的显著特征是高度分权，各子公司保持较大的独立性，但母公司对子公司进行计划、财务和人事管理。母子公司对子公司具有较强的资产联结关系，通过股权关系在股东会、董事会的决策中对子公司的行为发挥主导作用，并通过任免董事长和总经理来贯彻实施集团公司的战略意图。

由于H型结构的公司分权程度更明显，子公司具有独立经营的能力。这种统分结合的制度设计，较好地体现了集团公司上下两层的积极性和能动性，做到了战略与战术的相统一。但由于这种集团制模式，并不是法律意义上的上下级行政隶属关系，子公司往往具有高度的自主性和灵活性，容易造成集团总部与子公司利益难以协调一致，集团公司的战略规划和总体布局往往不能很好地得以执行，曾一度被M型结构取代。然而从21世纪以来，随着投资基金、资产管理等新业态的兴起，这种结构有了新的发展空间，成为一些平台型组织、生态型组织的首选。

### （五）网络型企业组织

网络型组织是企业之间利用现代信息技术，基于核心能力和信任关系而建立的网络系统，表现为一种扁平化、虚拟化的企业组织或企业联盟。其主要特征是：由各成员基于核心能力形成的优势互补型网络联盟，成员之间相互平等，不存在严格的等级与职能层级分工，各成员可根据自主优势决定和控制与网络的关系。这种联盟关系并不是一成不变的，而是动态的。网络型组织的实质是一种介于纯市场与纯科层企业之间的中间形态组织。

# 第二节　企业组织理论

上一节我们简要讨论了企业组织的功能、企业组织结构的几种类型，也对从传统厂商理论、新古典主义企业组织理论和新制度学派企业组织理论的发生发展情况作了概述，以便读者对企业这种组织和人们对这种组织的深化认识有一个大体的概念性认识。这一节将比较详细地梳理西方经济学界对企业组织理论研究的进展情况及其主要观点，便于对企业组织理论研究感兴趣的读者对现代企业组织理论的最新成果有一个了解。

## 一、主流组织经济学的研究进展

客观地说，主流经济学并非不研究组织问题。即便在经济学发展早期，许多杰出的经济学家其实也都讨论过组织问题。例如，亚当·斯密对股份公司董事的道德风险和搭便车问题非常关注。在斯密的卷首语发表一个世纪后，美国经济学会的创始主席弗朗西斯·沃克于1977年在《经济学季刊》的第1卷中指出，管理质量的差异导致了行业内生产力和利润率的持续差异。弗兰克·奈特于1921年讨论了企业家精神和公司的性质，他认为公司是一个机构，在这个机构中，更多的不确定因素为固定工资而工作，而企业家承担风险，但对雇员有权力。贝利和米恩斯于1932年描述了由股东的公司所有权与高层管理人员的公司控制权分离而产生的利益冲突。罗纳德·科斯于1937年提出了公司的边界问题，认为节约交易成本将决定企业的行事动机。赫伯特·西蒙于1951年提供了可能是组织经济学中的第一个正式模型，该模型将雇佣关系视为对权力的行使，而不是为不确定性和适应环境而签订的契约。彭罗斯于1959年研究了企业的管理活动和决策、组织惯例和知识创造，认为这些是企业成功和成长的关键决定因素。阿尔弗雷德·钱德勒于1962年记录了现代公司和专业管理的历史出现（Gibbons et al.，2012：1-2）。

在经济学的边缘，也有组织理论的相关工作。巴纳德是最早的贡献者之一，他在1938年的论文中将组织视为合作活动的系统，并讨论了激励和权力在组织的正式与非正式方面的作用。在巴纳德的基础上，卡内基学派随后关注了两个主要问题：有限理性和利益冲突。西蒙于1947年独著的，以及与马奇于1958年合著的论文问道，当组织成员是有界理性的时候，组织是如何协调信息的获取和交流以及进行决策的分配，以便为组织产生一个可以"容忍"的结果的？此后经济学家的研究几乎不太重视组织，不过这一情况在1970年前后有了改观。20世纪70年代的许多重要贡献涉及公司的性质和边界。威廉姆森在1971年和1975年发表的论文中提出了企业中的权威取代市场交易的理论，其依据是在无计划的情况下进行调整时，利用市场机制有可能碰到低效率的讨价还价。与此相反，阿尔钦和德姆塞茨在1972年的论文中反对公司是权威的体现这一观点，而是提出公司最好被视为契约的集合。乔治·理查德森在1972年通过强调实际存在于经济中的各种组织形式和企业之间的关系，削弱了简单的企业与市场的二分法，他还雄辩地论证了所谓"能力"——信息、知识和技能的作用，其决定了企业内和企业间活动的有效性。本杰明·克莱因等人于1978年的论著、威廉姆森在1979年的论著则探讨了特定资产和滞销对企业的购买决策和企业间的合同的影响（Gibbons et al.，2012：2）。

其他重要的贡献则集中在组织内部。阿罗于1974年出版的著作探讨了从权威、守则到责任、信任、价值观等主题。理查德·纳尔逊和悉尼·温特在1982年用进化论的术语写了组织的常规，使组织能够做它所做的事情（因此可能传达竞争优势或其反面）。迈克尔·詹森和威廉·梅克林则在1976年首次将代理成本作为所有权与控制权分离的必然结果来处理。在正式建模方面，雅各布·马尔沙克和罗伊·拉德纳于1972年在信息分散但目标共享的不确定环境中建立了最佳沟通与决策过程模型。赫维茨则在1973年提出了"激励相容"这一概念，并启动了机制设计理论，其中用于资源分配制度成为一个可以选择的变量，从而为组织设计的经济分析创造了条件。而米尔拉斯在1975的论著和霍姆斯特朗在1979年的论著一道提出了"道德风险"的正式模型，开启了对组织经济学有巨大影响的研究。这些早期贡献为过去30年中出现的工作奠定了基础（Gibbons et al.，2012：2-3）。

从这项早期工作推断出组织经济学的一系列问题，包括以下内容：组织的垂直边界是什么？如何组织与供应商和客户的关系？谁拥有哪些资产，以及如何为组织的活动提供资金？内部、组织内部以及拥有所有权主张的外部各方如何定义和行使政府职能？公司的水平边界是什么（即它从事什么业务）？部门和部门是如何定义的？不同类型的资源是如何定位的？层次结构的作用是什么，有多少层，控制的范围是什么？该组织是权威的表达还是合同的纽带？正式合同与关系合同在组织中的作用是什么？组织中的决策委员会在哪里？权力是如何获得和行使的？政治在组织中扮演什么角色？收集什么信息，由谁收集，向谁传达，以及如何使用？如何招聘、培训和分配员工？如何衡量绩效？人们如何获得奖励？奖励对行为有什么影响？对于组织中的其他人以及局外人的行为，存在哪些规范？这些规范如何影响行为和组织绩效？公司文化的其他方面如何体现并影响行为？组织中领导力的性质和作用是什么？最后，这些问题的答案如何取决于组织运营所在的市场，它采取的竞争战略，以及它所处的社会、法律、监管和技术环境；所有这些选择是如何相互作用并影响性能的（Gibbons et al.，2012：3）。

## 二、非主流组织经济学的研究进展

非主流经济学对组织的相关研究很多，本书在这里则着重介绍"企业动态能力理论"。对该理论最经典的介绍来自蒂斯和皮萨诺1982年创作的《企业动态能力：一个介绍》一文。

文中指出，不同的战略方法对企业所面临的财富创造的来源问题和战略性问题的实质的认识有所不同。竞争力框架关注市场进入、进入门槛和定位的战略性问题；博弈论模型则把战略性问题看作一种互动，这种互动发生于对他人行为有某种预期的对手之间；资源主导观念已经注意到应该注重对企业专属资产的挖掘。每一种分析方法提出了不同的、经常是互补的问题。而建立关于动态能力的概念框架的关键步骤则是要识别显著的、难以复制的优势的建立基础（Pisano & Teece，1994）。

一种有效确定企业战略性要素的方法是首先识别非战略性部

分。要成为战略性的部分，必须是一种为用户需求量身定做的（这样才会有消费者）、独一无二的（这样产品或服务的定价就可以不必考虑竞争）并且很难被复制的（这样利润就不会随竞争而流失）。因此，任何同质的和可以以一个确定价格买卖的资产或实体都不可能成为战略性的。那么，到底是什么东西增强了企业的竞争优势呢？要回答这个问题，我们首先必须要对市场和内部组织（企业）作一些基础的划分。考虑科斯1937年写作的经典论文，企业的本质是对市场机制的替代。它能达到这种效果主要是因为在企业内部可以组织某些类型的、无法通过市场进行的经济活动。这不仅仅是因为威廉姆斯所强调的交易费用，还因为有很多类型的组织结构，若对其采取强大（类似市场之中）的激励，则会对合作和学习活动造成很大破坏。内部组织的本质就是它是一个无杠杆的或低水平激励的领域。"无杠杆的"指的是报酬是以集体或组织整体水平确定的，而不是主要基于个人水平，这是为了激励团队合作而不是单独行动，以利于出色地完成某些任务。在一个组织内部，交换行为的产生——正如在组织之外的环境中——是不可能的。这不仅仅是因为交换行为提供的强大个人激励具有破坏性，还因为想要精确度量个人在集体协作中所作出的贡献是非常困难的，即便这种度量能够实现。因此，与阿罗在1969年提出的关于企业是类市场的且管理工作由市场渗入企业的观点相反，企业动态能力理论的提出者意识到尝试把企业塑造成内部市场的集群有固有的局限并且可能造成适得其反的结果。特别是在这种情况下，学习和内部技术转移活动尤其可能受损害（Pisano & Teece，1994）。

的确，企业与众不同之处在于它们是以非市场化的方式组织活动的领域。因此，当企业真正的特征就是能够组织并完成价格机制无法协调的活动的能力。这种能力的核心本质在于它们无法通过市场被轻易地整合出来。如果通过市场来整合能力的技能就是契约的联结，也即企业的内涵，那么企业动态能力视角将明确指出企业不能被有效地模型化为一组契约。事实上，企业是一种以更加多边的方式运行的组织，它的行为和学习模式被安排在一种更加分散的方式中运行。但关键问题在于，内部组织的特性是无法被数个营业单位以签订正式合同的方式所复制的，因为内部组织的独特元素根本不能在市场上被复制。如果只是简单地进入市场并迅速拼凑，那么企业活动无法使得独特的组织技能被快速复制。复制需要时间，而所谓的复制的最佳方案可能只是镜花水月。事实上，公司的能力不只是需要从资产负债表的角度来理解，还更应该从支撑生产活动的组织结构和管理流程出发去理解。谈及公司的架构，公司的资产负债表至少在初始市场价格（成本）的层面上包含其可被估价的项目。因此，资产负债表不过是一家公司独特能力的投影而已。除非对公司本身进行收购，或者收购一家以上它的子公司，公司的特有能力是无法被交易的（Pisano & Teece，1994）。

如果一个人要试图掌握公司层面的独特的才能或能力，企业必须要从多种维度来分析，而最有助于确定企业动态能力的因素就是流程、定位和路径。公司战略的几个维度分别是其管理和组织流程、它当前的定位，以及实现它的途径。"管理和组织过程"指的是在企业中完成事情的方式——可被称为"惯例"，或当前实践与学习的模式，也即企业目前拥有的技术和知识产权，以及它的客户基础和与上游供应商的关系。而"路径"则指的是可供企业选择的战略，以及摆在前方的机遇的吸引力。公司的流程和定位的统称包括其才能或能力。同一个层次的能力应该被统一认定，因为有的能力或许在工厂车间，有的在实验室，有的在行政办公室，有的则以混合的形式体现出来。一个难以复制的、难以模仿的能力可以被认为是一种独特的能力。如同前面所指出的，独特的才能或能力的关键特征是不存在其交易市场，除了可能通过企业的控制权市场以获取。因此，能力是一种耐人寻味的资产，因为它们不能被购买，所以它们只能够被培育。动态能力是一种能让公司创造新产品和新服务，并适应不断变化的市场环境的能力（Pisano & Teece，1994）。

一般而言，价格机制起着协调经济运行的作用。但在一个企业中，起着协调或整合公司内部的活动作用的是管理者。如何高效且有效地进行协调不仅对内部的协调来说是非常重要的，而且对于外部协调也同样如此。战略优势的形成需要外部活动和技术的整合。越来越多的关于战略联盟、虚拟公司、采购方—供应商关系以及技术合作的文献证明了外部整合和采购的重要性。一些实证研究支持了这个观点，即在企业内部以管理手段组织起来的生产方式是不同领域企业能力差异的根源。例如，加文在1988年对18个室内空调设备的研究表明，质量指标是由组织专有的运行机制驱动的，而与资本投资和设施自动化程度无关。组织内包含的运行机制起着收集和处理信息、连接用户体验和产品设计，以及协调工厂和零部件供应商的作用。克拉克和藤本隆宏在1991年关于汽车工业项目研发的工作也说明了协调机制所起的作用。他们的研究揭示了不同的公司如何协调从概念到制作的新模式所需的各种活动的显著性差异程度。这些协调程序和能力的差异似乎对开发成本、开发前置时间和质量等性能变量有显著影响。此外，他们常常发现公司层面的协调程序存在显著差异，这些差异通常在过去很长的一段时间内一直存在。这表明，与协调相关的程序在本质上是具有公司特性的（Pisano & Teece，1994）。

　　此外，能力是嵌入在不同的协调和组合方式中的概念有助于解释变革如何以及为什么会对现有企业在市场上的竞争能力造成毁灭性打击。例如，亨德森和克拉克在1991年的研究表明，光刻设备行业的老牌企业受到了来自系统配置领域的重大创新的严重冲击。他们将这些困难归因于以下事实：系统层面或结构性创新常常需要新的机制来整合和协调。此外，这些发现及其他研究结果还揭示了生产体系的高度依存性，故"牵一发"必定需要"动全身"。从精益生产模式（现已转化为汽车工业中适用于制造环节的福特模式）的角度来看，这个结论似乎是正确的。精益生产需要更加特有的车间实践与高阶管理流程。换言之，在精益生产的组织过程中，各要素常常展现出高度的连贯性。当它们呈现出这样的特性时，模式复制就会变得比较困难。因为这需要对整个组织内外的联系架构进行调整，而这样的调整是很难实现的。换句话说，对成功模式的局部的模仿和复制行为也许会一无所获。精益生产过程之中，组织展现出来的某种理性与连贯性与我们所理解的企业文化并不相同，企业文化指的是企业员工所共享的价值与信念。相较于正式的行政管理手段，企业文化能够更有效地协调企业内部的个体行为。这种理性与连贯性的概念，与纳尔逊和温特1982年在研究组织惯例制度中的概念更为相似。然而，这一关于常规制度的概念太过模糊，以至于使研究者难以准确把握各个流程之间以及流程与已知激励因素之间的一致性。就拿专业的服务组织——会计师事务所来说，如果要有相对强大的激励机制来奖励个体的业绩，那么必须建立一个能够引导个人行为的组织流程。反之，如果激励机制相对较弱，就必须要找到一种能够识别出贡献较大的个体的方式，并且必须使用其他方法来激发员工的努力与工作激情。人们所理解的组织形式实际上包括必要的和非必要的部分，以及实现业绩目标的要素。对于理解组织能力而言，认识到不同流程之间、流程与激励因素之间的一致性和互补性是非常重要的。这些因素中能够告诉我们为什么行业内具有颠覆性的创新总是始于那些新进入行业的企业。尽管新老企业之间具有较强的相似性，但老企业发展出的独特组织流程是无法支持新技术的。老企业引入新技术过程中常见的失败原因可以被视作这样一种错配的结果——既有的一套组织流程不得不同时满足新旧产品服务而造成错配。彻底的组织生产流程变革往往是支撑新产品的必要条件，这些变革往往嵌套在企业的一些子公司中推进，这些子公司往往能够更好地更新自身已有的生产流程（Pisano & Teece，1994）。

在组织中，比整合更重要的便是学习。学习是一种利用模仿和实验，来改善生产工艺，提高生产效率并使新产品的生产得以实现的一个过程。在公司的范畴内，简而言之，学习有以下几个关键特征。首先，学习与组织和个人的技能相关。个人技能不仅本身与其他员工技能和组织设置相关，其价值实现也依赖于后两者——特别是组织设置。学习这一过程本质上具有社会性和集体性，它不仅仅发生于师生、师徒间，还发生于整个集体对复杂问题的理解过程中。学习行为的产生还需要一套共享语言符号与协作搜查机制。其次，所谓的组织知识产生于新的行为模式下、惯例制度或是新的组织逻辑之中。正如之前我们所提到的，常规制度代表一种组织中顺利解决特定问题的互动模式。尽管一些具体的行为模式会建立在组织中个体行为的基础之上，但就总体而言是建立在集体行为的基础上。作为一种协同式管理流程，动态能力理论为跨组织学习打开了大门。研究者们早已指出合作与伙伴关系可以作为组织间进行新知识学习、识别企业内部失效的常规制度、避免战略盲区的一种媒介（Pisano & Teece，1994）。

在快速变化的外部环境中，识别到企业资产重组的必要性和完成必要的内外部变革的能力是非常宝贵的（Amit and Schoemaker，1992;Langlois，1994）。这便要求企业时刻对外部市场和技术的变化进行监测，同时也需要企业有意愿在生产实践中调整并采取最佳做法。就这一点而言，标杆分析法作为实现这些最终目标的组织流程（Camp，1989），具有重大价值。在动态环境中，那些墨守成规不愿变革的组织更有可能受到损害。重组和转换的能力本身就是一种学习型组织技能。实践越频繁，这种能力的提升就越快。组织结构转变的代价是高昂的，因此企业应当建立起一套流程以尽可能减少收益波动。精确度量变革需要并实现变革的能力建立在以下三种能力的基础上，分别是：洞察外部环境的能力、评估市场和竞争对手的能力，以及比竞争对手更迅速地完成重组和转换的能力。组织的去中心化与内部自治能够助推这一进程。那些已经锻炼出这样的能力的组织有时候也被称为"高弹性组织"（Pisano & Teece，1994）。

一个企业的战略姿态不仅是由它的学习进程以及企业内外部流程与激励因素的一致性来决定的，还取决于企业在任何时间点上的经营性资产状况。除非在文章中具体指出，否则在一般情况下，经营性资产并不包括企业的厂房和设备。此处指的经营性资产是那些难以进行交易的知识性资产、企业的名誉和关系资产。这些方面会决定企业的市场份额和盈利能力。虽然在专有技术领域里已经出现了新兴的市场，但许多技术成果并未进入这一市场。原因可能是企业并不愿意将自身的技术成果放到市场上进行销售，或是在市场上进行技术成果的交易会面临着许多困难。一个企业的技术成果不一定会受到知识产权法的保护。无论如何，对企业技术财产产权的保护和应用是区分不同企业优劣的一个重要的标准，对于互补资产也是如此。科技创新也需要利用某些与创新相关的资源来创造或更新产品和服务，创造性的商业化活动需要企业建立起这样的互补性。这样的能力不仅对于企业既定的活动是不可或缺的，而且在企业经营管理的其他方面也具有重要作用。这种优势主要分布在下游产业。新产品或新技术可能会提高或损害互补性资产的价值。比如，计算机的发展提高了IBM公司在办公产品市场的销售额，而在汽车工业中，盘式制动器的推广却使得鼓式制动器的研究变得毫无意义（Pisano & Teece，1994）。

此外，从企业的短期运营来看，企业的现金流以及杠杆水平往往会对企业产生重大的影响。而在有刚性现金需求的情况下，企业必须要对潜在投资者公布引发广泛兴趣的信息才能从市场上筹集到充足的资金。因此，企业在短期内所能获得的资金和活动范围往往由最能体现公司财务信息的资产负债表决定。但从长期的角度来看也许就不是这样的，因为从长期来说，企业的现金流应该更具决定性。地理位置也十分重要。一些商业行为的垄断性往往源于它所拥有的那些不可交易的区位资产（例如，石油精炼厂的区位布局）。尽管房地产市场高度完善，但土地的开发利用和环境上的限制常常使得一些区位资产变得不可交易。因此区位资产可能成为难以复制的优势的来源，这些优势往往体现在更低的运输费用、优越的便利性等方面上（Pisano & Teece，1994）。

一个企业能走多远是由它现在的位置和前方的道路决定的。当然也是由企业已经走过的道路塑造出来的。在标准的经济学教科书中，企业拥有无限的技术选择范围，因此也具有无限的产品市场选择范围。产品或要素的价格会根据供求变化作出迅速调整，并且技术会根据价值最大化的原则在企业内流入流出。设备和管理费用等固定成本导致企业的价格低于完全摊销成本，但绝不会制约其未来的投资选择。"过去的就让它过去吧。"路径依赖被简单地忽略了。

路径依赖这一概念强调了"历史很重要"。尽管存在理性人假设的推断，但历史从未真正故去。因此，一个企业先前做的投资及其规章条例（它的"历史"）会约束该企业未来的行为。巴顿在1992年指出，一个组织的核心能力很容易形成"核心僵化"，这是因为学习往往是局部的。换言之，学习的机会将会与先前的活动紧密关联，于是会存在交易和生产的特定性，这是因为学习通常是一个试验、反馈和评估的过程。如果太多的限制同时变化，企业进行有意义的仿自然试验的能力就会减弱。如果一个企业的学习环境的许多方面同时发生变化，那么确定因果效应关系的能力会出现紊乱并最终造成学习效率衰减，这是由于认知结构难以形成所导致的结果。这给我们的一个启示是，许多投资的周期会比一般想象的要长很多（Pisano & Teece，1994）。

当考虑到一个行业的技术机会时，路径依赖的概念可以被赋予更多意义。人们普遍认识到，某一个特定地区的产业活动的推进程度和速度，在某种程度上取决于技术机会的前期准备。这样的机会通常是一个关于基础科学的研究热度、学科分科程度以及新的科学重大进展出现速度的滞后函数。但是，技术机会对行业来说可能不是完全外生的，这不仅仅是因为一些企业有能力去参加或者至少支持基础研究，还因为技术机会常常由创新性活动本身所提供。此外，对这类机会的识别还受到对接基础研究的参与机构（一般是大学）和商业企业的组织架构影响。因此，技术机会的存在具有相当强的企业专用性。就企业动态能力的视角而言，重要的是相关科技前沿推进的减缓速率和停滞的方向。从事研发的企业可能发现前方的路径被完全封锁，尽管相关领域的进展具有足够的吸引力。同样地，只要前方的路径具有极大的吸引力，企业就不会有动机将资源从固有业务中转移出去。考虑到企业评估研发活动的数量和等级的能力，在一个企业优先研究的领域中，技术机会的深度和广度会影响企业的选择。此外，我们能观察到，一个公司过去的经验会制约管理层可供选择的管理方法。因此，同一行业的企业不仅面对着与特定技术机会对应的不同成本的"菜单"，它们还在研究着呈现不同选择的"菜单"（Pisano & Teece，1994）。

在任何时间点上，对一个企业战略能力的评估都表现为该企业制度流程、位置和路径的函数。因此，企业能做什么、能选择什么前进方向都受到企业制度流程、定位和路径的严格制约。该能力框架的每一构成要素都需要进行战略审计分析。我们认定如果一个人能够识别每一要素并理解它们之间的内在联系，那么他至少能在多重假设下的外部环境变动中预测企业的业绩。另外，他也同样地能评估企业关于可选新机会的丰富程度，以及企业在不断变化的环境中的可能表现。前述关于企业业绩的限制因素与教科书上标准的企业理论、竞争力与战略冲突方法中所提及的限制因素，在根本上是不相同的。仅把公司视为一个合约束的代理理论观点并不会过多着眼于其制度流程、位置和路径。当人们用代理理论分析公司时，可能会认识到机会主义和偷懒行为会限制一个企业的决策范围，但他们并不会认可流程、定位、路径所赋予的机会和约束条件。此外，经我们概念化的企业远不只是它各部分的集合——或者是一个被合同绑在一起的团队的总和。在某种程度上，个人可以进入或退出组织，只要企业内部的流程和结构还存在着，就不会必然地对企业的业绩造成负面影响。环境的变化对企业所造成的威胁远比失去一个核心员工要大，因为个人要远比企业的制度容易替换。最后，企业的动态能力观断定了特定企业的绩效和表现可能很难复制，尽管它的凝聚力和相关措施是可以被观察到的（Pisano & Teece，1994）。

此外，独特的组织能力可以提供竞争优势和产生经济租金，只要这个能力是基于规范、技术和难以模仿的补偿性资产的集合。如果一套特定规范不能长时间地支撑着市场，或者可以很容易地被竞争者复制或效仿，这种规范就会失去价值。模仿是指企业发掘、简单复制一个企业的组织规范和生产流程。效仿是指企业发现可替代的方法去达到同样的功能。有充足证据表明，某种特定的能力（例如产品质量）可以被不同的规范和技术组合所支持。例如，加文在1988年的研究与克拉克和藤本隆宏在1991年的研究都指出不存在一个可以达成高质量或者高水平产品研发业绩的单一"准则"。复制过程就是将能力从一种经济环境转移或重新部署到另一种经济环境中。因为生产性知识是具体的，所以复制不能仅靠简单的信息转移来达成。只有在所有的相关知识被彻底理解和成文化的情况下，复制才能被分解成一个简单的信息转移的问题。通常情况下，作为范本的企业的不同维度业绩之间的相互依存关系总是很难被发掘，所以除非企业在先前就已经抓住许多时机复制了它们的生产性知识体系，否则复制行为会很困难。事实上，在缺少人员转移的情况下完成复制和转移通常是不可能的，尽管对隐性知识到成文知识的转换进行投资可以使人才转移的必要性被最小化。但就通常而言，这是不可能做到的（Pisano & Teece，1994）。

简而言之，组织能力和其他的规范通常是非常难以复制的。人们甚至不能很透彻地明白所有相关的规范其实是用来支持一种特定的能力。利普曼和鲁美尔特在1992年指出，竞争优势的某些来源是如此复杂，导致企业自己都不能明白优势的来源，更不要说它们的竞争对手了。正如许多经典研究所解释的那样，很多组织的规范在本质上是心照不宣的。很少一部分规范是"独立存在"的这一事实也会阻挠模仿行为。相关性的存在会使得企业局部规范的改变（例如生产部门）需要一些其他部分规范的配套改变（例如研发部门）。一些规范和技能的形成似乎可归因于当地的或区域性的力量，这些力量塑造了企业早期阶段的能力。举个例子，波特在1990年揭示了当地的生产市场、要素市场和机构的差异对塑造竞争性能力起到重要的作用。同一国家中各企业的员工数也存在着差异。对汽车行业的不同研究表明，不是所有的日本汽车企业在质量、生产力或者产品研发等方面都是行业内顶尖水平。企业自身特定历史的作用被作为重要的因素来解释类似的企业间等级差异（例如区域级和国家级的对照）。因此，不同环境下的复制行为的难度会更大（Pisano & Teece，1994）。

至少有两种战略价值流可以从复制行为中获得。一种是支持跨地域延伸和生产线延展的能力。当我们讨论的技能与别处的消费需求相关时，复制才被赋予价值。另一种是复制的能力同样暗示了企业要有适当的学习和改进的基础。经验性证据表明从生产和管理两方面对制度流程的理解，是制度流程改进的关键（Hayes，1988）。简而言之，对一个组织而言，没有得到理解就无法进行改进。因为要制度流程的成文化就需要对其进行深刻理解。实际上，如果知识是高度隐含于组织内的，那么深层的结构就不能被很好地把握并进而限制学习行为，因为此时科学和工程原理无法被系统性地应用。

换句话说，学习受试验和误差限制，并且当科学应用理论被否定时也会产生这种限制性的影响。而模仿是竞争者的简单复制行为。如果自我复制尚且很难，那么模仿的难度就更加难以想象。在完全竞争市场中，模仿的难易程度决定着竞争优势的可维持性。简单模仿暗示着经济租金的消失。使得复制行为变得困难的因素同样会使得模仿行为变得困难。因此，企业拥有越多的隐性生产知识，就越难被自己或者它的竞争者们所复制。当隐性成分占比高时，如果缺少对关键人才的笼络以及对核心的组织制度流程的转移，模仿就成了不可能的事情（Pisano & Teece，1994）。

但是在先进的工业国家，另一些障碍的设置同样阻碍了某些能力的模仿。这些障碍就是知识产权制度，涵盖专利、商业秘密、商标甚至是商品包装。自从1982年立法系统作出了更重视专利保护的姿态，知识产权保护在美国越来越受到重视。相似的趋势在美国之外也同样明显。除了专利制度，还有其他的一些因素导致了复制成本和模仿成本的差别。组织内部技术的可观测性就是其中一种重要的因素。尽管产品技术的蓝图能够被类似于倒叙制造等策略所获取，但这些策略并不适用于关于制度流程的技术，因为企业在盈利过程中没有必要将其公之于众。从另一方面来讲，当拥有产品技术的企业面临恶劣的环境时，即必须把企业拥有的产品技术共享出去才能够盈利时，那么在其竞争者拥有学习能力的情况下，只要没有必要去公开，商业秘密会更加受到保护。不管怎样，任何人不应该高估知识产权保护的整体重要性。但在某些特定环境下，它确实是一个强大的模仿障碍。知识产权保护在产品、制度流程和技术领域并不以同一形式存在，它更应该被视作开放竞争的海洋中的一座岛屿。如果企业不能把投资、独创性或者创造性成果放置在至少一个

"岛屿"上，它就只能永远在竞争的汪洋里浮沉（Pisano & Teece，1994）。

总而言之，从本质上讲，动态能力分析方法以熊彼特的观点来看待竞争。这就意味着，在一种层面上，公司是基于产品设计、产品质量、生产效率以及其他因素开展竞争。然而，在熊彼特的观点中，公司则持续地追求创造"新组合"，而竞争对手们试图持续地提高他们的竞争能力或者模仿他们最有力的竞争对手的能力。在熊彼特的理论里，竞争中发展新的能力或者是强化现有的能力是至关重要的。这样的过程中会产生创造性破坏。公司在发展核心竞争力或者是拓展新竞争领域的能力的差异对于形成公司长期竞争的结果起重要作用。在熊彼特观点中，创新公司面对的战略问题是确定并发展难以被模仿且最有可能创造产品与服务价值的方法、路径。因此，正如迪克西特和库尔在1989年所提出的那样，在不同的可能获利的领域投资多少的决策是企业战略的重心。然而，关于竞争力领域的选择是由过去的选择所影响的，在给定的任何时间内，公司的竞争力发展往往会依据一定的轨迹和路径。这条路径不仅限定了企业的选择范围，而且也划定了它未来可能具备的所有能力的界限。因此，公司将在不同的时间点上，对某些领域中的能力进行长期的、准不可逆转的投入。在对世界未来形势的极度不确定性的情况下，决定向哪条路径进行长期投入和何时改变路径是企业面临的核心战略问题（Pisano & Teece，1994）。

## 三、非主流经济学视角下的国企组织 ———

国有产权、中央计划和软预算约束经常被认为是导致国有企业效率低下的三个主要因素。这三个因素的不同组合构成了解释国有企业绩效的两种代表性理论，即产权论和竞争论。就其理论本质来说，产权论和竞争论都属于市场导向（市场控制）的治理机制理论，即潜在地认定市场配置资源的效率优于企业组织，只有以市场纪律约束公司高管，才能最大限度地减少代理成本。只不过，产权论认为私有化产权是市场竞争的前提。国有企业的生产效率及其改革是一个相当复杂的组织问题，而现有理论却试图仅仅抓住一个变量就对其进行全方位解释，忽视了操作层次上决定企业绩效的关键变量，即在一般性制度框架下发展出来的管理和组织模式。市场导向的治理机制理论把产权视为现代公司制度的核心，认为只有拥有企业的产权或"剩余控制权"、所有权和剩余控制权匹配时，企业的管理者才会有激励为企业的发展尽心尽责。而经验研究表明，剩余索取权（股权）带来的物质报酬并不必然会使管理者对组织产生承诺。更糟糕的是，当物质激励成为管理者的唯一动机时，以损害企业长远发展为代价而操纵股价和套利，放弃对组织的承诺来牟取私利就成为高管的一个理性选择。这正是组织控制理论质疑以产权为核心的改革思路的问题所在。组织控制理论认为现代公司制度的核心不是产权，而是生产过程的有效控制。现代生产组织形态的发展史表明，技能是比产权更重要的变量，而技能来自生产过程中的组织学习。组织控制理论并不否认所有权与控制权分离会导致代理问题。只不过，决定企业竞争力的不是代理成本的损益，而是企业的组织学习能力（高岭等，2021）。

　　企业要生产出"低成本、高质量"的强竞争力的产品，依赖于技术创新能力。但是，创新具有累积性、集体性和不确定性。组织控制理论认为在实际创新过程中，是组织而不是市场投资于集体性的、积累性的组织学习过程，从而使企业能够应对和克服创新过程内生的不确定性。从公司治理的角度看，创新型企业需要满足三个社会条件，分别是"内部人战略控制""财务承诺"和"组织整合"。内部人战略控制是指在企业创新过程中，董事会和股东要把企业的控制权充分授权给那些有动力、有能力的高管，由这些内部人来配置相关资源，以应对可能出现的不确定性；财务承诺是指从一开始的生产能力投资，到随后的生产能力开发和利用，直到生产出低成本、高质量的产品，最终获得丰厚的利润，企业要保证金融资源能持续地支持整个创新过程；组织整合是指企业要把以层级和职能分工的劳动者的技能、劳动，整合到集体性、累积性的组织学习过程中，而这个过程是创新的本质（高岭等，2021）。

如果按照创新型企业理论的逻辑审视国有企业改革，就国有企业的战略控制权来说，组织能力的培育需要高管能充分发挥其能动性，对企业的人力资源和物质资本进行整合，这要求政府或国资委赋予高管进行资源配置的自主权，通过自主研发，提高其自生能力，进而转型为竞争性企业。然而，我国的现实情况是国有企业内的管理层和董事会常常是由行政任命的，缺乏相应的管理能力，这其实是世界范围内国有企业的普遍特征，会削弱国有企业将创新资源转换为创新产出的能力。针对这一问题，理论界多年以来就一直呼吁政府停止对国企高管的人事任命，尽快建立经理人市场，由市场竞争选出合格的经理人。党的十八大报告也对此作出了回应，提出"建立职业经理人制度，更好发挥企业家作用……国有企业要合理增加市场化选聘比例"。

事实上，国企高管不论是由政府任命或推荐，还是由市场化选聘，关键在于高管的人选是否具有专业的管理水平以及是否有意愿和能力对企业的技术创新进行战略控制。经验研究表明，公司首席执行官（CEO）的职业出身及专业背景（是技术、销售还是财务出身）会对企业的发展战略和公司治理产生影响（Fligstein，1990），法律和金融（财务）出身（尤其是在美国接受教育）的人通常相信"股东导向型"公司治理模式是最好、最有效的，能最有效地分配资源，实现股东价值最大化（杨典，2018），而股东导向型公司治理模式虽然有利于股东，但这以损害工人的利益和公司长期的发展潜力为代价。如果市场化选聘经理人仅以公司股价或市值为标准，很可能会选中财务或法律出身的经理人。政府任命或推荐，也存在这个问题，因为政府官员的专业经历和教育背景同样会影响其对职业经理候选人的选择偏好（高岭等，2021）。

在非均质的制度环境中，即使处于同一国家的宏观环境之下，不同的企业也会由于其在组织域中的位置不同和组织认知刚性等原因，在面对相似的市场或技术挑战时会作出不同的选择，从而形成差异化的企业治理模式和投资倾向。就我国现实情况来说，国有企业和民营企业在组织域中的地位明显不同。国有企业在经历1995年的"抓大放小"改革后，国有企业与民营企业之间在产业链分布上呈现出"垂直结构"的特征，这使国有企业具有天然的竞争优势。但是，国有企业在认知刚性上的相对劣势也是明显的。由于历史原因和路径依赖效应，国有企业的管理层在认知上呈现出集体性趋同趋势，高管团队以非技术认知背景的高管为主。因此，如果说改革开放前，国有企业的管理者没有能够有效地控制和协调生产过程，是因为内生于计划经济体制的政治过程导致的以"铁饭碗"和工作场所福利制为核心内容的制度结构；那么，改革开放后，是因为管理不胜任导致了国企高管不能有效控制和协调生产过程。这种管理不胜任根源于国有企业高管的管理权威是来自上级的国有投资集团、工业主管部委或国资委等政府部门的授权。真正的管理胜任是能获得管理层内在的、得到公司上下普遍认可的管理胜任。在市场力量越来越决定企业命运的条件下，管理权威的合法性基础越来越从党—国家的授权转向管理胜任（路风，2000）。因此，国有企业的症结并不是市场控制理论所说的"内部人控制"问题，正好相反，国有企业的效率问题和创新能力问题恰恰是因为管理者对生产过程没能实现"内部人控制"（高岭等，2021）。

第二，企业在创新过程中需要进行生产能力投资来开发高生产力资源，这在短期会带来巨大的固定成本，企业需要通过集体性和积累性的组织学习，把这些高固定成本投入转化为低成本、高质量的产品。在这期间，创新型企业需要持续地投入资金。因此，对于利润丰厚的创新型企业来说，把未分配利润以现金红利或股权回购的方式对股东分配收益的比例必须受到一定的限制，以保证把更多资金投入到包括综合性技术基础在内的生产能力开发方面，从而能够支撑企业创新需要的资金直到生产出竞争力强的产品。问题在于如果企业的未分配利润不以现金股利或股票回购的方式回馈给股东，"自由现金流"很可能被企业高管挪作他用，而不是像创新型企业理论预设的那样，会投入到研发投资，完成技术创新的财务承诺。基于管理层的机会主义倾向及其导致的代理成本，詹森在1986年提出了自由现金流理论[1]，即为维护股东利益，高管要把公司的自由现金流以股利和回购股票的方式返还给股东。自由现金流导致的代理成本主要有两种：过度投资和随意性支出。究其原因，作为代理人的高管，其目标并不是股东利益最大化，而是其个人利益最

---

① 虽然詹森在概念和理论层面界定了自由现金流,但在具体测录和经验研究应用的操作层面,存在诸多困难,迄今并没有一个统一的令人信服的计量方法。

大化，高管具有强烈的建筑"企业帝国"的愿望。充裕的自由现金流为高管实现"企业帝国"梦想提供了物质条件，因而，高管控制的自由现金流越充裕，就越有动机过度投资。在职消费作为一种随意性支出，虽然对高管有一定的激励作用，但这点儿激励作用与高昂的财务成本相比是微不足道的，而且，高管控制的自由现金流越多，其随意性支出也越多。因此，控制并削减自由现金流导致的过度投资和在职消费等代理成本，就成为股东价值导向的公司治理的重要目标。发放现金股利被认为是一种可以有效降低自由现金流的代理成本的手段（高岭等，2021）。

如何看待创新型企业理论强调的"财务承诺"和委托—代理理论强调的"自由现金流"的冲突呢？按照威廉姆森的看法，市场为经济中的参与者提供了"高能"激励，因为参与者从他们的努力中得到的回报，不会持续地受到和其他参与者分享回报的需求的限制。而现代企业只提供"低能"激励，就像使努力和报酬分割开来的工资反映的一样。内部组织本质是一个非杠杆或低能的财务激励范畴。因此，在企业内部的制度安排上，注入高能激励，很可能对合作行为和学习造成相当大的破坏。高管控制自由现金流导致的代理成本，其实是管理者对组织缺乏认同的表现和产物。而这又是因为给予高管以股票期权为主导的薪酬激励是一种高能激励。只有当企业高管的个人职业生涯的成功取决于组织的成功时，管理者对组织的承诺才可能会发生，从而激励其作为领导者的远见和直面市场的企业发展战略（路风，2000）。而这需要的是一种低能激励（高岭等，2021）。

第三，技术创新在本质上是一个集体学习的过程，"组织整合"是集体学习的前提。组织整合包括两个层次，一个是车间工人在不同层次上的整合，另一个是技术专家在不同功能上的整合，两者缺一不可。这要求车间生产过程的技能训练模式是使工人的技能与机器兼容互补的制造模式，而不是用机器取代工人技能的"去技能化"模式。同一种新技术在应用到生产车间过程中，既可以发展成与工人技能相互强化的兼容并进模式，也可以发展成排斥和代替工人技能的去技能化模式。这取决于企业高管对待工人的态度，进一步反映为企业的劳资关系模式。如果企业的劳资关系是合作型，工厂车间则采取工人技能强化型模式；相反，如果企业的劳资关系是对抗型，工厂车间则采取工人技能弱化型模式（高岭等，2021）。

就国有企业来说，国有企业的劳资关系优于民营企业是显而易见的，车间工人的整合问题不是太大。问题的关键是技术专家在不同功能上的整合。已有研究发现，由于历史原因和路径依赖效应，国有企业的管理层在认知上呈现出集体性趋同之势，即高管团队以非技术认知背景的高管为主。高管团队在功能上的单一化和非技术化，难以满足技术专家整合的需求。事实上，企业高管在认知背景下的去技术化，代之以财务和管理学背景，在世界范围都是一种趋势，德国和瑞典等国家的企业高管以技术认知为背景、具有特定的、以产品为导向的技能的传统正在遭到消解，而盎格鲁-撒克逊的管理者，即拥有管理方面的通用的、统一的技能的人才，逐渐占据了优势。盎格鲁-撒克逊的管理者具备通用技能，因而更能适应更具流动性的精英劳动力市场（经理人市场）。但是，这种较高的流动性潜在地与较低程度的公司承诺和机会主义、工具性的行为有千丝万缕的联系，非常不利于组织整合和集体学习。如果要提升国有企业在技术创新过程中的组织整合能力，必须回归德国和瑞典等国家的企业高管以技术认知为背景、具有特定的、以产品为导向的技能的传统（高岭等，2021）。

# 第三节　中国的国企组织

　　企业作为一种经济组织，在组织形态和内部组织结构上，有其固有的客观规律性和必然性，都有一个不断发展变化和迭代提升的过程，因此从这个意义上说，世界各国的企业无论是何国别、地域以及何种所有制，其企业形态和内部组织结构都呈现出一定的趋同性。如果有所不同，那也是因为企业的规模大小、发展阶段不同而采用的形式或结构有所不同而已。但如果我们深入考察企业组织的性质、组织的功能以及其所体现出来的意义时，就会发现，不同地域、不同文化，特别是所有制性质不同的企业组织，其内涵有着根本性的差异。本节试图以阐述中国国企组织的性质和特征为目的，通过与西方企业组织及其理论比较分析的方法，来主张作者的相关观点，供读者参考。

## 一、人本主义的组织理论

　　日本著名经济学家、一桥大学教授伊丹敬之在对日本企业经营管理进行深入分析的基础上，提出了人本主义企业体制理论。这一理论试图将日本企业视为独特的经济组织，在其性质、功能以及产生发展的动能上，与西方企业以及已有的企业理论加以区别，形成东方的企业组织理论体系。

所谓人本主义企业体制，是相对于资本主义企业体制而言的，伊丹敬之认为，资本主义企业是以资本为中心，以出资人的利益最大化、以追求利润最大化为目的所形成的制度安排，因而企业是以资本为本位的经济组织。而人本主义企业组织则是以人为中心、资本与企业内部成员共同利益为一体的，以满足社会需求为目的而形成的制度安排。

他认为，日本企业有一种潜在的、超越文化与国界的企业经营原理，这种原理可以称为"人本主义"。

伊丹敬之对科斯关于企业是市场的替代，产生的内在机理是源于对交易成本的节约这样一种观点不以为然。他认为，成本—费用节约的企业理论只能说明以盈利为目的的企业存在，而对以非营利为目的的公共企业就难以给予满意的解释。他说，企业是为向社会提供财富和服务而存在的，其核心是"技术变换"，掌握并运用特定的生产技术才是企业的根本。企业存在的原因是多样的，为获得作为生存资源的附加值，为得到社会认同而对社会作出贡献、提供产品和服务以及自我价值实现都可以成为企业存在的理由。在资本主义企业里，企业组织是资本的结合体，也就当然为股东而存在。而在人本主义企业里，企业组织则是人与资源的结合体，利益一体化使企业内部成员之间有着一种共同的纽带，因此，在企业成员的观念上，企业是为企业内部成员而存在的。

人本主义企业理论还批判了西方企业理论仅仅把技术进步和资本投入作为企业发展的变量加以考察的局限性。他们认为企业在进行物质代谢、技术变换的同时，还必然存在信息处理、指挥决策以及企业作为人的集合体所反映出来的人的心理因素对生产经营活动的影响。而对这些问题的处理和解决过程的同时，也是企业成长资

源的积累过程。第一，从物质层面而言，企业内部组织在从环境中
获取物资进行生产变换过程中，积累了货币、资本设备以及人力等
物质资源；第二，从信息层面看，企业内部组织在获取信息并进行
信息处理形成指挥决策和生产活动过程中积累了技术、知识、商
标、信用、组织网络等无形资源；第三，从人的精神层面而言，企
业内部组织在获取并处理人们的心理反应过程中，积累了企业的精
神能量。伊丹敬之作为一名经济学家，还对人的精神能量的研究如
同心理学家、哲学家般投入了极大的热情。他认为，企业组织的其
中一个重要功能就是，可以把蕴藏在人身上的能量通过组织来进行
统合，通过组织的目的来使之转化为组织的有效能量，形成组织的
集合力。一是组织的集合力所表现出的凝聚力和共同使命感，可以
使个人的内藏动机同一化，引发出比个人更大的显能，从而促进组
织的价值与组织本身的一体化。同时，还能促进各个人能量的矢量
方向的一致性，产生 $1+1>2$ 的效用。二是人的精神能量具有传染
效应。当一个阶段的事业成功，会提高下一阶段成功的期待，产生
出组织的活力。这叫时间传染效应；一个人或一个集团的成功和较
高的能量发挥，能够提高他人或另一集团的能量水平，从而衍生出
新的组织活力。这叫空间传染效应。三是提高组织内的紧张水平，
可以加大组织有效能量。因为紧张度上升能够提高集团的凝聚力，
从中产生出场的能量，从而提高企业的经营效率。人本主义企业组
织理论强调企业中人的心理能量的发挥和积累，论述了显现能量、
潜在能量和场量的关系，在强调企业组织不仅是物质资源集合体的
同时，也充分强调了作为人的集合体的组织功能，并将人这种资源
所具备的特征，从劳动承担者的物理存在人、学习承担者的信息存
在人和精神能量承担者的心理存在人三个方面予以定义，从而进一

步阐述了企业内部成员，不仅是财富创造的主体，也是信息处理、积蓄、创造的主体和让心理感情发生、传递、共有、发散的主体，进一步丰富了人本的核心地位（张胜荣，1994）。

西方资本主义企业观认为，企业乃股东的私有财物，经营者只对股东负责，企业从业人员只是劳动的承担者。企业理所当然以维护股东利益为核心。所以西方企业总是追求高比率的股息分配，短期利益优先，遵循股东主权模式。企业一旦不景气，会首先解雇员工。

日本人本主义企业观认为，日本企业与西方企业有根本性区别。日本企业存在从业人员主权，日本从业人员存在对企业的观念认同，认为企业是员工的，具备较强的"主人翁"感觉，这是因为日本企业较多的间接融资方式淡化企业资本创造者的角色，同时，长期实行"年功序列制"和"终身雇佣制"传统，使员工对企业产生稳定的归属感、忠诚感和共同的命运关系。而在企业的价值剩余分配上，相较于西方企业集中性高比例地按资本分配的情形不同，日本企业则更加注重平均化、分散性、低回报，从而进一步增强从业人员的平等感以及企业一体化的紧密程度。

日本企业的三个特有品质决定了日本人本主义企业体制的形成：

一是家庭风格与超血缘意识共存。企业内部实行温情主义的家长制管理。企业员工表现出更多的对集团的忠诚及对领导者的服从的倾向，更多地把企业看作是生活的共同体，而不仅仅是谋生的场所。日本人还被认为具有一种超血缘的缘分意识，因而他们对生活在同一集团的成员有很强的依赖性。二是企业目标和个人利益相融。日本企业追求双重经营目标，同时追求利润和连续性，使员工产生一种强烈的利益一体感。三是儒家伦理与制度理性并用。日本企业经营管理方式是以个人利益、权利、地位、规则为基础的，经营者利用儒家文化的"和""忠""仁""信"等思想来强化企业的内部凝聚力和企业内部成员之间的信用感与协作精神，对个体行为加以刚柔并济、恩威并重的影响力（张胜荣，1994）。

伊丹敬之认为，日本的企业体制非常接近纯粹的人本主义体制，对战后日本经济高速增长作出了重要的贡献，具有较好的经济合理性。对此，他从三个方面进行分析：

首先，从从业人员主权的经济合理性看，作为一种组织是否具备经济合理性，依据两个方面进行判断：一是该组织所具备的经济效率的高低，二是该组织的社会认同性。从业人员主权成为具有经济效率的组织是因为其具有利害的一致性和决策的高效率。劳动者集体成为主权者，使劳动者个人利益与企业组织利益一致，劳动者为企业的努力，最终是为自己的利益而努力。在这个逻辑下，劳动者参与企业活动的意愿就比较强，参与企业活动也就更加努力，并且也更容易具有长期并且全面的视野。其次，从分散分配的经济合理性看，附加值的非集中分配，使从业者之间公平感增大，很好地避免收入较大差异可能带来的社会贫富分化，因此有利于社会稳定的经济组织更易被社会所认同。而公平感也容易激发从业人员的工作热情。决策权限的分散分配，增强了企业各个层面的决策参与度和主观能动性，从而提高了企业的快速应对能力和工作效率。而信息非集中分配，促使信息从下往上或从上往下的定向流动，也助推了不同部门之间信息的横向流动，从而提高了全员的全局性长期性视野，增强了应对、解决问题的能力。再次，从有组织市场的经济合理性看。利益的一致性，有利于建立长期的连续交易关系从而抑制短视的机会主义行为，着眼于长期利益平衡的互利机制，有利于提高交易效率。此外，从长期视野中，企业能采取共同开发、长期设备投资、长期的计划生产、紧急事件的协调应对等具体的有效率的企业行动。在有组织的市场中，买卖双方间的信息传递和积累的效率也比较高，容易形成比较稳定的信息网络，从而提高企业的交易效率。

综观日本的人本主义企业组织理论，把日本企业劳资关系的圆滑性和企业比较顾及员工的利益分配的文化特征，归结为人本主义的体制加以总结和赞赏，没有看到资本对劳动雇佣关系的本质，理想化地把企业看作是内部从业人员的集合体，这在我看来，不仅是日本广大从业人员的一厢情愿，也是日本伊丹敬之们的"美好理想"。只有在国有的企业体制里，才真正实现了人本主义。对此，本书将在后面的章节里加以讨论。

## 二、马克思的企业组织理论 ———

一般认为，企业理论的产生，以科斯的《企业的性质》的出版为标志，在此之前没有真正的企业理论。但这是不对的。正像一位西方学者所说的：马克思是例外。尽管马克思并没有明确地研究企业及其组织形式的发生发展为专题，甚至连"企业"一词都很少使用，但他对企业的起源、规模、形式、内部资本结构及其性质等重要的关于企业形成发展的基本问题进行了理论上的阐述，构成了全面而丰富的企业理论。在现在看来，这些观点仍然是正确而鲜活的。马克思关于企业理论研究，主要体现在《资本论》第一卷第四篇"相对剩余价值生产"的篇章里。

马克思是为了说明"相对剩余价值的生产"而对企业的形成和

发展进行全面而深入的考察研究。

马克思首先考察了资本主义的简单协作——较多工人在同一时间、同一空间，为生产同种商品，在同一资本家的指挥下工作，劳动者通过开展简单协作可以形成社会平均劳动，节省生产资料，提高个人生产力，创造集体力量，可以更好地激发人的竞争心，提高个人的工作效率。还可以通过"流水作业"缩短产品生产作业时间，协作还能扩大劳动的空间范围，使大型工程得以进行。还可以集中力量完成紧急任务，从而促进总体工作效率的提高。同时，简单协作是生产力的社会结合，形成社会劳动生产力，生产力通过简单协作可以获得提高。

马克思进而考察了资本主义工场手工业——以分工和手工劳动为基础的协作。工场手工业的形成，使劳动实现了专业化，劳动工具实现了专门化、简单化、多样化，可以把分散的手工业结合在一起，使生产过程及生产工序更加连续、紧密，使不同生产阶段得以并存，使生产要素配置更加合理，从而进一步提高了社会劳动生产率。

马克思最后考察了资本主义机器大工业——广泛使用机器代替手工劳动的资本主义工业，是资本主义生产的典型形式。机器大工业通过机器在空间上的集中，形成了机器协作，并通过不同机器间的分工协作，形成了机器体系。机器大工业，使生产规模大大扩张，提高了劳动生产率，减轻了劳动强度，减少了生产商品的社会必要劳动时间，使商品价值下降。而以机器大生产为基础的资本主义工厂，就是生产并出售商品和服务，为资本家生产剩余价值的经济组织。因此，在马克思看来，资本主义企业的产生，是提高劳动生产率获取剩余价值带来的必然结果。抛开资本主义的制度属性，企业产生的一般原因来自社会生产力的发展。

马克思考察了企业的起源后，又接着论述了股份公司的产生和企业内部治理结构的变化。"猛烈增长着的生产力对它的资本属性的这种反抗，需要承认它的社会本性的这种日益增长的必要性，迫使资本家阶级本身在资本关系内部一切可能的限度内，愈来愈把生产力当作社会生产力来看待"（马克思，1972）。于是个人资本和个人企业被众多单个资本家联合出资的股份公司取代，资本的所有权和经营权发生了分离。其结果就是，进一步促进了企业组织形式的转型升级，也极大地促进了社会生产力的发展。

马克思不仅从社会生产力发展的角度来考察企业组织形成和发展，还从生产关系的维度对资本主义企业组织作了定性分析。他认为，企业不仅是一个劳动技术组织，更是劳动的社会组织，它是在资本主义制度下产生并发展起来的。企业是在资本对剩余价值的追求下，通过资本主义的简单协作和以工场手工业分工为基础的协作，创造出机器大工业的物质条件，"工场手工业本身的狭隘的技术基础发展到一定程度，就和它自己创造出来的生产需要发生矛盾"（马克思，1972），同时，它必然要被以机器大工业为基础的资本主义"工厂制"所代替。在这个企业作为经济组织的产生和发展过程中，始终在资本的控制下，通过不断提高劳动生产率来缩短必要劳动时间，通过延长剩余劳动时间来获取更多的剩余价值，从而也加大了对劳动者的剥削。工场手工业是文明精巧的剥削手段，它促进了资本和资本家权力的增大，促进了工人专长的片面性发展，使劳动更加隶属于资本。工场手工业还造成劳动力和工资的等级制度，使智力和体力劳动进一步分离。它也促使劳动力价值的下降，剩余价值扩大。而机器大工业，则是在资本的运用下，扩大了资本的雇佣队伍，创造了延长工作日的新条件和新动机，提高了工人被资本榨取相对剩余价值的劳动强度。与此同时，也造成了过剩人口，形成广大的"产业后备军"。以机器大工业为典型形式的资本主义经济组织，极大地加强了资本主义生产关系的形成和在全社会中的统治地位。

综上，我们可以将马克思的企业组织理论作如下归纳：

第一，资本主义企业是通过雇佣劳动从事生产经营活动获取剩余价值的经济组织。"剩余价值的生产是资本主义生产的决定性目的。"

第二，资本主义企业是进行协作生产的经济组织，是社会分工与协作发展到一定阶段的产物。

第三，资本主义企业表现为一种权威制等级结构，资本对劳动、资本家对工人具有绝对的权威地位，从而劳动成果也由资本家所支配。

第四，资本主义企业是通过企业内部周密的计划实现资源配置并生产产品的经济组织，而这种资源配置活动相较于市场的资源配置具有事前的、自觉的和有意识的特征。马克思的企业组织理论，不仅明确了资本主义企业组织的性质、特征，也回答了企业作为经济组织的起源与产生的内在机理。

## 三、中国国有企业组织

正如在上文中介绍马克思的企业理论中所明确的，企业组织的产生，是社会生产力发展的结果。从生产力层面上看，中国国有企业的产生，同样是为了更好地促进社会的分工和协作，发展机器大工业，充分提高社会生产率，创造更多的产品与服务，以满足社会的需要。从其经济合理性分析，也是符合科斯的企业理论的。国有资本通过建立企业组织的形式开展生产经营活力，同样可以大大节约交易费用—成本，是一种市场的替代。就其内部组织结构的形态而言，也同样遵循着企业所共同具有的一般的组织结构样式，以利于实施更具效率的企业管理。与资本主义的企业组织相比，中国国有企业组织的根本区别在于生产关系层面上的不同。一是资本性质的不同。中国国企的资本是国有资本，是公有财产，由政府代表人民出资。二是组织主导权的不同，国企由政府所主导，体现的是人民的意志，而资本主义企业由资本家所主导，体现的是资本的意志。三是组织的目的不同。国企活动具有双重的目的，一方面是为了降低成本，实现经济效益，使企业得以良性的发展；另一方面是为了提供产品与服务，以满足人民日益增长的物质文化需要。而资本主义企业的目的就是为了获取更多的剩余价值，为资本带来更多的回报。四是劳动关系的不同。国有企业的全体成员都是平等的劳动者，具有同样的主人翁地位。在管理层面上，国企也存在委托—代理关系，只不过这种关系是建立在分工基础上，体现的是岗位和职责的不同，而不是劳动双方的对立关系。而资本主义企业的劳动双方则是对立的，存在根本利益的不同，是一种剥削与被剥削的关系。五是企业边界的不同。按照科斯理论，随着企业规模的扩大，企业的交易成本会上升，直到与市场进行的交易所费的交易成本持平，企业规模便不会再扩张。即企业的规模和边界取决于内部组织成本与市场交易成本的比较，因此，交易成本是企业规模和边界的唯一决定因素。而国企的规模和边界，最重要的是取决于社会需求的满足程度，同时也兼顾国资协同下的总体成本的节约。如果我们利用中国国企组织与马克思企业组织理论、西方现代企业组织理论和日本人本主义企业组织理论进行对照分析，就会得到一些有趣的结论。

马克思对资本主义企业，特别是机器大工业所分析的诸多弊病，在中国国企组织中都不存在。比如，机器的资本主体使用所带来的大量雇佣童工、女工以扩大剥削范围，提高剥削程度，劳资契约关系的革命性变化，机器为资本家带来延长工作日的条件和动机，造成人口过剩以及使用机器的边界限制等资本主义生产关系所固有的深刻矛盾。而日本人本主义企业理论所描述的人本主义企业的优越性在中国的企业中都得到实实在在的呈现。中国的国有企业组织才是真正符合伊丹敬之理想之中的人本主义经济组织：企业为向社会提供财富和服务而存在，企业在获得为生存资源的附加价值以及对社会作出贡献中实现自我价值，并为社会所认同；企业是由人与资源共同构成，是企业内部人员的利益共同体，企业为企业中的劳动者而存在；企业组织可以有效地统合人身上的能量使之转化为组织的有效能量，从而从物质、信息和心理上发挥出强大的生产力；企业的"从业员主权"得到充分体现，员工成为企业的"主人翁"，"劳资"关系形成利益上的一体化；利益分配真正实现了分散化，呈现出平均化倾向，从而增强了劳动者之间的公平感，遏制了收入差距的扩大；企业的市场观改变了自由市场观，使得用组织原理去浸透自由市场观念，通过契约关系，实现依据共同利益最大化原则的连续交易，真正形成长期、协作、有计划的有组织市场。

在新制度学派的企业理论中，科斯的交易成本理论，是用交易成本的节约，来说明企业为什么能够替代市场自由交易的功能而形成一种组织功能的内在机理。有些学者将其与马克思的企业理论对立起来进行批评，认为新制度学派"交易费用"的概念过于狭隘，其外延内涵却非常模糊，难以准确把握与度量。更主要的是交易费用不能涵盖生产费用，科斯的理论只强调企业节省交易成本的作用，而根本不谈节省生产成本的重要作用。同时，科斯的起源理论还颠倒了生产与流通的主次关系，从流通和交换出发研究企业的形成，是历史唯心主义的。这实在是对科斯的企业理论的一种误解。一是关于交易概念的错误理解。科斯讲的交易是一种社会资源配置方式和社会经济运动的模式及制度安排，而不是在具体流通和交换活动中的狭义交易概念。从理论上讲，通过平等的市场交易的方法和企业组织等级制的行政命令的方法都能够实现资源的配置和产品服务的产出，而通过企业组织以计划和行政的方法把要素资源进行集合并分工协作，是可以极大地减少平等交易费用、降低成本、促进生产效率的，这是显而易见的道理。二是关于交易成本的错误理解。诚然，交易成本是利用市场机制进行交易（形成契约）的成本。交易成本的存在是由于有限理性、信息不对称等导致的不完全契约和机会主义行为造成的。而企业的成本则是通过企业组织使交易内部化而形成的全部成本，其中也包括直接的生产成本。因此在科斯的理论中，是把产品和服务的两种生产方式（即市场交易的方式和企业组织的方式）的两种全部成本进行比较，由此得出企业的产生是因为企业组织方式所生产的产品和服务的费用—成本，比以市场交易方式所生产出的产品和服务的费用—成本，要节省的科学结论，并推定，企业与市场具有相同的功能，但有效率上的差异，因此可以说，企业是市场的替代。可见，科斯的企业理论与马克思的企业理论并不矛盾对立，而是对企业理论的补充和丰富。西方现代企业理论中的委托代理理论和产权理论则是从企业有效管理的目的出发，研究事权和产权及其结构对企业管理效率的影响，以建立更有效率的激励约束机制和企业治理制度体系，其基本原理对国企的管理同样适用。

## 四、企业组织结构比较

1984年，日本著名经济学家青木昌彦在其"协调博弈论"中提出了关于企业内部组织结构的"双对原理"。他认为在企业内部组织中起关键作用的有两大系统：信息处理（决策指挥）系统和人事管理系统。在企业组织的经营活动中，这两大系统之间有着相互补充、相互作用的有机联系。而这种有机关系的相互作用深刻影响着企业组织的效率。

青木昌彦从经验和实证两个方面对欧美企业、日本企业的内部组织结构进行了深入的考察研究，发现它们之间存在着不同的类型，各具特征。以美国为代表的西方企业组织，其信息处理（决策指挥）系统体现出集权的特征，即市场需求等信息逐级汇总报送至公司总部，经过论证决策，编制成生产销售计划后，下达到下属子（分）公司、车间执行。各下级机构不能对商业信息进行擅自处理，作出决策，也不能对总部下达的计划指令作出调整、变更。而在人事管理上，美国企业的各子（分）公司，甚至车间，对于人员的聘用和解雇有一定的自由裁量权，可以根据生产任务活动的情况对用工人员在数量和结构上作出调整，体现出分权的特征。因此，美国企业内部组织结构是一种信息处理（决策指挥）系统的集权与人事管理系统的分权的相互搭配。与之相对，日本企业则更多地呈现出信息处理（决策指挥）系统的分权与人事管理系统的集权搭配的特征。在日本企业中，各子（分）公司甚至车间对于商业和生产信息处理有一定的自主权，它们可以根据市场需求等商业信息编制本单位的生产计划，也可以根据市场需求情况及时调整总部下达的生产计划，包括产品品种、结构，以此来增强企业对市场需求变化的灵活性和适应性。在日本的生产性企业中，信息处理系统的分权情况更为普遍，并被冠以"看板管理方法"之名作为日本企业的管理"秘诀"。而在人事管理上，日本一直实行稳定的集权管理方式，其富有国家和民族特色的"终身雇佣制""年功序列制"的用工制度，极大加强了企业员工队伍的稳定性和对企业的归属感，往往被员工甚至伊丹敬之等经济学家误以为日本企业就为企业员工而存在，是企业内部从业人员的利益共同体，是人本主义的企业组织。在日本企业中，人员的聘用和解聘都是由总部统一管控的，不仅下属单位没有聘用和解聘权，就是总部一般也不解聘员工，即使企业遇到不景气的时候，日本一般采用降低收入的方式以共度时艰，而不采用减员方式。也正因为这种用工方式的不同，使得美日两国的培训产业呈现出不同的业态。美国多为社会培训，企业把冗余人员推向社会，由社会进行新知识的培训后再就业。而日本由于一般不解雇员工，冗余人员多由企业内部组织培训后再上岗。

那么，中国企业的内部组织结构又是有什么样的特征呢？我尽管没有像青木昌彦一样进行大量的实证考察，但多年来的国企从业经验表明，至少在中国的国企里，绝大多数企业组织结构是集权式的管理方式，即信息处理（决策指挥）系统和人事管理制度都是采用集权的方式，鲜有对事权或人事权采用分散管理的。20世纪80年代末，我公派赴日本跟随青木昌彦先生做京都大学经济研究所研修员时，问及世上有没有企业内部组织在事权和人事权两方面都采用分权管理方式的企业，青木先生回答说："巴西企业"。

1989年，青木昌彦用大量的调查数据，对日本和西方特别是美国企业的组织结构类型作出详尽的解析："西洋，特别是美国的企业组织（A企业），其组织模型的点状分布图更多地向CI（信息处理、决策指挥集权）—DP（人事管理分权）的方向倾斜。而另一方面，DI（信息处理、决策指挥分权）—CP（人事管理集权）相结合的情形在日本企业组织中更为明显（青木昌彦，1989）"。

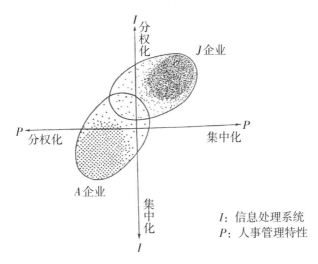

图2-1　企业组织模型的两种类型

来源：青木昌彦（1989：118）

我们如果把上述分析到的中国企业（C）和巴西企业（B）的内部组织结构类型，想象成点状分布图加以描述，则可以形成如下图例及表式，以便读者能有更为直观的印象：

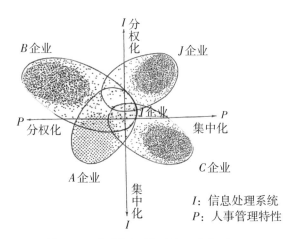

图2-2　企业组织模型的四种类型

来源：作者自制

**表2-1　企业组织模型的四种类型**

| 人的管理系统 | | 信息处理系统 | |
|---|---|---|---|
| | | 集权的（CP） | 分权的（DP） |
| 人的管理系统 | 集权的（CP） | C | J |
| | 分权的（DP） | A | B |

C：中国企业内部组织结构类型　　J：日本企业内部组织结构类型

A：美国企业内部组织结构类型　　B：巴西企业内部组织结构类型

来源：作者自制

"双对原理"认为："从激励约束角度看企业组织的有效性，认知方面（信息处理、决策指挥）的分权化/集权化与动机方面（人事管理）的集权化/分权化进行两两搭配是十分必要的"（青木昌彦，1989）。换言之，分权的信息处理（决策指挥）搭配集权的人事管理（日本企业）或集权的信息处理（决策指挥）搭配分权的人事管理（美国企业）的企业组织是有效率的。据此，青木昌彦认为：中国企业采取事权和人事权两方面都集权的组织模式，不利于员工主观能动性的发挥，因而缺乏活力。而巴西企业采取事权和人事权两方面都分权的组织模式，不利于企业管理控制力的加强，因而必然是企业的不断分立，难以做强做大。

**本章参考文献** ————————————————————

［1］Akerlof G A. "The Market for 'Lemons': Quality Uncertainty and the Market Mechanism" [M]//*Uncertainty in Economics*. Academic Press, 1978.

［2］Bertrand M, Mullainathan S. "Is There Discretion in Wage Setting? A Test Using Takeover Legislation" [J]. *The Rand Journal of Economics*, 1999: 535-554.

［3］Bowles S, Carlin W. "Shrinking Capitalism" [C]//*AEA Papers and Proceedings*, 2020, 110: 372-377.

［4］Bowles S, Gintis H. "Credit Market Imperfections and the Incidence of Worker-owned Firms" [J]. *Metroeconomica*, 1994, 45(3): 209-223.

［5］Goldman D. "CNNMoney. com's Bailout Tracker" [J]. *CNNMoney. com*, 2009.

［6］Holmstrom B, Milgrom P. "Multitask Principal-agent Analyses: Incentive Contracts, Asset Ownership, and Job Design" [J]. *JL Econ. & Org.*, 1991, 7: 24.

［7］Lin K J, Lu X, Zhang J, et al. "State-owned Enterprises in China: A Review of 40 Years of Research and Practice" [J]. *China Journal of Accounting Research*, 2020, 13(1): 31-55.

［8］Milhaupt C J, Pargendler M. "Governance Challenges of Listed State-owned Enterprises Around the World: National Experiences and a Framework for Reform" [J]. *Cornell Int'l LJ*, 2017, 50: 473.

［9］OECD（2017）. "The Size and Sectoral Distribution of State-Owned Enterprises". Paris: OECD Publishing（https://doi.org/10.1787/9789264 280663-en）.

［10］Puchniak D W, Lan L L. "Independent Directors in Singapore: Puzzling Compliance Requiring Explanation"[J]. *The American Journal of Comparative Law*, 2017, 65（2）: 265-333.

[11] Shapiro C, Stiglitz J E. "Equilibrium Unemployment as a Worker Discipline Device"[J]. *The American Economic Review*, 1984, 74（3）: 433-444.

[12] Shleifer A, Vishny R W. "A Survey of Corporate Governance"[J]. *The Journal of Finance*, 1997, 52（2）: 737-783.

[13] Vickrey W. "Counterspeculation, Auctions, and Competitive Sealed Tenders"[J]. *The Journal of Finance*, 1961, 16（1）: 8-37.

[14] 陈那波,李伟. 把"管理"带回政治——任务、资源与街道办网格化政策推行的案例比较[J]. 社会学研究,2020,35（04）:194—217,245—246.

[15] 姜治莹,王庆丰,邵彦敏,姚毓春,孙贺. 中国共产党与中国抗疫的成效和经验(笔谈)[J]. 吉林大学社会科学学报,2021,61（03）:5—21,232.

[16] 李向勇. 国有企业如何有效发挥监事会职能[J]. 现代企业,2021（04）:112—113.

[17] 梁甄桥,李志,丁从明. 国有企业下岗潮与犯罪率的实证研究[J]. 世界经济文汇,2018（01）:22—43.

[18] 列宁. 列宁选集（第4卷）[M]. 北京:人民出版社,2012.

[19] 中共中央马克思恩格斯列宁斯大林著作编译局编译. 马克思恩格斯全集（第23卷）[M]. 北京:人民出版社,1972.

[20] 綦好东,彭睿,苏琪琪,朱炜. 中国国有企业制度发展变革的历史逻辑与基本经验[J]. 南开管理评论,2021,24（01）:108—119.

[21] 青木昌彦. 日本企业的组织和信息[M]. 东京:东阳经济新报社,1989.

[22] 让·梯若尔. 公司金融理论[M]. 王永钦译.北京:中国人民大学出版社,2007.

[23] 威廉·戈兹曼. 千年金融史:金融如何塑造文明,从5000年前到21世纪[M]. 北京:中信出版社,2017.

[24] 徐大慰. "全社会路径":中国防疫的制度优势与实践经验[J]. 理论建设,2021,37（03）:23—30.

[25] 杨瑞龙,周业安. 企业的利益相关者理论及其应用[M]. 北京:经济科学出版社,2000.

[26] 杨永恒,龚璞.文化价值与国家治理:基于63个经济体的实证分析 [J].中共中央党校(国家行政学院)学报,2019,23(06):14—24.

[27] 赵自勇.发展型国家理论研究的进展和反思[J].当代亚太,2005 (11):5—12.

[28] 青木昌彦.现代的企业[M].东京:岩波书店,1989.

[29] Masahiko Aoki. *Information, Incentives and Bargaining in the Japanese Economy*[M]. Cambridge: Cambridge University Press, 1988.

[30] Masahiko Aoki. *Toward a Comparative Institutional Analysis*[M]. Cambridge: MIT Press, 2001.

[31] 上原一庆,童亚辉.中国企业内部组织结构的重塑[J].京都大学经济研究所,KIEP9002,1990.

[32] 周立群.中国国有企业改革理论的演进与发展[J].南开学报,1999 (02):2—9.

[33] 张胜荣.人本主义企业制理论[J].经济学动态,1994(10):46—50.

# 第三章 国有企业的治理

国有企业地位重要、作用关键、不可替代，是党和国家的重要依靠力量。

同时，国有企业要改革创新，不断自我完善和发展。

要一以贯之坚持党对国有企业的领导，一以贯之深化国有企业改革，努力实现质量更高、效益更好、结构更优的发展。

——习近平在中国石油辽阳石化公司考察时的讲话，

《人民日报》2018年9月29日

# 第一节　国有企业的特点

我国的国有企业和其他国家的国有企业在所有权归属和管理模式上有着相近之处，因此也具有国有企业所具有的一般特征。但我国的国有企业与典型国家的国有企业相比，存在着诸多差异，并且这些差异暂时没有消除的趋势。要理解这一点，既需要了解世界上其他国家的国有企业是以怎样的方式展开经济活动的，还需要了解我国作为一个具有中国特色的社会基本政治制度、基本经济制度及其本质特征和根本要求。因此本节将首先介绍法国、美国、挪威、日本和新加坡这五个国家国有企业的概况，再依据这些概况所归纳的典型事实与我国国有企业现状进行对比，最后再讨论我国国有企业是如何成为中国特有的经济组织形式的。

## 一、国外国有企业概述

世界上许多国家都多多少少地拥有或拥有过国有企业。2017年，挪威、芬兰、匈牙利、法国和意大利的国有企业雇佣劳动力占非农业雇员比例分别为9.6%、3.5%、4.2%、3.5%和3.1%（OECD，2017）。从历史的角度看，战后如日本和20世纪70年代之后的亚洲四小龙等国家和地区实现了经济的高速增长，并且其中许多国家和地区的经济增长多与国家力量紧密相关，其中一些国家被称为"发展型国家"（developmental state）（赵自勇，2005）。所谓发展型国家，即以关税、信贷政策和产业政策等方式对本国经济进行干预，并最终实现本国经济发展的国家。本部分将介绍法国、美国、挪威、日本和新加坡的国有企业概况，以帮助读者建立起认识国有企业的全球视角。

## （一）法国

作为欧陆绝对主义君主制诞生地的法国，它的以国家为中心的指导性经济政策源远流长，其政府干预商业活动的历史最早可以追溯到路易十四时代的贸易公司。虽然在20世纪之前法国没有真正意义上的国有企业，但在19世纪法国政府已经开始对烟草和邮政服务进行干预了。法国的国有企业最初并不是以纯粹的全民所有制企业面貌出现的，而是以混合所有制的形态出现于第一次世界大战时期。[①]事实上，它是阿尔萨斯和洛林两省回归法国后带来的"德国经验"，这种经验一经"移植"，就迅速在法国落地生根（Milhaupt & Pargendler，2017）。

法国政府最初是以小股东的身份参与了20世纪20年代的第一批混合企业。20世纪80年代初，在密特朗的左翼政府领导下，法国迎来了一波国有化浪潮。在国有化浪潮后，政府拥有全国20家最大企业中的13家，并近乎控制了整个信贷部门。在那之后，法国又在1986年和1993年分别迎来了两波私有化浪潮。不过在这两波浪潮之后，法国的经济政策开始在进一步私有化和国家对私营企业增加股权投资之间反复切换，这一时期被称为"既不私有化，也不国有化"的所谓"ni-ni"政策时期。国家在法国上市公司中的参股比例从20世纪80年代初的13%增长到1996年的3%，再到金融危机后的

---

① 战间时期(interwar period)，即第一次世界大战结束后到第二次世界大战开始之前一段时间。

10%—12%区间内浮动。截至2014年，在所有经合组织国家中，法国在国家多数股权控制的公司市场价值排行上排名第六，但在国家少数控制股权的公司市场价值排行中排名第一。仅在上市公司中，法国政府持股市值就超过了83亿欧元（Milhaupt & Pargendler，2017）。

**（二）美国**

即便我们对目前在美国上市的数千家公司逐个地审查，也无法发现任何一家属于美国本国的国有企业。不过，这并不意味着对国有企业充满排斥的美国在历史上从没有过混合所有制企业以及其他形式的"公私合作"。事实上，在美国历史的早期阶段，政府在私营企业中的持股特别常见，只是后来被刻意禁止了。20世纪美国曾出现过所谓的政府资助企业（GSEs），它们和国有企业一样，一方面受履行公共目标、社会目标约束，另一方面又要对股东负责。除了这种公私合作的方式，美国政府还在2008年金融危机后的救助行动中临时收购了许多私营企业的股权（Milhaupt & Pargendler，2017）。

在18世纪末和19世纪初，美国各州的州政府常常是当地银行、铁路和运河的股东。尽管在美国资本主义早期，政府对企业的支持在经济发展层面发挥了许多正向作用，但各州政府毕竟是市场经济的"裁判员"，因此这些投资也带来了显著的利益冲突。各项研究表明，当州政府在某一行业拥有股份时，它就倾向于减少为新公司颁发行业执照，因为它会担心竞争的加剧会危及政府从现有投资中获得的回报。尽管在事实上州政府对于企业的日常经营干预十分有限，但1837年的经济大萧条最终使得各州在19世纪中期以后普遍在法律中禁止了政府在私人公司中持股的行为（Milhaupt &

Pargendler，2017）。

早期联邦政府对私人公司持股的情况虽不多见，但其持股的公司在美国经济中都发挥了重要作用。其中一个例子是联邦政府在1791年参与了美国第一银行的成立，该银行由财政部长亚历山大·汉密尔顿牵头创立，呈现出社会目标如何与私人管理相结合，而这一范例在未来成为美国的混合所有制企业的模板。汉密尔顿设想，这家银行是一个对国家而言最重要的政治机器，他同时极力主张该银行应"在私人而非公共的指导下，在个人利益而非公共政策的指导下"运作，政府的主要权力只是审查银行的经营情况。1862年由国会特许的联合太平洋铁路公司是19世纪联邦支持公司的最后一次举措。然而此次政府并不是以股权投资来实现对企业支持，而是采用土地赠予和贷款的公共补贴的模式。虽然政府在公司中任命了少数政府董事，但这些董事常常被排除在董事会之外，且提出的议案经常遭到其他董事的反对（Milhaupt & Pargendler，2017）。

20世纪20年代末，大萧条使得政府公司数量激增，[①]为了应对这种趋势，国会于1945年颁布了《政府公司控制法》（GCCA），该法旨在限制政府企业的成立并加强问责机制，具体举措包括要求成立新的政府公司必须得到国会授权。而政府资助企业则保持了早期的国家支持而不控制（不占有所有权）的模式：它们由联邦政府特许且被赋予了社会目标，但由私人股东拥有和控制。政府在其管理中的作用只限于美国总统对少数董事的任命权。最著名的政府资助企业是房利美（FannieMac）和房地美（FreddieMac），它们分别于1968年和1989年在纽约证券交易所上市，而它们所肩负的社会目

---

① 政府公司（government coporation），即由国家政府部分或全部拥有的公司或企业，与国有企业在定义上有差别。

标则是通过支持住房抵押贷款的二级市场来降低住房购买门槛，致力于解决公民的住房问题。尽管这些公司在章程中明确指出美国政府对其债务不作担保且不承担任何责任，但市场参与者却不这么认为。他们普遍认为，这两家公司一旦出现债务违约，政府还是会对它们的债务进行兜底——2008年的金融危机证实了这一预期。而正是这种预期的存在，使得这些公司能够以比同一行业中其他私人公司以低得多的成本获取贷款（Milhaupt & Pargendler，2017）。

### （三）挪威

挪威的国有化水平在经合组织国家中首屈一指，与大型新兴经济体的国有化水平相当。这种高国有化水平起源于第二次世界大战结束后，因为那时当地的资本市场过于疲软使私营企业无法为企业发展获得足量融资，所以国家选择了对经济进行干预。在实体产业方面的典型例子是，在挪威沿海发现巨大的油田后，挪威政府于1972年成立的一家名为挪威国家石油公司的国有企业，这家企业的定位是保持政府对自然资源控制且避免经济体滑向"资源诅咒"①的基础设施组成部分；在金融业方面，20世纪80年代末的金融危机间接导致政府在银行业中的所有权急剧增加——在过去10年中挪威国有控股在奥斯陆证券交易所（OSE）的市值中约占35%—40%，而这一数字在20世纪90年代只是15%左右（Milhaupt & Pargendler，2017）。

除了国有经济在其发达经济中的重要性之外，挪威的一系列制度安排也备受赞誉。挪威在石油经营上的模式已经有了一个专属名

---

① 资源诅咒（resource curse），指大多数自然资源丰富的国家比资源稀缺的国家经济增速更慢的现象。

词，即"挪威模式"。这一模式以政策、监管和商业职能的分离为前提，并且已经成为许多资源富裕国家的学习对象。这一模式有两个最重要的制度安排，其一是国家的股东职能行使，其二是一套适用于上市国有企业的公司法和治理框架。根据挪威宪法规定，国有企业由政府各部委管理，但挪威议会有权力就国有企业相关问题向政府下指令；挪威审计总署监督相关部委对国有企业的管理，并向议会提交年度报告（Milhaupt & Pargendler，2017）。

### （四）日本

日本的国有企业通常称"特别公营公司"，这些企业的功能是用来提供政府服务或者经营垄断性行业。这些企业的股份由大藏省全资持有，且不受管理私营企业的公司法的约束，但它们的创立、治理结构和运营会受特定法律约束，并受特定政府部门监督。因此，在日本，对这些企业进行私有化的前提是要将特别公营公司转换为受《公司法》管辖的普通股份公司，以便向公众公开发售股份（Milhaupt & Pargendler，2017）。

日本的国有企业经历了两波私有化浪潮。第一次是受英国撒切尔政府政策的影响，由首相中曾根康弘在20世纪80年代发起，目的是缓解国家债务危机。在这一次私有化浪潮中，日本电报电话公司（NTT），日本烟草和盐业公司，以及日本国有铁道（JNR）均展开了大规模的私有化。第二次大规模的私有化是在2005年由改革派首相小泉纯一郎发起，主要针对与日本邮政有关联的金融机构（Milhaupt & Pargendler，2017）。

第一次私有化的一个重点对象就是日本国有铁道。日本铁路部门在1906年实现国有化，并在1949年成立了日本国有铁道，作为一家国有企业来管理日本所有铁路业务。根据《日本国有铁路法》，日本国有铁道从日本国会获得拨款，其资金使用由公司管理人员自行决定，但法律规定的治理结构赋予了政府控制管理决策的权力。为了应对日本国营铁路公司的大量债务积累和政府自身的债务危机，由首相任命的行政改革临时委员会建议将日本国有铁道公司私有化，并且将该公司的客运业务拆分为几个较小的区域性公司（日本铁路公司）和一个在全国运营的货运铁路公司。由于这些公司规模较小，所以它们更容易管理且更容易根据经营地情况调整经营策略。经过五年的准备和规划，在日本铁路公司已经推行私有化的前提下，国会颁布了《日本铁路重组法》。该法将公司的使命从"提高公众的福利"改为"满足市场需求和有效管理"。步入21世纪后，除四家资产和铁路线路吸引力较小的日本铁路公司的股份仍由政府全资拥有外，其余日本铁路公司已被彻底私有化。私有化的日本铁路公司拥有该国《公司法》规定的标准的日本公司治理结构，包括一个董事会和一个独立的公司审计委员会。人们普遍认为，日本国家铁路公司的私有化和相应的公司区域化是非常成功的。企业的盈利能力增进了，并且去管制也使得政府施行政策时更考虑成本效益。此外，新公司摆脱了原有的日本国有铁道公司的巨大债务负担（Milhaupt & Pargendler，2017）。

关于第一次和第二次私有化浪潮的其他细节在这里暂时略去。我在这里是希望读者通过对日本国有铁道的私有化进程了解一个事实：正如这些事件所揭示的那样，日本私有化的特点是一个高度审慎、渐进的过程。日本特殊公营企业的私有化是部分的而不是完全的，私有化后的公司治理并没有受到政治的干预或者政府从私人股东那里榨取财富的冲动的干扰。然而，应该指出的是，这种良性的结果似乎并不是强有力的制度设计的必然结果：适用于管理混合所有制企业的特别法律依然存在，这就为政府的干预保留了一个手段（尽管政府不一定会用）。日本的私有化似乎证明了一个结论，即存在相对廉洁和相对负责任的政府的前提下，国家所有权和私人所有权长期共存是可行的，而这可以部分避免全面私有化和全面国有化的弊端。从结果来看，这种方法似乎可以有效地改善企业的管理能力和盈利能力，同时保留政府对提供对公共福利的重要产业的（某种程度上的）潜在控制能力（Milhaupt & Pargendler，2017）。

### （五）新加坡

新加坡原本是马来西亚的一部分。自英国军队撤离以及它从马来西亚独立出来之后，新加坡的经济发展战略在很大程度上依赖于该国所谓的与国家联系公司（GLCs）。以国联企业为中心的发展战略是在20世纪60年代制定的，源于"执政的人民行动党政府这是支持新加坡经济的转型必须的"，并且基于这样一个论断："对国内主要市场和法人的控制是……实现吸收剩余劳动力、促进经济增长的主要规划目标的最有效方式"（Chen et al.，2014）。人民行动党十分注重新加坡的经济发展，因为它在新加坡执政的政治合法性与执政期间的经济成就是紧密相连的。

新加坡的国联公司的股份由淡马锡控股有限公司持有。淡马锡控股有限公司（Temasek Holdings Pte Ltd.）是一家受新加坡《公司法》相关规定约束的私人投资控股公司。在管理上，新加坡政府将淡马锡置于自己和国联企业之间，意在使后者不受政治影响并在制度上使国联企业把经营权重更多放在经济目标上。在成立之初，淡马锡就已经控制了一些由其他政府机构持股的公司，而这些公司在此前已被政府组建成集团以培养龙头企业。正因如此，淡马锡名下的投资组合中的每家公司都是各自集团的母公司，分别拥有众多的关联公司。今天，淡马锡是新加坡最大的23家公司的控股股东，这些公司的总市值几乎占新加坡总市值的40%（Milhaupt & Pargendler，2017）。

淡马锡有两个密切联系的关键特征，这两个特征使其有别于我国的国有资产监督管理委员会。其一，淡马锡在公开文件中明确阐述了其以经济目标为重的经营目标，并且实际的经营绩效也验证了它对于这一原则的贯彻；其二，高度独立，不对其投资组合中的任何公司直接施加政治影响（Milhaupt & Pargendler，2017）。

在经营绩效方面，淡马锡自1974年成立以来，其股东的年度复合总回报率高达16%。淡马锡通过使用各种手段来加强其财务纪律，如发行债券（被标准普尔评为AAA级）和参考市场基准组合来设定其经理人的绩效薪资，①不过这些绩效奖励不是当年就发放，而是会延迟若干年发放——并且可能会因经理人的不良表现而最终取消发放（Milhaupt & Pargendler，2017）。

淡马锡的独立性也可圈可点。淡马锡的董事会是高度专业且去政治化的，由13名成员组成，其中没有政府代表，大多数是来自独立的私营部门董事，包括外籍人士。此外，淡马锡的高级管理团队中大约有40%是外籍人士，但从实际情况来看，他们的政治可靠性与他们的行事动机和实际表现没有什么关系。为了尽可能降低国联企业受政治目标影响的风险，新加坡政府"已经构建了一个高度透明且设计精巧的监管制度，旨在防止政府滥用其作为国联企业最终控股股东的地位"（Puchniak & Lan，2017）。

---

① 市场基准组合在此处可以简单理解为市场上的平均收益率。

## 二、国有企业的特点 ——————————————————

从以上法、美、挪、日、新五国的国有企业（或是国有经济）概况中，我们可以归纳出一些共同的典型事实。从这些典型事实中，我们可以发现我国国有企业与这些国家的国有企业之间有相似之处，也有明显的区别。

其一，即便目前这些国家的国有企业数量并不多、产值和雇员占比也并不高，但在历史上这些国家的国有经济（或是政府以某种形式的介入）都发挥过重要作用，并且目前也在发挥着一定的、不可或缺的作用。

其二，这些国家的国有经济多出现于经济高速增长之前，并在经济发展到一定水平后都会通过私有化（部分地）逐渐退出市场。

对于第二个典型事实有必要在理论上给予解释。在经济发展的早期阶段，由于各国的基础设施（包括金融基础设施）建设严重不足，所以会出现相对经济社会建设需要而言的基础设施需求缺口。在这种情况下，经济体需要以较快速度集聚起一定的资本投资于基础设施建设以弥合缺口，进而推动经济增长。但是在这一发展阶段的私人资本还不具备这样的实力——因为此类投资所需资金规模巨大且投资强度较高。除此之外，还需要一个整体规划以解决协调问题和避免重复投资，再加上此类投资回报期较长、收益在短期内甚至很可能为负、多有混合产品色彩[1]，因而通常需要利用国家力量来进行基础设施的投资——在美国的例子中就是政府对私人企业进

---

[1] 如前文解释的那样，混合产品的生产通常会因为私人成本或收益与社会成本或收益不对等而造成投资不足或投资过度的情形——此处是指由私人进行具有正外部性的基础设施投资往往会导致投资不足。

行股权投资，在挪威的例子中就是政府直接成立全资的国有公司。例如在公路、铁路、机场、航空，包括石油等重工业或者是资本密集型的基础设施和产业中，一般会以背靠国家力量的国有企业作为主要投资主体。

那为什么这些国家又都经历了（部分）私有化呢？由于当经济水平发展到一定程度时，本国的基础设施投资任务已经基本完成了，而且这些产业的生态、制度设施、物理设施已经日臻完善，因此企业可以无须借助国家力量而能在自发竞争中实现良性发展。但与此同时，国有企业的一些固有问题，如创新动力弱、激励不充分带来的效率偏低、自主决策能力弱和对市场的敏感程度低等，就在日益完备的市场经济环境中凸显出来，带来一系列企业债务和政府债务问题，并且国有企业自身的特殊性质还有影响市场规则运行的可能。[①]在这种情况下，这些国家一般会选择推进私有化，让国有资本从行业中逐渐退出，将市场让给更有效率的私人企业。不过值得注意的是，国有资本在某些领域的退出很可能是为了转向其他需要发展的领域，而不是从整体经济中退出。

其三，在公司治理层面，这些国有企业的出资人都是政府，并且通过管理模式上的设计，政府都或多或少地保留了对国有企业的控制力——例如通过议会管理、政府特定部门直接管理或控股公司来管理。另外，这些企业的用人用工是市场行为，可以根据劳动合同和相关法律法规进行解雇或聘用。

其四，这些国有企业大多在纯粹的市场环境中参与竞争，并且以经济目标为主。政府仅以市场价格购买其产品或服务，而对国有

---

① 例如作为市场经济"裁判员"的政府会更倾向于利用行政力量保护效率偏低的国有企业，从而动摇市场经济的公平竞争原则基石。

企业的干预主要体现在税收和补贴政策以及部分有限的人事任免上，且几乎不存在对国有企业的过度特殊照顾或政策支持。可以说，这些企业除了最终所有权的归属，基本与私人企业无异。

这四个典型事实中，后三个事实与我国国有企业事实明显相悖。要理解相悖在何处，以及为何相悖，需要从第三个典型事实出发，再讨论第二个典型事实，最后再回到第四个典型事实。

就第三个典型事实而言，我国国有企业在用人用工方面一直秉持着雇员是国有企业的主人的理念，因此除特殊情况外，我国的国有企业几乎不能解雇雇员，因而在用人用工上没有充分市场化，也因此失去了激励雇员的一种手段。[1]但不能说非市场化用工必然会带来效率的低下，例如在人力资本专用性较强的部门中这种用工方式可能更有效率（杨瑞龙和周业安，2000：82—84）。

再来看第二个典型事实。在这些国家的国有企业中，政府最多是对垄断性行业中的国有企业定价进行规制——比如按平均成本加成定价，定好以后这些企业从生产到销售都是按照市场化方式运作，如果出现亏损那么政府会按相应规则决定是否给予补贴。而我们的国有企业并不仅仅是公共产品生产的工具，它是中国特色社会主义的重要物质基础和政治基础，是中国共产党执政兴国的重要支柱和依靠力量，同时也是公有制的主要表现形式——即我国社会主义性质的重要表征。因此我们的国有企业是在中国共产党的统一领导下来开展日常经营活动的——这与其他国家的国有企业大不相同，它们的国有企业只和国家在所有权上有关联，但并不与一个政党产生任何直接联系，而我们的国有企业除达成经济目标之外还要服从于政治大局和总体。考虑到这些特殊的性质，我们的国有企业

---

[1] 关于当解雇措施可行时雇员的行为选择。见 Shapiro & Stiglitz(1984)。

并不会像他国一样从整体经济中逐渐退出。

最后来看第四个典型事实。我国许多国有企业的存在更多依赖于对包含矿产资源在内的自然资源进行的管制，具体表现为对这些行业施加准入限制来维护国有企业的优势地位，这与其他国家的国有企业的经营环境是不同的。除此之外，还有一系列在不同程度上对国有企业进行保护的措施，这些措施与上一段提到的我国国有企业的特殊定位有因果关系。虽然我国国有企业和他国国有企业有差别，但是都有国有企业的一些"通病"——如效率低下，那么我国的国有企业效率从何而来呢？

本书认为，这种效率来源于国企之间的大规模协作，通过克服交易成本的资源配置和生产活动上的协调，我国国有企业的效率得以显现。因此，放弃党对国有企业的统一领导，任其在纯粹市场环境中追求经济目标是放弃自己效率优势的举动。对效率的深入讨论，将在本章后面的内容中展开。

除了协作效率，中国共产党对我国国有企业的统一领导还出于一个重要原因：宏观调控。以新加坡的淡马锡公司为例，它的基本功能和定位与我国目前正在试点推行的国有资本投资运营公司大致相同，即本质上是一个资产管理公司。淡马锡是一个以私人名义注册的公司，形式上也是一个对新加坡的国联企业集团进行控股的私人公司。它不直接插手企业的日常经营活动，而主要负责资本投资和资本运营，包括企业上市在内的投、融资计划制订，另外它还负责监督名下企业，因此可以把淡马锡模式视作国有资本的投资运营加监管模式。这种模式也在我国的国有企业中推行，但改革成效并不显著，一个重要原因就是这种模式赋予了国有企业过多的自主权。新加坡政府只出现在淡马锡的股东大会中，而不直接干预其控股的国联企业，因此国联企业中管理人员的任免都由淡马锡来负责，并纯粹按照市场规则来运营。但这种模式显然只适用于我国的竞争性国有企业，而对基础性的国有企业不适用——因为后者肩负着更重要的社会目标。例如，一旦能源行业上游企业成本提高造成了能源的市场价格提高，那么国家绝不会允许能源国有企业将能源价格提得过高，因为这会对下游企业（包含大量民营企业）造成巨大的负面影响，因此在这种情形中我国国有企业即便购销倒挂也会维持价格的稳定——这符合社会目标，当然，这种稳定物价的目标是为了防止物价在短时间内大起大落，给社会经济和居民生活带来过大的冲击。然后政府通过制定鼓励政策、扩大生产、增加供给和打击囤积居奇等不端商业行为，使物价回归正常。因而，从一个较长时期看，这种行为是符合市场供求规律的。

除了发挥平抑市场波动的功能，我国的国有企业的社会目标中还包含对中央经济规划和政治目标的实现发挥辅助作用。例如2015年开始，我国为保障煤矿生产安全、调整煤矿供给结构，对小煤矿进行了一系列的整顿和关停，这直接导致短期中煤炭价格迅速上涨，而价格上涨带来的下游企业的损失在很大程度上是由相关的国有企业承担了。中央企业也一样，中石化中石油过去每年在天然气上也有较大的销售亏损，有时候甚至购销倒挂。相关例子还有很多，例如2020年新冠肺炎疫情暴发之始，我国的国有企业为稳定物价承担了许多损失。这些功能集中体现了我国国有企业是为总体经济服务，在经营上履行着更多的社会目标，而发挥这些功能的前提就是党对国有企业的统一领导，不是像他国国有企业一样放任其追逐经济目标。

## 三、国有企业的历史文化渊源

　　为什么我国的国有企业与外国的国有企业在经营理念、管理模式和价值追求上有如此大的差异？有的学者试图从中国悠久的历史文化中寻找答案。

　　一些学者的研究表明，文化传统会影响一个地区或者一个国家的经济运行方式和经济治理方式，而且，这种影响还比较显著。清华大学的杨永恒和龚璞于2019年撰写并发表于《中共中央党校（国家行政学院）学报》的《文化价值与国家治理：基于63个经济体的实证分析》一文基于全球63个国家或地区，对个人主义、长期倾向、阳刚性三个文化价值指标及其交互项对于国家或地区治理情况及腐败控制、政府效能、法治水平的影响进行了实证研究。该研究发现，在经济发展水平和人口规模相当的情况下，文化价值依然显著地影响着一个国家或地区的治理方式。中国是集体主义较强、阳刚性居中、长期倾向很强的国家。中国儒家文化更多地讲求对集体的奉献，而不太主张个体追逐自身的物质利益，表现为对集体价值的追求和对个人价值的淡漠。在儒家文化中，孔子主张的"君君、臣臣、父父、子子"观念受到尊重，社会成员各有明确的角色和位置，成员间谦虚谨慎，群体和谐得到维护（杨永恒和龚璞，2019）。为了集体的利益，人们有时会牺牲个人的物质诉求和价值追求，因为维护集体利益会被认为是光荣且正确的，这也是国有企业存在的文化基因——服务于全社会的福利，而不是盯紧企业自身的利润。

　　在因果关系上，文化观念塑造了经济思想，而经济思想又影响着统治者的经济治理方式。对一个民族而言，经济思想的产生和流变是在特定的地理环境中发生的，特定的地理环境会影响经济条件和人文环境。地理环境是人类赖以生存和发展的物质基础，也是文明创造的自然基础。不同的地理环境使生活于该环境中的人类必须选择相应的生活和生产方式，生活和生产方式的差异又制约或影响着他们的经济思想和观念。华夏文明诞生的这块土地与其他文明最大的不同是处于一种自然封闭的地理环境之中，在东、南、西、北各个方向都有无法突破的地理障碍。在这一相对封闭的地理环境里，黄河构成了中华文明的摇篮，是中华民族创造独具特点的历史文化所依托的自然条件。

与古希腊罗马重视商业贸易、不断追求向外扩张、文化冲突与武力征服的海洋文明不同，封闭性的地理环境造就了这里的先民们"面朝黄土背朝天"的农耕生活方式和文明，其重要特点是追求文化的同化和融合。中华文明起源虽呈多源特点，但重要地区是黄河流域。中华民族自形成之日起就面临黄河泛滥的危险。也正是在治理黄河的基础上，中华文明诞生了最早的国家形态——夏王朝。夏、商、周三代，延续的都是一个有利于治水的大一统政治格局。经过春秋战国的分裂动荡，秦始皇统一中国，改分封制为郡县制，进一步强化了中央集权的政治体制，建立了完善的中央集权大一统帝国。大一统帝国的统治基础是小农经济和建立在小农经济之上的宗法血缘关系。这样的体制既有利于黄河水利工程的实施，也有利于克服小农经济的分散性，把财富集中起来，从而创造相对较高的生产力水平，以造就都市经济的繁荣。

一般认为，自春秋战国时期以来，国家本位的经济思想就已经成为主流。对比中国经济思想史和西方经济思想史，我们发现后者主要围绕商品、效用和价值、资本等与商业经营息息相关的概念展开，而前者所讨论的重中之重却是国家财政。自秦以来，中国形成了一套"中央集权＋地方郡县"的集权体制，其益处是实现了国家统一，宏观环境变得更稳定，为全国市场的开辟创造了前提条件。而这都离不开中华民族的集体主义文化传统。

而这种集体主义的文化取向，也是我们的国有企业持续存在的"文化合法性"，同时也在塑造着我国国有企业的独有特点。

毋庸置疑，历史文化的影响是深刻而长远的，必然影响着社会发展的方方面面，也必定或多或少地影响着我国企业的价值理念和组织形式。但在国企的性质、特征和行为方式中起根本性作用的，是我国国企的价值决定。这一点本书在下一节给予一定的讨论。


## 第二节　国有企业的价值决定


作为一个生产单位，企业本身自然是有价值的。组成它的价值的元素既包括企业所有的厂房、原材料、存货和机床，也包括企业作为一个组织所拥有的生产潜力。因为企业不仅仅是一堆物品的堆砌，更是一个特定的组织，其组织生产的能力是其未来现金流的来源。但是在对国有企业定价时，情况会有些不同。国有企业的投资决策事实上考虑了社会的福利水平，因此仅从账面利润或者现金流来测度国有企业价值，既不严谨也不科学。

# 一、企业的价值决定

金融经济学家给企业价值下的定义是，企业的价值是该企业预期自由现金流量以其加权平均资本成本为贴现率折现的现值。它体现企业资金的时间价值、风险以及持续发展能力。

扩大到管理学领域，企业价值可定义为企业遵循价值规律，通过以价值为核心的管理，使所有与企业利益相关方（包括股东、债权人、管理者、普通员工、政府等）均能获得满意回报的能力。

这种由金融经济学所发明的以自由现金流量为核心的企业价值评价方法和指标体系，颠覆了传统企业经济理论以企业利润为核心的企业业绩目标函数来衡量企业价值的观念，这确实是一个重要的进步。因为随着经济社会的发展，资本成本越来越受到重视，资本市场越来越看重企业未来获利的能力，这使得企业短期利润的作用变得次要起来。特别是那些可以轻易改变账面利润的技巧性会计处理失去了意义。但这种以"现金流量为王"的评价方法，也带来了严重的负面影响，加剧了金融泡沫的形成，导致一些企业"赔钱赚吆喝"，不计成本，不惜代价，甚至冒着巨额亏损风险做大现金流量。他们不是把精力放在通过创新，改变生产函数给社会提供"物美价廉"的产品或服务，以满足消费者需求上，而是搞概念、讲故事，低价倾销，争抢"地盘"，扩大销售，做大现金流，并通过多轮融资，解决资金后续投入，同时不断提升公司估值，再通过上市来达到巨额亏损的分摊、集聚社会财富的目的。这种神一般的操作，创造了一个又一个经营"神话"和商业"奇才"，却严重扰乱了产业发展秩序，形成了金融泡沫，毒化了营商环境，是股市和消费市场的严重隐患。

这种只看现金流量，不看全社会福利水平的评价方法，是"一种倾向掩盖另一种倾向"的片面主义、教条主义做法。而这些商业"奇才"的"神"操作，充分暴露了资本的贪婪性，他们的行为所体现的是资本的意志。毫无疑问，国资国企是不会这么做的。因为国企的价值，不仅仅在于企业本身的价值，更重要的是体现在它对社会的价值。而国有企业的行为所体现的正是人民的意志。

## 二、国有企业的价值决定

先看一个事例，这是一个发生在2020年冬春之交，且还在继续发展着的最生动最鲜活的案例。它把中国特色社会主义制度优越性和"四个自信——理论自信、道路自信、制度自信、文化自信"，以及国企的使命担当诠释得淋漓尽致。

在人类有史以来的历史长河中，疫病从未断绝，从公元前4世纪的"雅典鼠疫"到2世纪的古罗马"安东尼瘟疫"，从14世纪波及全球、夺去数千万人生命的"黑死病"到这次全球流行的"新冠肺炎"，它们均对人类健康和经济社会发展构成重大威胁。第二次世界大战以后成立的世界卫生组织提出"全社会路径"作为重大传染病疫情的应对策略，倡导社会各系统、各层级以及公私力量之间团结协作、形成大协同格局，以此壮大应对力量。在实践中，却常常面临国家治理体制机制不协调、市场系统不易配合、社区与公众难以全面动员、多元力量协调不力等问题。面对突如其来严峻的新冠肺炎疫情，在党中央的领导下，中国打响了疫情防控的"人民战争"。通过全社会力量的协同和努力，中国在短短八个月内取得了疫情防控的重大战略成果，真正实现了世界卫生组织倡导的"全社会路径"。

中国能够克服"全社会路径"的实践挑战、形成大协同格局，归功于四个方面的制度优势：一是党中央的集中统一领导的作用——即动员利益相关者参与并促进相关方协商一致以解决问题；二是社会主义制度保证了各利益相关者在根本利益一致的基础上建立相互信任关系；三是通过贯彻公众充分知情原则使政府和民众在良性互动中达成社会共识；四是以国有企事业为骨干的全社会的协同应对疫情提供了机制保障（徐大慰，2021）。

中国防控新冠肺炎疫情的"人民战争"，不仅在实践上提供了"全社会路径"，提出了"全社会路径"的实现条件和实践机制。全体社会成员具有共同价值观、根本利益一致、对疫情充分知情是实现"全社会路径"的初始条件，坚强的领导核心和有效的制度安排是推进"全社会路径"的必要条件。公立医院、国有企业等单位充分发挥了支柱性、基础性作用，为控制疫情提供了物质保障。充分发挥了"全国一盘棋"的制度优势，克服"全社会路径"的实践挑战，真正形成集中全社会力量的大协同治理格局，有效应对了新冠肺炎疫情（徐大慰，2021）。

在这场疫情中，除了医院的担当和"逆行者"白衣天使所作出的决定性贡献外，国有企业也发挥着不可替代的重要作用。抗疫斗争中，党中央发出"把人民群众生命安全和身体健康放在第一位"的号召，国有企业积极践行，不计经济利益，为疫情防控提供全方位的公共产品和公共服务。中建三局第一批建设和工程配套单位花了两个10天时间，建成了火神山、雷神山两所共2600张床位的大型医院，令世界为之震惊。中石油、中石化、中化、中粮、中国通用技术、中储粮、华润、中国化工、国药、新兴际华等十家央企郑重承诺：疫情期间"价格不涨、质量不降、供应不断"；国家电网确保"医院建到哪里，电就通到哪里"，电力企业数万名员工排除困难战斗在抗疫一线；中国移动组织各分公司全力做好通信服务保障，为防疫指挥人员、一线医护人员、隔离人员等提供免停机服务，保障区域网络整体平稳运行；国有航空公司的国航、南航等在客座率大幅降低的情况下保障国内航线和重要国际航线不断航（姜治莹等，2021）。

国有企业充分发挥了"大国重器"的顶梁柱作用，提出"人民需要什么，国企就生产什么"，具体体现在"六个力量"上：党和国家最可信赖的依靠力量，坚决贯彻执行党中央决策部署的重要力量，贯彻新发展理念、全面深化改革的重要力量，实施"走出去"战略、"一带一路"倡议等重大战略的重要力量，壮大综合国力、促进经济社会发展、保障和改善民生的重要力量，赢得具有许多新的历史特点的伟大斗争胜利的重要力量。体现了国企的家国情怀和使命担当。国企不惜代价、不计成本，整建制地转产紧缺医疗物资。在央企均不生产口罩、消毒液、医用防护服等医疗物资的情况下，迅速转产，建立急需医疗物资生产线以救疫情防控之急。中石化、中国兵器工业、中国船舶等央企调动一切产能生产口罩、压条机、防护服和有关原料。中国核工业集团仅用五天时间就实现了利用核技术对医用防护服进行辐射灭菌的规模化应用；中国北斗卫星导航系统为疫情防控提供高精度点对点时空服务；中国联通免费开放云视讯App会议服务功能，并积极配合政府部门发布包括疫情预警、公共卫生提示及防控知识等在内的各类公益信息等（姜治莹等，2021）。

习近平总书记指出，国有企业是中国特色社会主义的重要物质基础和政治基础，是我们党执政兴国的重要支柱和依靠力量。上述国企在新冠肺炎疫情中杰出表现的生动案例，充分诠释了党中央赋予国企的重大地位和使命，体现了国企的根本价值决定。国有企业的这种价值决定，是由我国的根本政治制度和经济制度所决定的，是中国特色社会主义的本质要求，是中国国有企业所特有的。国有企业除了体现其资本运营和可持续发展的自身经济价值外，更重要的是其政治价值——当然，是以经济价值为基础的。

列宁说"政治是经济的集中表现"。政治是社会经济的"总分配"，我们党始终奉行"人民利益至上"的宗旨，一切发展都是为了满足人民日益增长的物质文化需要，实现共同富裕。因此，国企的这种具有政治属性的价值决定，是最本质，也是最重要的。我们在衡量评价国企的贡献与效率，深化国企改革的时候，必须充分关注到国企的政治贡献、政治效率和政治属性。

关于国企效率和改革问题将在本书的第四、第五、第六章中予以讨论。


# 第三节　国有企业的治理


提及企业，许多人脑子里想到的通常是一群身着西式工作服的白领们在电脑前不停地敲打着键盘，宽敞且具有文化气息的办公室里的领导正在专注地思考公司的未来，抑或是穿着夹克式工作服的蓝领们在流水线上熟练地操作着机器。但在受过经济学训练的学者眼中，企业即一组契约，签订契约的各主体间的委托代理关系组成就是所谓的公司治理结构。因此可以说，若没有委托代理，凡事一人亲力亲为，就不存在治理问题。本书认为，企业治理，或者说公司治理，就是通过一系列公司内部和外部的制度安排，尽可能克服由于委托代理关系带来的道德风险，最终使公司整体向激励相容的状态收敛，实现在约束条件下的公司利益最大化。这一节将围绕该定义，解释什么是委托代理，什么是公司治理，并分析公司治理的两种典型模式——传统模型和共同决定模型。

# 一、公司治理早期形态与典型治理模式 ——————

1407年，热那亚的主要债权人创立了一个名为圣乔治屋（Casa di San Giorgio）的独立机构，其作用是剥离掉热那亚政府的债务，而这一剥离的代价是这家机构控制城市的主要税收——关税。圣乔治屋接下来发行了股票，这种股票可以在二级市场中进行交易。它从结构上非常像我们现在常见的股份公司：它有一套治理结构，目标是创收并在达成目标时派发股息。在竞标到全部未偿付债务后，圣乔治屋所做的就是把所有债务整合成一个投资组合。接着，该机构宣布原有的债权人能够以将收益率降低至7%的代价把原本无法还本付息的债务换成股票。大多数投资者接受了这个"债转股"选择。于是到1420年，热那亚的公共债务向私人股本的转换宣告完成。圣乔治屋的真正创新之处在于它把热那亚的债权人变成了股东，只要城市收入增长，股东就会获得收益。圣乔治屋的股份强有力地将市民们的利益同整个城市的利益联系起来（戈兹曼，2017：223—234）。

圣乔治屋虽然是一个半公有的机构，但正如前面所说的，它也具备许多现代公司的特点：一个明确的法人实体，可转让的股权，并且有一个管理团队来公告股息的派发，股息会随着公司的收入状况而改变。热那亚在14、15世纪达到全盛时期，当时它控制了比例可观的东地中海地区的贸易，而圣乔治屋作为一个公共机构，在此之后仍存续了很久，同时，热那亚人作为商人和金融家也在西班牙的海上贸易扩张中扮演了重要角色。16世纪时，尽管热那亚的船队已经不再是海上贸易的先锋，但这座城市的金融家在西班牙的海外扩张中仍然起到了关键作用，这无疑归功于他们的金融专业知识和聚集的大量资本（戈兹曼，2017：223—234）。

圣乔治屋是一个非常经典的、具有现代公司特征的实例。从这个案例中我们可以看到，良好的公司治理既可以将人力、物力配置到最恰当的位置，又可以调动起利益相关者的积极性，最终实现收益最大化。这种看法依然没有打开圣乔治屋的"治理黑箱"，所以这个案例作为对公司治理——特别是对现代公司治理的解读而言仍然是不够的。在开始对公司治理模式的介绍之前，我们需要先弄明白公司治理到底是指什么。

公司治理从来就不是一个简单的概念，这也是为什么对这一概念的基本认识要分为广义和狭义两种。狭义的认识恰恰是经济学中的主导观点，也就是把公司治理看作"公司的投资者会采取何种方式来保证他们自己从投资中获得回报"（Shleifer & Vishny，1997）。很显然，这是一种"股东至上"的认识角度。广义的认识则反映了"利益相关者至上"：公司治理即为公司的利益相关者——除股东外，还有诸如员工、所在社区、供应商与顾客如何实现利益最大化。"股东至上"与"利益相关者至上"之争是理解公司治理的重要切入点，因为这两种理念引申出的实践后果是两种不同的公司治理模式。

"股东至上"的拥护者认为，出资办企业的是股东，而这些投资转换的实际资产往往包含大量专用性资产。所谓专用性资产，即一旦用于其他用途资产价值便会大幅缩水的资产。而一旦经营不善，企业要靠抵押自有资产来融资时，股东利益必然受损。因此，股东在实际运营中承担了几乎所有风险，而其他要素所有者几乎没有这种专用性投入，所以没有承担风险。因此，股东理应在公司治理结构中拥有最高权力，其他人必须服从股东的决策。在这种认识中，公司治理就成了围绕股东与高级经理的委托代理关系构建的一系列制度结构，而衡量这一结构是否有效的标准就是股东利益是否实现了最大化。

这种治理结构的一般形式通常称作公司治理的传统模型。在这一模型中，股东在股东大会上投票选举董事，董事组成董事会代股东大会行使经营职能并任命高级经理人员（杨瑞龙和周业安，2000：114—115）。高级经理人员对董事会负责，并负责制订公司战略和计划交由普通管理人员执行——这些一般管理人员通常由高级经理任命。股东在合法的情况下拥有公司的最终控制权。[①]另外值得关注的设置是监事会，所谓的监事会由监事组成，而监事由股东大会选举产生，代股东大会行使监督职能。

"利益相关者至上"的拥护者并不认同上述模型，尽管它在经济学和法学中一直占据主流地位。从公司的实际运营来看，现实中的公司形态也确实与上述传统模型有出入。从实践来看，第二次世界大战后欧洲国家在重建经济秩序中确实探索出了一种独特的治理结构模式，成为"共同决定"模型。在这一模型中，代表资本的股东和代表劳动的雇员分别选举出股权董事和雇员董事，这两种董事

---

① 当公司存在大量债务需要清偿时，在许多国家法律中股东可能会失去控制权。

共同组成董事会，任命高级经理人员，并对公司的重大决策负责。该董事会同时还负责组建执行董事会，而执行董事由公司董事会高级经理人员构成。执行董事会负责选择高级经理人员，而高级经理人员则依然负责任命普通管理人员并规划公司战略。因为存在两个董事会，所以这种董事会设置又被称为双层制董事会。在实际运营中，董事会中并不只有股权董事和雇员董事，往往还有其他利益相关代表，因此这一模型可以说是按照"利益相关者至上"的思路设计并执行的。

## 二、公司治理的效用

有个名叫乔斯的墨西哥亡命之徒，在美国抢劫了一家银行，然后带着一大袋子钱逃回老家。美国警察不惜越过国界，抓住了乔斯。可乔斯被捕的时候，连个硬币都没被搜出来，他肯定把钱藏在什么地方了。乔斯只懂西班牙语，而警察只会说英语，于是在审问时他们找了个当地人当临时翻译。警察们拔出枪对准乔斯的脑袋，对翻译说："告诉他，如果他不说出来，马上打死他！"翻译不敢怠慢，立即告诉乔斯："警察说，如果你不说，他们就打死你。"看着眼前黑洞洞的枪口，乔斯对翻译说："告诉警察，我把钱藏在河边的桥上了。"翻译回头对警察们说："乔斯说，打死他也不说。"

这个故事在经济学的教学中经常被引用，通常是用以说明一个概念："激励相容"。这一概念最早由诺贝尔奖得主威廉·维克里在1961年发表于《金融经济学杂志》的《反投机拍卖和竞争性密封投标》一文中提出（Vickrey，1961）。在这个故事中，翻译的最优选择并不是警察所希望他做的——准确翻译出乔斯给出的藏钱地点，而是在获知藏钱地点后向警察传递会让乔斯死亡的讯息。这在经济学上被称作信息不对称[①]条件下的激励不相容，即促成委托人（警察）利益最大化的决策和促成代理人（翻译）利益最大化的决策不一致。本书认为，公司治理就是通过一系列制度安排，最终使公司向激励相容的状态靠拢。

为什么这样定义公司治理？想想我们前面提到的两种典型公司治理模型。模型中的股东与董事、董事与高级经理、高级经理与普通管理人员之间在事实上就形成了委托代理关系，因而也面临着激励不相容的风险。之所以这种风险会存在，就是因为存在着所谓的"事后信息不对称"。事后信息不对称是指信息不对称发生在签订合约（达成交易）之后，又名隐藏行动，通常会造成道德风险，例如雇员在签订劳动合同后在岗位上"磨洋工"，或者是受保人在购买保险后倾向于做出的骗保行为；事前信息不对称则是指信息不对称发生在签订和约之前，这通常会造成逆向选择——最经典的例子是阿克洛夫的次品市场，在该市场上消费者由于预期产品平均质量较差因而只愿付出一个较低价格，这导致出售优质产品的卖方会退出市场，糟糕的是这进一步降低了消费者的预期（Akerlof，1978：235-251）。

同样的，作为代理方的董事、高级经理、普通管理人员和员工在经营中必然会比作为其委托方的股东、董事、高级经理和普通管理人员拥有更多的信息，这就会带来四种在公司治理中的典型道德风险问题：

第一，卸责。卸责是指代理方（例如高级经理）不把时间精力分配在最能增进公司利益的活动上。卸责具体又可分为三种情形。其一为不在为降低成本的事情上付出时间精力，例如经理人不去更

---

① 信息不对称：即交易中，一方拥有比另一方更多的关于交易物品的信息。

换成本更低的供应商、重新安排员工或者在工资谈判中表现出强硬姿态等（Bertrand & Mullainathan，1999）；其二为不在监督下属上花费时间精力；其三为将时间精力用于与管理公司几乎无关或关系很小的活动上（梯若尔，2007：23）。

第二，过度投资。过度投资是指经理人选择低效率（通常是超过利润最大水平）的投资，通过损害股东利益使自己获利——典型的例子是为了吃回扣选择价格虚高的投资项目（梯若尔，2007：23）。当然，过度投资并不是一个清晰且独立的概念，例如经理人也很可能是出于巩固地位或者卸责的动机而选择低效率地使用投资者的资金。

第三，巩固地位策略。高层经理倾向于为了保持或巩固自身地位而采取妨碍股东的行为。从实际情况来看，一般有四种策略。其一，经理人通过投资某些自己熟悉的产业使得自己在公司经营中不可或缺，即便这些产业早已日落西山。其二，通过会计造假或创新手段操纵绩效指标来掩盖公司财务的恶化。其三，在业绩好的时候在经营上采取保守策略规避风险，而在业绩差的时候采取过度冒险策略追求风险收益。其四，高级经理很可能会阻止有利于股东的外部收购行为，因为这可能会导致自己被踢出管理层。另外，他们还会追求一些限制股东干预的策略来保障自己的地位——例如持有拥有双重投票权的优先股（梯若尔，2007：24）。

第四，自我交易。自我交易是指高级经理通过和自己有关系的人进行交易，在使股东利益受损的情况下使自己或他人受益的行为。《中华人民共和国公司法》第一百四十八条第四款规定：董事、高级管理人员不得违反公司章程的规定或者未经股东会、股东大会同意，与本公司订立合同或者进行交易。尽管有旨在禁止自我交易的法条存在，但完全禁止自我交易依然是很难做到的。因为在不能证明做决策时有自我交易的嫌疑，也无法证明存在其他异常情况的情况下，法院一般不会追究责任。

行文至此，可以把前面关于公司治理的定义做得更精确一些了：公司治理就是通过一系列公司内部和外部的制度安排，尽可能克服由于委托代理关系带来的道德风险，最终使公司整体向激励相容的状态收敛，实现在约束条件下的公司利益最大化。[①]那么，这里的公司利益到底应该是指股东的利益，还是指包含股东在内的所有利益相关者的利益呢？

## 三、"股东至上"与"利益相关者至上"———————

从前面的叙述看，"股东至上"还是"利益相关者至上"似乎已经不成为一个问题了。后者相比前者更贴合实际，且因照顾到了所有利益相关主体显得更全面，因此"利益相关者至上"及其衍生出的共同决定模型似乎应该是我们的最优选择。但是这个世界并不是非黑即白的，它更多的是一道精致的灰。"利益相关者至上"之所以在经济学中一直没能成为主流模型，就是因为它可能比"股东至上"存在着更多的问题。但本书依然重视它，是因为本书的主体——国有企业，与该模式紧密相关。正如第一章所述，国有企业不只是以出资人利益最大化的经济目标来开展经营活动的，它还有着促进社会利益最大化的社会目标。因此，我们需要了解企业的利益相关者究竟如何界定，以及"利益相关者至上"模式究竟存在着哪些问题。

---

① 本书的定义属于狭义的公司治理定义，因为除了公司的内部治理结构，还存在外部市场构成的外部治理结构。

公司之所以需要将利益相关者纳入治理结构中，就是因为在企业所处的社会结构中，许多利益相关者也和股东一样也承担着企业经营风险。用经济学术语来总结，就是公司经营具有外部性，需要将这些受外部性影响的主体纳入公司决策的考量范围中，达到将外部性内化的目的。一般认为，公司要负责的利益相关群体有雇员、社区、债权人，另外还有全社会的商业道德。

为什么要对雇员负责？一旦企业出现财务危机，雇员明明可以一走了之而不用偿付企业债务，为什么也会成为利益相关者？这是因为，公司裁员可能造成职工失业，从而给家庭收入、子女教育、成员健康带来严重影响。公司大量裁员，还可能成为社会问题，影响社会稳定和社会治理。20世纪90年代中后期的国企改革是中国经济体制改革从产品要素市场转向劳动力市场的重要标志之一。其中涉及约3000万名国有企业职工下岗，社会影响重大而持久，至今给人印象深刻（梁甄桥等，2018）。除此之外，雇员的技能和知识也需要数年的教育、培训和工作获取，因而也可以视为专用性资产，所以雇员本身承担着经营风险——一旦被公司裁员，如果需要转行，辛苦积累的工作经验和职业技能就可能"沉没"了。

为什么要对社区负责？很简单，企业在事实上必然位于某个社区之中，为该社区提供就业岗位和提供资源，自然要对社区负责。前者比较容易理解，但后者似乎有些不合常理——企业既不完全把所处社区当作产销地，又不对社区纳税，何谈提供资源。要理解这一点依然可以从外部性角度入手。首先，如果企业生产具有污染等负外部性，那么第一个遭殃的一定是社区居民；其次，企业本身建设的一些基础设施本身是与社区共享的；再次，企业的日常经营也会从良好有序的社区管理中受益。企业和所在社区往往是利益相关，所以在现实中许多企业会为所在社区或临近社区提供慈善捐助，以便社区有效地开展管理活动（陈那波和李伟，2020）。

为什么要对债权人负责？难道按照事前协定还本付息还不够吗？对公司治理有一些了解的读者应该能迅速领会此中深意。在一般情况下，债权人在向公司提供贷款后，只是按时向公司索要利息，到期索要本金而已，并不参与公司的日常经营决策。此外，公司仅以其独立财产作为公司债权的一般担保，并以其财产独立承担责任，而股东仅以其出资额为限而承担有限责任。因此，债权人仅能根据公司现有的财产获得清偿，即使公司财产不足以清偿公司债务，债权人也不能向股东追偿。这就意味着如果股东可能更愿意拿债权人的钱去投资高风险项目：因为债权人只收固定水平利息，所以当获得高收益时股东将获得高额分红；当投资失败公司破产时，股东也仅仅承担有限责任。因此，债权人虽然没有承担企业日常运营风险，却承担了公司破产造成的无法足额清偿的风险。

最后还有个看似古怪的"商业道德"。商业道德只是一种道德规范而已，连主体都算不上，为什么公司也需要对它负责呢？因为商业道德作为一种道德规范，本身就是一种社会资本，如果单纯追求股东利益最大化很可能会破坏它，造成整个行业乃至社会中的企业价值下滑。具体而言，商业道德是指以下几种伦理关系。其一是公司与员工间的劳资伦理，要求公司建立起劳资双方的互信，尽可能使双方拥有和谐关系；其二是公司与客户间的客户伦理，要求公司要在合法合规的前提下尽可能满足顾客的需求；其三是公司与同业间的竞争伦理，要求公司不搞恶性竞争、不散播不实谣言、不恶性挖角和窃取商业机密；其四是公司与股东间的股东伦理，即企业必须积极经营、谋求更多的利润，借以为股东创造更多的收益；其五是公司与社会间的社会责任，主要是指通过重视社会公益，以提升企业形象，最终谋求企业发展与环境和谐之间的平衡；其六是企业与政府间的政商伦理，主要是要求企业必须要遵守政府相关的法规并响应相应政策。

良好的商业道德能够培育起良好的价值观，从而加强经济主体之间的互信与合作，在宏观层面降低因监督和保护产权而耗费的物质资源，进而增进社会福祉（Bowles & Carlin，2020）。即便在美国这样一个支持"股东至上"传统深厚的国家，"到20世纪60年代末70年代初的时候，考虑更广泛的利益相关者的权益已经获得了商业实践的认可"（梯若尔，2007：72）。

但正如前文所述，"利益相关者至上"并非完美无缺，而是问题众多。针对它的反对意见主要有以下四种。

第一种观点认为，给投资者之外的人控制权会妨碍融资。假如将雇员纳入利益相关群体中并使其获得控制权，由于他们自身没有资金用于投资，那么当公司在融资时他们也无法做出可信的偿还承诺，同时他们也不能承担公司的财务风险。在这种情况下若仍赋予雇员控制权，那么这既会抬高公司的融资成本，又不一定提高雇员的期望收益。[1]鲍尔斯和金蒂斯的研究支持了这一点：雇员拥有控制权的民主制企业尽管有着较高的劳动生产率，但它的特性决定了它会面临较高的融资成本，因此将在市场竞争中败下阵来（Bowles & Gintis，1994）。

第二种观点认为，与利益相关者分享控制权会导致决策过程的低效。这是因为投资者和利益相关者的利益冲突在决策中非常常

---

[1] 尽管雇员参与决策可能会提高雇员福利水平，但融资成本的提高又会减少可以供大家分配的"蛋糕"。

见，这意味着需要付出大量时间精力协调各方利益，甚至最终由于无法达成各方都合意的决策而导致决策过程陷入停滞（梯若尔，2007：75）。

第三种观点认为，让促进利益相关群体最大化成为公司的经营目标，既会让管理层失去明确目标，又会让管理层在损公肥私方面有机可乘。如果跟经理人明确了目标就是股东收益最大化，那么完全可以根据股票价格或公司利润来衡量他的绩效——尽管这种衡量可能有偏差。但要是告诉他目标是利益相关群体收益最大化，那么他会面临多重任务，且这些任务中大多数究竟完成得怎样也是难以衡量的。诺贝尔奖得主霍姆斯特朗和米尔格罗姆在1991年的一篇经典论文中用一个多重任务的委托代理模型告诉我们，当代理人面对上述情形时，他不会有任何动机去完成那些无法被衡量的任务（Holmstrom & Milgrom，1991）。除此之外，经理人也可能把"照顾利益相关群体利益"当幌子，来进行一些损公肥私的自我交易（梯若尔，2007：75）。

第四种观点认为，赋予企业社会责任在实质上是对企业征税，但这项税收因不受政治程序控制而不那么透明和清晰。与其用这样的方式暗暗地收税，倒不如让企业以股东利益最大化的目标去经营，然后再根据外部性大小对企业相关业务进行征税以补贴受损失的利益相关群体。这种观点认为这种方式对利益相关者的保护能够比直接赋予他们控制权来得更好，更有效率。

至此，读者应该对"利益相关者至上"模式有了一定的了解，在本章后半部分可以看到，"利益相关者至上"模式在治理结构上的优势与缺陷跟中国国有企业治理结构的优势与劣势非常相近。因此，"利益相关者至上"模式是我们认识国有企业治理结构的一个重要理论工具。

## 四、国有企业的治理结构 ————————————

　　随着1993年12月《公司法》的颁布实施，政府开始将国有企业转换为公司形式。这一点在1992年10月召开的党的十四大上已经初见端倪。中国共产党的第十四次代表大会报告首次将"全民所有制企业"改称为"国有企业"，替换了长期使用的"国营企业"称谓。《公司法》确定了公司人事、经营、投资、财务管理、收益分配、薪酬等重大事项在股东（股东会）、董事会、监事会、经理层等层级的权力配置，建立了公司治理的激励与制衡机制。随着现代企业制度建设的推进，国有企业的"三项制度"改革进入了全面、系统和法治化轨道。1992年到2011年，国有企业劳动、人事、工资"三项制度"改革经历了"破三铁""劳动契约化""养老保险社会化""全面市场化"等不同阶段，年薪制、激励性股票期权等新的分配形式应运而生，与社会主义市场经济体制相适应的市场化劳动契约关系逐步确立。但之后我们会看到，问题远没有那么简单，改革也并非一帆风顺（綦好东等，2021）。

　　从所有权结构来看，我国国有企业的一大特点是股权集中，由中央或地方政府作为控股股东。表3-1显示了2003年至2017年中国的国有企业和非国有企业的所有权结构。平均来讲，这15年我国中央或地方政府作为第一大股东直接持有了约40.31%的股权，并通过直接和间接的控制关系获得了约41.86%的投票权（控制权）。从目前的结构来看，我国政府采用了一种从中央到地方的金字塔式结构，在实际上控制了大量的国有企业。

表3-1　我国上市国企与非国企股权结构：2003年至2017年

| 年份 | 国有企业 | | | 非国有企业 | | |
|---|---|---|---|---|---|---|
| | 最大股东持股比例①（%） | 现金流量权②比例（%） | 控制权③比例（%） | 最大股东持股比例（%） | 现金流量权比例（%） | 控制权比例（%） |
| 2003 | 46.612 | 44.442 | 46.495 | 32.926 | 23.785 | 31.979 |
| 2004 | 45.837 | 42.296 | 45.842 | 33.956 | 20.447 | 31.824 |
| 2005 | 44.366 | 40.305 | 44.312 | 32.479 | 19.803 | 31.014 |
| 2006 | 39.441 | 36.127 | 40.121 | 31.794 | 20.230 | 30.765 |
| 2007 | 39.082 | 35.630 | 39.799 | 32.889 | 22.570 | 32.075 |
| 2008 | 38.918 | 35.502 | 39.887 | 33.847 | 23.664 | 32.482 |
| 2009 | 39.553 | 36.623 | 40.744 | 35.266 | 26.748 | 34.965 |
| 2010 | 39.507 | 36.551 | 40.688 | 36.842 | 31.228 | 37.953 |
| 2011 | 39.558 | 37.032 | 41.158 | 36.984 | 32.487 | 38.728 |
| 2012 | 39.744 | 37.581 | 41.715 | 37.159 | 33.108 | 39.327 |
| 2013 | 39.828 | 37.816 | 41.979 | 37.259 | 33.328 | 39.500 |
| 2014 | 39.592 | 37.959 | 41.991 | 38.456 | 25.620 | 32.293 |
| 2015 | 38.789 | 37.280 | 41.508 | 37.414 | 25.124 | 31.477 |
| 2016 | 38.259 | 37.181 | 41.434 | 37.937 | 25.588 | 31.441 |
| 2017 | 38.261 | 37.273 | 41.668 | 36.332 | 32.606 | 37.679 |
| 平均 | 40.306 | 37.829 | 41.856 | 36.483 | 28.225 | 35.037 |

来源：Lin et al （2020）

---

① 最大股东持股比例是指第一大股东持有公司股票数量占公司发行股票总数的比例。

② 现金流量所有权是指最终控制人参与企业现金流分配的权力，其计算方式为控制链上各个控制环节的持股比例的乘积。

③ 控制权是指股东在拥有公司一定比例以上的股份之后，能够对公司日常经营决策施加实际控制的权力，一般以股东拥有股东大会的投票权做计算，因为存在特殊性质的股票和控制协议，所以该比例一般和股东持股比例有差别。

根据我国的《公司法》，我国国有企业集团的母公司（控股公司）在法律上称为"国有独资有限责任公司"。国有独资公司不设股东会，不需要召开年度股东大会。而由国有资产监督管理委员会（简称"国资委"）代为履行出资人职责。根据法律规定，国资委的正式职责是代表政府对其监管下的国有企业进行投资。国资委被授予了较广泛的权力，其正式职能包括确保国有资产的保值增值，任免国有企业高层管理人员并确定其薪酬，向国有企业派遣监事，以及起草国有资产管理的规章制度。但国资委拥有的人事权是不充分的，国企重大人事工作通常是在上级党委和组织部门的主导下开展的（Milhaupt & Pargendler，2017）。国有控股企业（非独资）的情况有些不同。在这类企业的治理结构中存在股东会，并由股东投票选举董事组成董事会。但是从这些年的改革来看，国资委的性质似乎也在随着改革过程发生变化：一开始国资委是国有资产的管理单位，但随着国有企业自主权的扩大，国资委又逐渐转型为一个国有资产运营的监督机构。

也有人觉得我国的国资委和新加坡的淡马锡控股公司类似，这是一种错觉，虽然新加坡的淡马锡和我国的国资委在结构和职能上有相似之处。如前所述，淡马锡有两个密切相关的基本特征：一是在公开文件中明确阐述了公司的商业导向，并通过其经营业绩对此进行了验证；二是其投资组合中的公司具有高度独立性，不受政府的直接影响。而我国国有企业始终承担着社会责任——即第一章所述的社会目标。政府希望通过国有企业落实社会目标，以调节经济社会平稳发展、促进就业、增进员工福利、推动社会和环境友好、扶贫事业等公益事业，进而推进和谐社会的构建。因此，我国国有企业会响应政府的决策和号召。除此之外，国资委会考虑国有部门的整体利益最大化，而不仅着眼于单个公司或集团层面的利益最大化。我国国资国企中设有党委，并作为领导核心负责重大决策审核和人事任命，以及根据党规对违规党员进行党纪处分——即发挥把方向、管大局、保落实的作用（Lin et al., 2020）。因此，坚持党的领导、加强党的建设，是我国国有企业的"根"和"魂"，因而也是我国国有企业的一个重要特征。

另一个需要关注的治理结构中的设置是监事会。根据《公司法》规定，国有独资公司监事会成员不得少于五人，其中职工代表的比例不得低于三分之一，具体比例由公司章程规定。监事会成员由国有资产监督管理机构委派，但是监事会成员中的职工代表由公司职工代表大会选举产生，监事会主要负责人由国有资产监督管理机构从监事会成员中指定。尽管如此，法律也没有明确规定国有独资企业必须设立监事会，这就意味着在实际的运作过程中，不设监事会的国有独资企业中，国资委可能直接在履行监事会的职能。2018年3月，第十三届全国人民代表大会第一次会议批准了国务院机构改革方案，将国有重点大型企业监事会的职责划入中华人民共和国审计署。在这次改革之后，在国有重点大型企业——主要是央企中，审计署会派出监事长并组织设立监事会，几个企业可能共享一个监事会，但监事会依然归国资委日常管理，这是目前国有企业中主要的监事会形式。但这种形式也不是不变的，比如在不同的国有企业中会有不同的监事会形式，而且这种形式很可能随着改革推进会进一步发生改变。例如，在目前浙江省的许多国企中并不存在监事会，而只是设立一名监事。

监事会的职能具体是什么？按照《公司法》，监事会履行以下职能：一是检查公司财务；二是对董事、高级管理人员执行公司职务的行为进行监督，对违反法律、行政法规、公司章程或者股东会决议的董事、高级管理人员提出罢免的建议；三是当董事、高级管理人员的行为损害公司的利益时，要求董事、高级管理人员予以纠正；四是提议召开临时股东会会议，在董事会不履行本法规定的召集和主持股东会会议职责时召集和主持股东会会议；五是向股东会会议提出提案；六是依照本法第一百五十一条的规定，对董事、高级管理人员提起诉讼；七是公司章程规定的其他职权。法条上的职能可能看起来太书面了，其实职能总结下来就四点：一是维护国家的利益，避免企业董事会、高级管理阶层独揽大权；二是避免损害债权人利益的行为出现，维护债权人的权益；三是保障企业职工的权益；四是维护投资市场的稳定，保证股民的权益（李向勇，2021）。

但是我们国有企业在治理结构上，相比国外的国有企业还有一个重大差异，就是企业的授权不充分。扩大国有企业自主权本身也是国资改革的内容之一，但目前国有企业的重大决策问题还是由国资委来审批，对于特别重大的事项，还要上报政府来敲定——也就是说，我国国资国企的决策权是通过一种分层分级的决策制度来实现的。按照一般通用的公司治理模型，企业上面是不存在上级决策单位的，因此在这一点上我国的国有企业是有自身特色的。但这也导致了一些新问题的产生——这将在后文讨论。要肯定的是，国企改革至少在公司治理结构形式上已经基本建立起了现代的治理结构。

另外，在我们的国有企业，原来所谓的"老三会"，即党委会、职工代表大会和工会依然存在，并在发挥着作用。其实在进行公司制改革后，以前的"老三会"职能与"新三会"（股东会、董事会、监事会）有高度的重叠性，因此"老三会"的职能被不同程度地忽视了，甚至一度为"新三会"所取代，在公司治理结构中基本不发挥大的作用了。例如，无论在过去党委领导下的厂长经理负责制，还是后来公司制治理结构中，党委会都几乎不参与生产经营管理和人事任免，也几乎不对企业内最高的决策机构施加任何影响，而只是做一些思想政治工作和政治学习的组织工作。党的十八大以来，我们国家在国企改革过程中又开始重视国有企业的公有制属性问题，重新强调了企业的民主管理问题，也就是职工以民主方式参与企业管理的问题，因为这本身也应该是国有企业的一个重要组织原则。因此，在我国国有企业中，职工代表大会仍然在正常召开。其组织方式是由工会来选举职工代表，再由职工代表组成职工代表大会参与公司的重要规划和重点工作，特别是要参与关系到职工利益的分配问题中。可以说，和企业日常经营和未来发展相关的重大决策，或者是跟职工切身利益相关的一些办法、方案、措施都要通过职工代表大会来进行审议。

而国有企业中的董事会又发挥什么作用呢？它的作用其实和标准公司治理模型中的作用差不多，即围绕国资委批准和职代会批准的方案进行日常决策，然后交由经理层进行执行。注意，这里不只是要职代会批准，重大决策还要国资委甚至政府来批准。顺序是职代会先审议，通过之后仍要报国资委来审议，国资委根据情况决定是否交由政府部门审议。

更为重要的是，党的十八大以后，特别是国有企业改革工作会议以后，国有企业中党委会的作用和地位发生了根本性变化。2016年10月，在全国国有企业党的建设工作会议上，明确了党委在企业里面的地位和作用，即发挥"把方向、管大局、保落实"的作用，是国有企业的领导核心。这一点也明确写进了国有企业的公司章程中，把党的领导贯穿在企业的生产经营活动的全过程，把党的组织镶嵌在企业治理的各个环节，作为国企改革的重要任务。这种领导并不是一种口头上的政治宣传，而是实质性、根本性的制度设计：在董事会或者经理开会作出重大决策前，需要党委会进行讨论审核，即党委会在公司治理中是发挥决策的"前置条件"作用。党委会是一个政党的组织，但它不是现代企业法人治理结构里面投资和生产经营业务的决策机构，企业法定的经营决策权依然在董事会和经理人手中。党组织作为企业的政治灵魂，发挥着政治核心、领导核心的作用。

## 五、国有企业的内控体系

在了解国企的法人治理体系，包括治理目标、决策机制、权力分配和制衡机制、委托代理关系等的同时，我们还有必要了解国企的内控体系。尽管内控体系总体属于企业的管理制度架构范围，但与法人治理结构有着密切的联系，乃至是与法人治理结构的有些方面，诸如与党组织里的纪律检查机构和监事会以及董事会所属的风控专门机构，共同形成国企的内控体系。与外企和民企相比，国企内控体系有着鲜明的特色。

一般说来，国企比较规范健全的内控组织机构是由企业的风控、审计、监察（通常和纪检办公室合署）、法律事务等内设职能管理部门，以及财务、计划、资产、安全生产、工程建设、招投标、人事、政工以及综合办公室等职能部门的风险评估审核职责所共同构成，与企业监事会（监事）、纪检委员会（组）、巡视（巡察）办等工作机构共同构成企业内控体系。如果是企业集团，本部的风控机构还与集团成员企业以及下属各层级的子（分）公司、分支机构的相应风控机构（视下属公司规模会相应精简）共同构成纵向的风控体系，最后形成横向到边、纵向到底的全覆盖风控制度安排。

随着现代企业制度的建立完善，改革的深入推进和企业管理质量的提升，国企更多地聚焦行业产业特色，与时俱进，不断优化顶层设计和规则体系，不断提升敏锐感知风险和快速应对风险的能力，推动风险内控工作的精准化、信息化、长效化，逐步形成了"前、中、末"全周期管控，"立体化、全过程、高协同"的风控体系运行模式，形成了国企内控体系运行模式上的鲜明特色。主要做法和特点有：

第一，全周期。风险重点工作由过去的"偏重事后处置"转向"事前预防为主"——"事中精密监管"——"事后高效处置"的全周期管理。

第二，全过程。通过思想政治工作和风险体系教育把好思想意识关；通过科学的发展战略、计划编制把好发展方向关；通过项目前期研究审查把好投资关；通过权力清单和公开集中平台建设，把好权力关；通过严格工程建设和生产运行管理，把好过程关；通过对项目后评价和事后问题的处置以及重大事项、重要人员任期审查、纪律法律追究，把好事后关。

第三，立体化。通过建立完善的工作机构，从意识形态、选人用人、党风党纪、投资经营等多个系统开展全方位多角度的监督检查，形成立体化的闭环系统。

第四，协同化。企业监管工作实行多部门多职责和上下多层级"大联动"。内部审计、纪检监察、党委巡察、组织人事和财务核查、法律风险排查，实现"问题清单"共察，信息情况互通，工作统筹安排，形成协同高效的"大监督"内控运行模式。

国企的内控机制，还具有自我补救、自我完善的"智能化"系统特点。坚持发现问题与解决问题并重，整改时效与整改质量并重。要求做到责任不落实、问题不解决、整改不到位"三个不放过"，并定期进行整改工作"回头看"。不断强化后续跟踪和处置问责，将问题整改落实和长效机制建立完善纳入责任制考核，与绩效、评优和纪委约谈、问责挂钩，切实做到在整改闭环的同时，实现举一反三、标本兼治，不断提升内部风控水平。

## 本章参考文献

[1] Akerlof G A. "The Market for 'Lemons': Quality Uncertainty and the Market Mechanism" [M]//*Uncertainty in Economics.* Academic Press, 1978: 235-251.

[2] Bertrand M, Mullainathan S. "Is There Discretion in Wage Setting? A Test Using Takeover Legislation" [J]. *The Rand Journal of Economics*, 1999: 535-554.

[3] Bowles S, Carlin W. "Shrinking Capitalism" [C]//*AEA Papers and Proceedings.* 2020, 110: 372-77.

[4] Bowles S, Gintis H. "Credit Market Imperfections and the Incidence of Worker-owned Firms" [J]. *Metroeconomica*, 1994, 45(3): 209-223.

[5] Goldman D. "CNNMoney. com's Bailout Tracker" [J]. *CNNMoney. com*, 2009.

[6] Holmstrom B, Milgrom P. "Multitask Principal-agent Analyses: Incentive Contracts, Asset Ownership, and Job Design" [J]. *JL Econ. & Org.*, 1991(7): 24.

[7] Lin K J, Lu X, Zhang J, et al. "State-owned Enterprises in China: A Review of 40 Years of Research and Practice" [J]. *China Journal of Ac-

*counting Research*, 2020, 13（1）: 31-55.

［8］Milhaupt C J, Pargendler M. "Governance Challenges of Listed State-owned Enterprises Around the World: National Experiences and a Framework for Reform"［J］. *Cornell Int'l LJ*, 2017, 50: 473.

［9］OECD（2017）. "The Size and Sectoral Distribution of State-Owned Enterprises."Paris: OECD Publishing（ https://doi.org/10.1787/978926428-0663-en）.

［10］Puchniak D W, Lan L L. "Independent Directors in Singapore: Puzzling Compliance Requiring Explanation"［J］. *The American Journal of Comparative Law*, 2017, 65（2）: 265-333.

［11］Shapiro C, Stiglitz J E. " Equilibrium Unemployment as a Worker Discipline Device"［J］. *The American Economic Review*, 1984, 74（3）: 433-444.

［12］Shleifer A, Vishny R W. "A Survey of Corporate Governance"［J］. *The Journal of Finance*, 1997, 52（2）: 737-783.

［13］Vickrey W. "Counterspeculation, Auctions, and Competitive Sealed Tenders"［J］. *The Journal of Finance*, 1961, 16（1）: 8-37.

［14］陈那波,李伟.把"管理"带回政治——任务、资源与街道办网格化政策推行的案例比较[J].社会学研究,2020,35（04）:194—217,245—246.

［15］姜治莹,王庆丰,邵彦敏,姚毓春,孙贺.中国共产党与中国抗疫的成效和经验（笔谈）[J].吉林大学社会科学学报,2021,61（03）:5—21,232.

［16］李向勇.国有企业如何有效发挥监事会职能[J].现代企业,2021（04）:112—113.

［17］梁甄桥,李志,丁从明.国有企业下岗潮与犯罪率的实证研究[J].世界经济文汇,2018（01）:22—43.

［18］列宁.列宁选集（第4卷）[M].北京:人民出版社,2012.

［19］綦好东,彭睿,苏琪琪,朱炜.中国国有企业制度发展变革的历史逻辑与基本经验[J].南开管理评论,2021,24（01）:108—119.

［20］让·梯若尔.公司金融理论[M].王永钦译.北京:中国人民大学出版社,2007.

［21］威廉·戈兹曼.千年金融史——金融如何塑造文明,从5000年前到

21世纪[M]. 张亚光,熊金武译. 北京:中信出版社, 2017.

[22] 徐大慰."全社会路径":中国防疫的制度优势与实践经验[J]. 理论建设,2021,37(03):23—30.

[23] 杨瑞龙,周业安. 企业的利益相关者理论及其应用[M]. 北京:经济科学出版社,2000.

[24] 杨永恒,龚璞. 文化价值与国家治理:基于63个经济体的实证分析[J]. 中共中央党校(国家行政学院)学报,2019,23(06):14—24.

[25] 赵自勇.发展型国家理论研究的进展和反思[J].当代亚太,2005,(11):5—12.

# 第四章 国有企业的效率

世界上只有两种物质，
高效率和低效率；
世界上只有两种人，
高效率的人和低效率的人。

——萧伯纳

# 第一节 什么是效率

如果你有两个平底锅，一个锅同时只能烙一张饼，而一张饼只有在两面分别都烙足了一分钟后才能做好，那么做三张饼最短需要花多久？通常的回答是4分钟，即两个锅同时烙好两张饼需要2分钟，再把剩下的饼拿进锅里烙好又需要2分钟，因此总共需要花4分钟。但正确答案是3分钟：首先，将两张饼同时放入锅中烙熟一面；接着，从锅中拿走其中一张烙好一面的饼，放入一张全生的饼和另一张烙好一面的饼一起烹饪；最后，拿走锅里已经烙好两面的饼，放入另一张之前被拿走的烙好一面的饼，和锅里剩的那张饼共同烹饪。这1分钟是如何节省出来的？仔细对比两种方案可以发现，第一种方案最后一步只用了一个平底锅，另一个是处于闲置状态的。所以我们说，第二种方案更有效率。本节旨在说明经济学中的"效率"概念，并简要介绍效率的测定方法和效率概念的思维陷阱。

## 一、帕累托改进与卡尔多—希克斯改进

在接触"效率"这一概念之前，读者们需要理解两个概念：帕累托改进（Pareto Improvement）和卡尔多—希克斯改进。帕累托改进以意大利经济学家帕累托（Vilfredo Pareto）命名，它的定义是：在没有使任何人境况变坏的前提下，使得至少一个人变得更好。理

论概念的定义总是抽象且枯燥的，但只要让它结合具体事例，就总能展现出强大的解释力。因此，要理解这个重要的经济学概念，我们还是需要进入一个故事。

假设你有一个高雅的爱好——打高尔夫球。在一个阳光明媚的周六下午，你兴高采烈地来到了附近唯一一家高尔夫球场，却发现排队的人从高尔夫球场门口排到了距离球场将近一公里的地铁站。你感到非常奇怪，因为从以往的经验来看，本地的高尔夫球场完全可以满足附近的高尔夫球迷们的运动需求。眼见队伍一动不动，等排到你时太阳可能已经落山了，而你很清楚没有日光根本打不了高尔夫，于是你干脆放弃了排队，走到了队伍的最前端，向老板打探情况。老板说之所以排队，是因为有一队盲人高尔夫球队来到这里进行训练，他们有诸多不便之处，训练的时间会比较长，所以大家只能排长队。你打算明天下午再来，于是问老板明天他们还会训练吗，老板给出的答案是肯定的。

如果你只是一个没有学习过经济学的有着同情心的优秀公民，你可能会打算牺牲掉自己这周末的高尔夫时光来保障他们的训练——好在你的专业出身就是经济学。于是你灵机一动，建议老板让盲人高尔夫球队在日落后再来训练。因为盲人运动员们并不需要在有光照的条件下开展训练，这样所有人都能在自己想要的时间段上打上球。如果老板欣然采纳了你的建议，那么这就完成了一次帕累托改进：在没有使任何人境况变坏的前提下，使得至少一个人变得更好。如果没有更好的方案能再实现一次帕累托改进，那么此时的状态即帕累托效率，又称为帕累托最优。一般来说，经济学上最常用的效率概念就来源于此——有效率的意思是没法达到更有效率的状态。

但是，老板可能并不会接受你的提议。即便我们不考虑老板个人的经营习惯，他也很可能会从自身利益出发拒绝这个看似双赢的提议。比如，以前高尔夫球场只开到下午五点，如果采用你的提议，那么就需要开到晚上八点，要在这一段非常规时间内运营，球场的工作人员就必须加班，而没有加班工资他们是不会干活的。所以一旦采纳建议后新增的收益抵不过新增的运营成本，老板就不会答应采纳这一建议——这更接近现实生活中的情形。那要是运营成本没有超过新增收益呢？老板可以从新增收益中抽取适当部分，以补偿员工因加班而受到影响的约会、身体健康、与家人相处的愉悦等。

只要老板的新增收益大于员工的损失，那么这就是卡尔多-希克斯改进。所谓卡尔多-希克斯改进，就是如果一个人的境况由于变革而变好，因而他能够补偿另一个人的损失而且还有剩余，那么整体的效益就改善了。在现实生活中，我们很难找到有帕累托改进空间的情形，卡尔多—希克斯改进的情形却很多，像社会生活中所推行的许多改革普遍而言都可归入卡尔多—希克斯改进的范畴。在完全信息、无交易成本的前提下，[①]经济行为人不仅可以达成帕累托效率状态，还能达成卡尔多-希克斯效率状态——这就是科斯第一定理的另一种表述。但是经济学中普遍使用的是帕累托效率概念，因为卡尔多—希克斯效率考虑的是总体福利最大化，且并不必然要求要对利益受损方进行赔偿，因此改进很可能是以损害个人福利水平为前提的。

---

① 完全信息，即对于所有参与者来说都能够了解到其他市场参与者的一切信息。

## 二、重要的效率概念

在日常生活中，我们很容易混淆两个效率概念：技术效率和经济效率。我们在上一部分提及的帕累托效率和卡尔多—希克斯效率应当归属经济效率，而不是技术效率。接下来我们做个小测试，看看你是否能区分这两个效率：假设你的餐馆日产出排骨干锅100锅，需投入50斤新鲜排骨和10斤香料以及5位厨师的一日的劳作。现在市场上新发明了一种自动烹饪排骨的烹饪锅，你的餐馆厨房剩余空间有限，只能购置一个，购置之后只需要1个厨师和20斤排骨以及2斤香料就能做出100锅排骨干锅，那么应该购置吗？

如果你毫不犹豫地就认为应当购置，那么你应当是从技术效率角度来考虑问题的，即如何在现有生产条件下实现产出最大化。但是要注意，这里没有任何价格的信息，也就是说产出最大化的选择可能并不是利润最大化的，即可能是缺乏经济效率的——因为还存在帕累托改进的空间。在经济学中，通常只考虑经济效率，因为经济效率与福利水平最大化紧密相关。但是像例子中一样只考虑一个生产单位的生产效率是不够的，因为即便所有的生产单位都实现了在现有市场条件下的最优选择，所有的家庭都实现了在现有就业市场条件下的最优选择，也不能保证整个社会实现了最优。这就引出了第二对效率概念：宏观效率与微观效率。

宏观效率与微观效率的区分似乎与传统自由主义经济学信条相左。亚当·斯密曾在《国富论》中曾提出一个著名的见解，即所有市场参与者会受到一只"看不见的手"的引导，从而所有人在实现个人利益最大化（实现微观效率）的过程中也就实现了社会利益的最大化（实现宏观效率）。这一主张为经济活动的展开扫清了伦理上的障碍——即超越了"追逐私人利益是非道德的"这一教条，有其深刻的历史意义。但事实上，宏观效益和微观效益完全不是一个性质上的事情。比如，一个人消费了 3000 元一瓶的酒，从微观角度看，减少了个人财富 3000 元。但从宏观角度看，社会财富只减少了 100 元（如果这瓶酒的成本是 100 元的话）。高消费往往被认为是浪费，但从宏观看，其更大的作用是财富的转移。现有的经济学研究表明，无论在理论上还是实践上，个人利益和社会利益并不总能统一，原因有以下两个：一是公共产品的存在，二是不完全契约的存在。公共产品的特点就是只要有一个人付出成本去提供（或者购买）这项产品，那么这个掏钱的人就必然无法独享这个产品的好处。从经济学的理性人假定出发，可以很轻易就得出所有人的占优策略——自己不出钱出力，等着搭便车。但当所有人秉持着这种策略行事时，最后的结果就是无法产生公共产品，导致大家都无法消费到这一产品。也就是说，明明可以设计一套让每个人都掏钱生产公共产品，并让每个人享受到超过付出成本的收益的方案，但在大家独立决策且无第三方强制力的情况下，这个宏观层面的帕累托改进就是实现不了，因而会造成微观有效率但宏观无效率的状态。

此外，不完全契约也会造成微观有效率但宏观无效率的状态。这里以劳动力市场为例，劳动合同很明显就是一个不完全契约。因为雇主虽然能在合约中确定雇员的工作时长，但无法确定雇员究竟付出了多少有效劳动——即实实在在的努力。因此，除了要对雇员的工作进行监督和检查验收之外，雇主还需要支付略高于雇员被解雇后的收入水平的工资，否则即便存在监督，雇员也不在乎是否被解雇——因为在职时的收入水平小于等于被解雇后的收入水平，因此最优策略就是不付出任何有效劳动。而一旦所有的雇主都选择相同的工资支付策略，那么劳动力市场的失业率将会高于真实均衡处的失业率水平。因为会有更多的劳动力被较高工资吸引进入劳动力市场，但调高工资水平又会让雇主削减提供的工作岗位。可以证明，这种情形是微观有效率而宏观无效率的——为了让在岗的劳动力认认真真工作，需要让许多劳动力处于待业状态，成为"失业后备军"。显然，一个潜在的帕累托改进是让这些处于待业的劳动力参与到生产过程，但因为这会造成整体的劳动纪律松懈而无法实现（Shapiro & Stiglitz，1984）。

## 三、效率的度量

量化向来是经济学研究中关键且具有难度的一步，对效率概念来说也是如此。其中最关键的问题在于，现实生活中的生产单位不可能是处于效率状态（即经济效率状态）的，它必然会向下偏离效率状态，因此经济效率状态难以被测定。因此，要对效率进行测定就必须回答这个问题。但这并不是本书的重点，这里只简单介绍三种度量微观效率的方法：DEA（Data Envelopment Analysis），即数据包络分析；SFA（Stochastic Frontier Approach），即随机前沿分析；TFP（Total Factor Productivity），即全要素生产率。

DEA 和 SFA 两种测度方法的思路相近，都是想办法找到企业在不同投入水平下对应的最大产出——即所谓的效率状态，然后再比较企业的真实投入产出与理想的效率状态下投入产出的区别。当然，两者有着重要区别：一是前者采用非参数估计方法，后者采用参数估计方法；二是前者不允许企业在给定投入水平下的真实产出超过效率状态，而后者则允许企业在给定投入水平下的真实产出超过效率状态。关于第二个区别，SFA 之所以能够允许这种情况的出现，是因为这种估计方法引入了随机因素，即允许一些随机产生的因素会对企业的产出水平造成正向或负向的影响，从而使企业的实际产出超过效率状态。

本章需要重点理解的效率度量方法是TFP，即全要素生产率。本书并不要求读者对于全要素生产率有多么深刻的理解，因而在此处的讲解中会省去全要素生产率的一系列前提假设——这并不影响对全要素生产率基本内涵的理解。从定义上理解，全要素生产率即为经济核算中，除开一系列基本的生产要素——抽象地讲通常指劳动和资本的贡献之外，其他因素对产出的贡献。想象一下，如果你是企业主，除去一系列实在的生产投入——例如原材料、机床、厂房、劳动投入等外，还有什么在对产出作贡献？自然是技术进步、组织创新、组织内的专业化等。一般而言，全要素生产率有三个来源：效率改善、技术进步、规模效应。前两个来源应该很容易理解，但规模效应又是什么？简单来说，如果投入1个厨师、1个灶台和1捆面条就能在1天时间内产出10碗面条，那么投入2个厨师、2个灶台和2捆面条后在一天时间内能产出的面条碗数若大于10，就可以说这家面馆存在"规模效应"。为什么不把全要素生产率按来源做进一步分解呢？因为在实际研究中很难估计将这三个因素在数值上分开，因此TFP增长率又被称为索洛余项，即扣除生产要素的贡献后剩余的部分。

在实际研究中，我们一般不考虑全要素生产率的绝对数值，而是考察它的增长率。这是因为全要素生产率的绝对数值没有太大的经济意义，而它的变动情况则可以反映技术进步和管理组织水平的进步情况。这种做法还有一个好处，就是可以回避掉前面提到的关键问题，即不用探求效率状态究竟是怎样一种投入和产出水平，我们只需要看进步情况即可。那么TFP增长率究竟该如何计算呢？简单来说，TFP增长率等于经济增长率减去以生产贡献比例为权重加总的要素投入增长率。但在实际操作中，TFP增长率会有多种测算方法，甚至可以结合前面提到的DEA和SFA方法，不过核心思想仍万变不离其宗。本书之所以强调对TFP增长率的理解，是因为TFP增长率相较其他效率指标理解起来略有难度，故而需要单独解释。

## 四、经济效率概念的陷阱 ————————————

经济学，特别是经济学专业的学生在学习过程中接触最多的新古典经济学，长期被非主流经济学和其他社会科学所批判的一点就是不考虑任何非经济因素。这一做法最早来源于马歇尔，他的本意是促进社会科学的分工，但现代经济学发展到今天已有数十个研究分支，仍没能实现分工基础上的综合——甚至可以说连一点这种迹象都没有。本书认为，这种学科发展方向可以视作卡尔·波兰尼在《大转型》一书中所提及的"经济脱嵌"。在理论学习中我们会发现，市场往往被描述为非人格化的、纯粹的若干组供求关系组成的抽象交易场所——之所以说它是抽象交易场所，因为它并不在确切的时间和空间中实际存在。理论抽象固然有助于理解市场交易活动，但将抽象掉非经济因素得出的结论应用到社会中时，就要警惕了。市场中有的不是供求关系，而是有供求行为意愿的行动主体，而这些主体的观念、行为方式无一不受到社会因素的影响和政治因素的规制。

有的经济学家认为，因为市场是最有效率的资源配置方式，[1]所以一切非经济因素必然要为市场经济让路，社会要有效率运作、

---

[1] 这一点将在本章第三节详细讨论。

生产力要进步就必须突破由原有的观念体系所扩展出的社会秩序，即改组原有的伦理道德、生活方式、消费方式、社会关系等。这就是经典的经济脱嵌思维，从工业革命以来的历史来看，这一脱嵌过程确实在发生，并且这一过程在此前的人类历史上从来没有发生过。这种思维的问题在哪里？它忽略了市场，或者说经济活动只是人类社会的一个组成部分，如果将效率原则扩展，调动一切社会中实存的伦理道德、生活方式、消费方式和社会关系等为经济效率服务，则很可能会造成一个社会的最终解体。试想一下，你和父母家庭组织是建立在亲缘利他的伦理和生物本能基础上的，如果真按照加里·贝克尔所设想的交易关系重新组织，即父母将孩子视作耐用商品进行投资，那么家庭还有存在的必要吗？在这种情况下，对孩子的投资并不一定要由父母来完成，而对孩子的培养也不一定离不开家庭。本书无意贬斥贝克尔的分析方法，只是借用他的研究视角来说明这一问题。

除了社会因素，经济学在讨论效率时也倾向于忽略政治因素。在现实生活中，政治和经济毫无疑问是高度交融的，这意味着脱离政治结构运行的经济仅存在于抽象思维层面，而不是经验现实中。但诡异的是，经济学家们在提供针对现实问题的政策建议时，几乎都不考虑其面临的政治约束和政治后果。不过经济学家们当真在给出经济建议时就丝毫不考虑政治因素吗？其实也不能这么说。一般来说经济学家们有三种排除掉政治因素的常见做法：其一，在政策设计中明确纳入信息摩擦，也就是说政治因素只是会影响政策执行过程中的信息传递；其二，根据具体情况强调合宜政策的特殊性，即不讨论具有一般性的有效政策；其三，强调严格的实证方法在确定何种干预措施有效上的作用。但是所有这些方法只是尽可能把

"政治"排除掉，而不是把"政治"纳入分析中（Acemoglu & Robinson，2013）。

这种对政治的忽视通常基于以下三个前提假设：其一，政治家通常对促进社会福利感兴趣，要么是因为他们是真正的"政治家"，要么是因为促进社会福利有助于他们继续执政；其二，政治是一个随机因素，只可能会对经济政策制定造成严重但并不系统的扭曲；其三，政治经济的相互作用的确很重要，但"好的经济就是好的政治"——好的经济政策必然会放松政治约束。

这三点假设背后隐含着同一个观点：只要经济政策能解决市场失灵，执行就行了——如果说会造成什么政治后果，那也是有益的政治后果。但是，所谓消除市场失灵的"好"政策很可能会阻碍社会福利最大化，进而形成"坏"的政治均衡。这是因为现存的政治均衡可能并不独立于市场失灵，并且它很可能建立在市场失灵之上。要理解这一点，需要搞懂经济租金对于组织的重要性、不平等的政治影响以及违背政治激励相容约束的后果（Acemoglu & Robinson，2013）。

考虑一个只有两个时期的经济体，在第一个时期存在制订和推行经济政策的时间窗口，并且假定在两个时期都存在所谓的社会福利最大化的最优政策。但是第一个时期推行的经济政策会改变第二个时期的政治力量分布，而第二个时期的政治力量分布情况又决定了第二个时期的经济政策。这就意味着，第一个时期的福利最大化政策可能并不是动态最优的，因为它会以刚刚提到的变量传导过程影响第二个时期的社会福利水平。为什么经济政策会改变政治力量的分布？因为经济租金的存在，是人们组织起来的真正动机，即以组织形式获取、利用和保护这些租金。而这些组织的政治影响力是当前政治均衡版图中的一块。因此，消除市场失灵和消除由此产生的租金往往会改变某些个人和团体对组织的投资，并以这一方式影响政治均衡。比如削弱工会的工资谈判权力的政策将会使得未来工会成员减少，进而削弱工会的政治影响力，从而使得政治均衡向大雇主倾斜（Acemoglu & Robinson，2013）。

如果觉得理解起来有困难，可以考虑我国土地改革的例子。土地是一种非常特殊的生产要素，因为它是不可再生的，即供给水平几乎是给定的，但对它的需求随着人口增长、经济发展而不断扩张，这就意味着土地租金的总量会非常可观——这也就意味着拥有租金所有权的地主阶级会联合起来保护租金，裹挟国家机器制定符合地主阶级利益的政策。20世纪50年代左右，我国通过土改，执行将土地分给广大穷苦的农民群众这一要素再分配政策，成功消灭了地主阶级，彻底打消了地主阶级"绑架"国家政策的可能。值得一提的是，不是所有国家都成功实现了土地改革，而这些改革失败的国家中大农场主的势力非常强大，往往会为了保护自身利益胁迫国家制定阻碍本国工业化进程、损害广大农民群众利益的政策。

最后我们需要关注"政治激励相容"。如本书在第三章已经介绍过的"激励相容"，即代理人在给定约束条件下的最优决策恰好使得委托人利益最大化。而所谓政治激励相容约束，简单来说就是指政治家在做政治决策时所面临的约束，这种约束的存在决定政治家若想继续执政则必须给支持自己的组织以一定的预期。而执行消除市场失灵的经济政策有可能会使政治家违背这些约束，进而削弱破坏现有的政治联盟或政治均衡。其结果可能是新的联盟或新均衡的出现，但这又可能会恢复市场失灵或创造新的市场失灵——因为市场失灵有助于为执政联盟或者统治者创造租金（Acemoglu & Robinson，2013）。这并不是说，一切追逐经济效率的经济政策都会造成负面后果，而只是想说明，追逐经济效率并不总是有益的，在提出政策建议时要牢记现在我们学习的主流经济学是高度抽象的经济学，因而必须考虑这些政策会带来的其他影响，以及它们又会如何影响整体经济运行。

# 第二节　国有企业效率研究

我国国有企业的低效率似乎是长期以来的共识，但是从现实来看，国有企业对于中国的经济高速发展作出了巨大的、不可替代的贡献——这一矛盾被本书称为"国企效率悖论"。如果国有企业真的如共识中所认定的那样"不堪"，即为低效率的代表，那么国企在经营上的成功是偶然的、经营失败是必然的，因为它具有无法克服制度性的缺陷。如果这一结论真的成立，那么我国国有企业自新中国成立，特别是中国改革开放以来对社会经济作出的贡献就是一个伪命题。事实真是如此吗？本节基于现有的国有企业效率研究对研究结论进行了梳理，并指出其错误之处。

## 一、现有国有企业效率研究 ————————

现有的比较完整的是姚东林和李军林在 2016 年发表于《改革》的一篇关于国有企业效率的研究综述。该文对 1999 年到 2016 年的中文文献中有关国有企业效率的衡量指标进行总结后，将所有文献应用的效率指标划分为"直接效率"与"间接效率"两大类别。前者包括企业自身的效率，即微观效率，包括财务效率、技术效率、创新效率、全要素生产率等；后者则主要考虑国有企业的外部性效率，类似于宏观效率，包括经济辐射效率、社会性效率、政策性效率等，而间接效率也包含着国企的特殊作用和历史地位考量。直接效率和间接效率的具体内容见表4-1。

表4-1　效率指标说明

| 效率分类 | 效率指标 | 指标说明 |
|---|---|---|
| 直接效率 | 经营效率 | 资本总值、主营收入、利润总额、总资产贡献率、资产负债率、流动资产周转率、工业成本费用率、产品销售率、应交税金和工业总产值 |
| | 劳动生产率 | 产出与劳动投入的比率 |
| | 全要素生产率 | 产出与全部生产要素（生产资本和生产人员）的比率=纯技术效率变化×规模效率变化×技术进步变化 |
| | 创新效率 | 单要素生产效率和全要素生产效率、以科技活动经费投入作为评判指标 |
| | 资本生产率 | 产出与资本投入的比率 |
| | 财务效率 | ＝(利润总额＋税金总额＋利息支出)/平均资产总额＝(利润总额/平均资产总额)＋(税金总额/平均资产总额)＋(利息支出/平均资产总额) |
| | 技术效率 | 技术效率用全要素生产率来表示：要素生产率即在生产函数中确定了各种生产要素对产出的贡献之后所剩余的价值 |
| | 利差 | ＝均衡市场利率－官定利率 |
| 间接效率 | 国有经济与国有银行垄断程度的交互项 | ＝地区国有经济比重×地区国有银行垄断程度 |

续表

| 效率分类 | 效率指标 | 指标说明 |
|---|---|---|
| 间接效率 | 国有经济与国有企业贷款比重的交互项 | ＝地区国有经济比重×地区国有企业贷款比重 |
| | 转移支付投资比 | ＝地方获得的中央转移支付总额/全社会固定资产投资 |
| | 亏损指数 | ＝行业亏损额比重/行业净产值比重 |
| | 企业贷款比重 | ＝企业贷款/全部金融机构贷款 |
| | 宏观效率 | 宏观经济的稳定器（企业固定资产增长速度与国民生产总值增长速度的相关性、企业固定资产增长速度与下一年物价指数增长速度相关性、国有企业与非国有企业固定资产增长速度的相关性） |
| | 社会性效率 | 技术扩散中心（技术交易比例、固定资产投资指数） |
| | | 社会福利提供者（福利负担指数） |
| | | 国有及国有控股企业工业增加值增长率（核心解释变量） |
| | | 地区人均GDP增长率（被解释变量） |
| | | 创新能力（R&D经费投入强度、R&D人员比重、自主创新产品率、专利拥有数量） |
| | 政策性效率 | 劳动关系和谐程度（收入分配状况、员工满意度） |
| | | 政策负担状况（承担社会就业、响应国家调控、维护稳定） |
| | | （负）外部性（资源消耗程度、污染物排放情况） |
| | | 落实国家相关政策的能力 |
| | 经济延伸效率 | 对经济其他方面的辐射效应 |
| | 财政贡献率 | ＝税收/税收基础（企业总产值） |

来源：姚东旻和李军林，2016

按照研究结论分类，研究我国国有企业效率文献可大致分为四类：直接低效率、直接高效率、间接低效率、间接高效率。表4-2、

表4-3、表4-4和表4-5分别列出了1999年到2016年这四类结论的代表性研究。表格中的"效率指标"一列即为不同文献所确认的国有企业偏低的效率指标。

表4-2　直接低效率的研究：1999—2016

| 效率指标 | 指标说明 | 文献作者 | 文献年份 |
|---|---|---|---|
| 财务效率 | 指企业通过营业获得利润的能力，由相应的会计指标衡量 | 刘元春 | 2001 |
| | | 白重恩、路江涌、陶志刚 | 2006 |
| | | 李楠、乔榛 | 2009 |
| | | 吕品、王大俊 | 2011 |
| | | 郝书辰、田金方、陶虎 | 2012 |
| | | 伍旭中、冯琴琴 | 2015 |
| 技术效率 | 技术效率就是用来衡量一个企业在等量要素投入条件下，其产出距离最大产出的距离；距离越大，技术效率越低 | 孔翔，Robert E. Marks，万广华 | 1999 |
| | | 刘小玄 | 2000 |
| | | 姚洋、章奇 | 2001 |
| | | 吕文慧 | 2004 |
| | | 刘小玄、李利英 | 2005 |
| | | 郝大明 | 2006 |
| | | 黄险峰、李平 | 2009 |
| | | 吴延兵 | 2012 |
| | | 盛丰 | 2012 |
| | | 董梅生 | 2012 |
| | | 范建双、虞晓芬、赵磊 | 2015 |
| 创新效率 | 指企业将科研投入转化为利润的效率 | 吴延兵 | 2012 |
| | | 盛丰 | 2012 |
| | | 董晓庆、赵鉴坚、袁伟明 | 2014 |
| | | 吉生保、王晓珍 | 2016 |

注：技术效率包括投入产出效率和全要素生产率（TFP）。

来源：姚东旻和李军林，2016

表4-3　直接高效率的研究：1999—2016

| 效率指标 | 指标说明 | 文献作者 | 文献年份 |
|---|---|---|---|
| 创新效率 | 指企业将科研投入转化为利润的效率 | 魏峰、荣兆梓 | 2012 |
| 财务效率 | 指企业同构营业获得利润的能力，由相应的会计指标衡量 | 李钢 | 2007 |
| | | 陶虎、田金方、郝书辰 | 2012 |
| 技术效率 | 技术效率就是用来衡量一个企业在等量要素投入条件下，其产出距离最大产出的距离；距离越大，技术效率越低 | 刘元春 | 2001 |
| | | 张晨、张宇 | 2011 |
| | | 马荣 | 2011 |
| | | 陶虎、田金方、郝书辰 | 2012 |
| | | 董梅生 | 2012 |
| | | 李勇、魏婕、王满仓 | 2013 |
| | | 李利英 | 2004 |

来源：姚东旻和李军林，2016

表4-4　间接低效率的研究：1999—2016

| 效率指标 | 指标说明 | 文献作者 | 文献年份 |
|---|---|---|---|
| 经济辐射效率 | 指企业自身经营运行过程对宏观经济的影响 | 刘小玄 | 2004 |
| | | 刘瑞明、石磊 | 2010 |
| | | 洪功翔 | 2010 |
| 社会资源配置影响 | 指企业的独特地位对社会资源分配的影响 | 靳涛、陈嘉佳 | 2014 |

来源：姚东旻和李军林，2016

表4-5　间接高效率的研究：1999—2016

| 效率指标 | 指标说明 | 文献作者 | 文献年份 |
|---|---|---|---|
| 经济辐射效率 | 指企业自身经营运行过程对宏观经济的影响 | 洪功翔 | 2010 |
| | | 刘瑞明 | 2011 |
| | | 宗寒 | 2011 |
| | | 卢俊、彭雪 | 2015 |

| 效率指标 | 指标说明 | 文献作者 | 文献年份 |
|---|---|---|---|
| 政策性效率 | 指企业落实国家政策的行为效率 | 宗寒 | 2011 |
| | | 伍旭中、冯琴琴 | 2015 |
| 社会性效率 | 指企业提供公共物品、提供就业等社会性效率 | 白重恩、路江涌、陶志刚 | 2006 |
| | | 黄险峰、李平 | 2009 |
| | | 刘元春 | 2011 |
| | | 陈波、张益峰 | 2011 |
| | | 宗寒 | 2011 |
| | | 卢俊、彭雪 | 2015 |

来源：姚东旻和李军林，2016

总的来看，认为国有企业在直接效率上偏低但在间接效率上较高是主流观点。除此之外，从表格中可以发现仍有不少学者认为国有企业的直接效率偏高，说明学术界对此尚存一定争议，并没有形成绝对意义上的共识。并且，随着国有企业改革的逐步落实、国企定位的逐渐清晰，学者开始对国企的"间接效率"展开关注，尤其是2004年后涌现出了大量研究国企间接效率的文献，其中大部分文献得到了国企间接高效率的结论，即发现在经济效益辐射、社会性与政策性功能方面，国有企业的效率表现较好。由此可见，关于国企效率的研究结论，与本书在第一章提及的国有企业的双重目标一致。

## 二、现有研究的局限

国有企业在市场化改革之前的低效率状态是全社会的共识，而且市场化改革的一个动因就是要提升国有企业的效率。在市场化改革过程中，国有企业的数量显著下降，这在很大程度上可归因于国资的退出、国企的改制和非国有企业的兴起。从所有制结构的角度看，我国企业所有制结构呈现为国有、国有控股、国有参股以及非国有四种形式并存，呈现出多元化的趋势。但是国企数量的下降并不能说明国有企业普遍缺乏竞争力，而是说明国有企业在市场化改革中经历一个优胜劣汰的过程，大量的中小型国有企业由于缺乏效率或基础性、功能性作用而被淘汰，而大量的大中型国有企业则因为自身的竞争优势或基础性、功能性作用而存续下来并得以发展壮大。即便是在市场竞争最为激烈的制造业，国有企业也依然发挥着主体作用，并非不堪一击（周业安和高岭，2017）。

现实存在的矛盾引发了研究者的困惑，国有企业究竟是高效率还是低效率？一些研究者已经注意到，尽管市场化改革之前国有企业低效率是一个共识性问题，但经过市场化改革，国有企业的效率已经大大提升，甚至在某些方面比非国有企业更有效率。另一些研究者则认为，尽管市场化改革之后国有企业的效率有了明显改善，但相比非国有企业仍然要低。两种观点争论的核心在于，假如国有企业和非国有企业存在效率上的差异，那么这种差异究竟是由所有制决定的，还是由企业共有的一些经济因素决定的（周业安和高岭，2017）。

企业效率的所有制决定论最早来自委托—代理理论的应用。该理论认为，国有企业的委托代理结构存在两个致命的缺陷：一是所有者（初始委托人）是模糊的，无法形成有效监督；二是层层代理严重放大了代理问题，从而代理成本随之剧增，导致监督无效。研究者通过企业数据对所有制决定论进行了检验：首先，若以直接效率中的财务指标（比如总资产收益率、净资产利润率）衡量企业的效率，则国有产权对企业效率具有显著的负面影响，而民营化改革则会显著改进企业效率；其次，如果改用直接效率指标中的技术效率或全要素生产率衡量效率，国有因素对于企业效率具有显著的负效应；最后，如果以代理成本衡量效率，则在竞争性行业中国有产权的代理成本最高，国有企业的代理成本带来的效率损失可达60%—70%。但所有制决定论的经验研究结果并未达成共识。所有制因素带来的企业效率差异可能会因为某些经济因素的变化而发生改变，比如企业效率差异随企业规模的扩大而缩小了。并且一些基于上市公司数据的研究发现，国有股对公司绩效存在积极效应，国有股权对公司的绩效具有二重性或呈现 U 型状态，等等（周业安和高岭，2017）。

和所有制决定论不同，另一些研究者认为，企业的经济特征对效率的影响更大，且更为根本。其理由是：其一，国有企业的问题不是由产权制度带来的，只是因为缺乏一个充分竞争的外部环境；其二，国有企业问题的根源是从计划经济继承下来的以国家为中介的融资体制，即"国家融资"，这一体制导致了国有企业的预算软约束和政策性负担；[①]其三，国有企业的效率主要来自企业规模等经济因素，并且国有企业的生产活动满足"卡尔多—凡登定律"，比非国有企业具有更高的动态规模效益，这一点将在第四节详细介绍（周业安和高岭，2017）。

迄今为止，关于国有企业效率的争论来自两个经验事实，一是通过对比国有企业和非国有企业的财务数据，发现非国有企业普遍效率更高，这是国有企业低效率的直接证据；二是通过扩大效率的定义，引入间接效率（或是宏观效率），来为国有企业的效率辩护。但对这两个经验事实的理解还存在着明显的偏差（周业安和高

---

① 预算软约束,即当一个受预算约束的生产单位的支出超过了它所能获得的收益时,这一生产单位没有被清算而破产,而是被资金提供救助得以继续存活下去。

岭，2017）。

  首先，在对比国有企业和非国有企业的数据时，研究者忽略了一个重要的事实，那就是路径依赖问题。国有企业是从旧体制存续下来，后来才参与市场竞争的，与非国有企业的竞争的起点不同、承担的历史包袱不同，只有在把这个历史因素分离出去，国有和非国有企业才有可比性。其次，在讨论国企效率时引入的宏观效率的定义非常模糊。按照现有的相关文献的理解，所谓宏观效率，就是指企业资源配置效率之外的某种效率，也就是国有企业经营目标中的社会目标的体现，即对社会责任的承担。但从指标上看，宏观效率的定义和企业社会责任之间存在本质差异，宏观效率可以理解为国有企业作为总体对宏观经济总量产生了影响，比如就业保障，不仅提高了家庭收入，也大大降低了社会治理成本；而社会责任是国企个体在社会性上的资源配置结果。作为个体的国企的社会责任效应加总是否等同于宏观效率？在理论上是可行的。但假如按照现行的研究思路，通过总量数据来讨论国企的宏观效率则是不可行的，因为无法分离出国企的制度特征以外的其他因素的影响，所以，基于总量数据推断国企的宏观效率是一个伪命题。真正要研究国企的宏观效率，需要对国企微观层面的社会性资源配置及其效果进行测度，而要解决这个问题，则需要权衡资源在企业利润目标和社会目标之间的配置所可能产生的效率冲突或效率增进。再次，迄今的研究都忽略了一个关键事实，即当国有企业通过重组，扩大规模，形成可观的规模效益，如钢铁产业。同时，随着国企数量减少而政府对国有企业监督的效率会递增，并可能在某个拐点上呈现出边际递增的状态，这会大幅度降低国有企业的代理成本，改进国有企业的效率。而迄今的研究并没有关注到国企重组数量变化所导致的效率条件的根本性变化（周业安和高岭，2017）。

事实上，从微观数据出发研究国有企业真实效率的研究少之又少，这主要是因为研究者感觉这个命题比较复杂化，加上国企数据可得性较差造成的，即没有材料也没有手段进行更进一步的、更细致的分析。但2021年9月发表于《结构变迁与经济动态》（*Structural Change and Economic Dynamics*）杂志的《对中国国有企业的总体效率及其决定因素的分析：竞争中性对所有制中立》（"An Analysis of the Comprehensive Efficiency and Its Determinants of China's National Champions: Competition Neutrality vs. Ownership Neutrality"）为这一正确的分析路径的开辟树立起了一个范例。

该文将国内不同所有制企业效率的传统衡量方法进行了扩展，将税收贡献和企业承担的其他社会责任也视为一种产出，即对社会责任进行"内部化"，以反映我国各类企业的真实经营效率。在采用这一新标准和DEA方法对效率进行重新测算后，文章发现央企、地方国企和民营企业的效率平均值都有所提升。其中，央企的效率平均值提升最多，且其处于较高效率区间的央企数量增加最多，说明央企承担了较多的社会责任。在传统效率标准下，大型企业的国有属性与经营效率有明显的负相关，但在考虑了税收、对退休人员的照顾和信贷影响的新效率标准下，国有属性对大型企业的经营效率反而有显著的正向影响。此外，这篇文章还发现劳动密集型和资源密集型行业的央企承担了更多的社会责任，与其他所有制企业相比具有更高的综合效率。

在关于国有企业效率的研究中，选取经济特征指标也需要进行仔细甄别。迄今的研究比较重视三个关键因素：一是规模，二是政企关系，三是垄断。首先讨论规模因素。的确，泛泛地谈国有企业和非国有企业的所有制差别毫无意义，只有具备可比性才能进行比较。对企业来说，如果要比较国有企业和非国有企业在所有制因素上的效率差别，就必须控制所有其他影响效率的因素，而规模可能是一个最重要的因素——前面提到的发表于《结构变迁与经济动态》杂志的那篇文章就控制住了规模因素。实际上，质疑和否定国有企业有效率的理论均基于代理成本假说，但在市场环境下，对于大规模的企业来说，无论是国有企业还是非国有企业，代理成本都是同样巨大的，或者说随着代理链条的增加，代理成本边际上的增加很小。也就是说，对大规模的企业，即便国有企业的代理链条比非国有企业长很多，但代理成本的相应增加也可能可以忽略不计。何况国有企业可以通过减少数量来提高监督效率，降低代理成本。不过，单纯地讨论企业规模的影响似乎也有问题，因为规模总是和政企关系以及垄断联系在一起的。规模很大的企业通常都具有一定程度的垄断性，垄断租金是企业高边际利润的来源。因此，在比较国有企业和非国有企业时，需要分离出企业的垄断租金，或者说只有比较同等垄断势力下的不同所有制企业，才有可能找到效率差别的制度根源。还有一个重要因素是政企关系，有时也叫"政治关联"。

"政治关联"假说认为政府和企业的关系影响企业的效率，但这个影响是双重的，政企关系有可能导致企业软约束，会导致政企合谋，甚至腐败，正如通常批评国有企业时所说的那样。但不可否认，政企关系也可能给企业带来效率的改进，比如带来数量更多、成本更低的资源等。假定国有企业在政企关系方面天生优于非国有企业缺乏相关的经验证据，实际上不仅是中国大陆的企业，整个东亚以及欧洲很多国家和地区的企业都普遍存在政企关系，这点已经有广泛的学术研究。所以，我们不能主观上假定政府只把援助之手伸向国有企业，其实现实中的非国有企业也常常得到政府的扶助。规模越大的企业可能与政府的关系越强，因此，在讨论规模问题时，还需要分离出政企关系这个因素（周业安和高岭，2017）。

　　总之，研究国有企业的效率问题时，首先需要明确一个特征事实，那就是市场化之前的国企和市场化之后的处于市场竞争当中的国企是完全不同的。本书高度认同周业安与高岭在2017年的《国有企业的制度再造——观点反思和逻辑重构》一文中提出的观点，即在具体研究上，研究者们真正需要做的事情是实现可比性。在理论上，应该给定一定数量的国有企业和非国有企业公平竞争，假定国有企业的效率随着国有企业的数量的变化而改变，国有企业的纵向监督效率提升，从而导致国有企业的效率发生改变。在理论分析层面，我们还要区分最优效率边界和现实的效率，然后，讨论现实的效率与最优效率边界的差距，这实际上是拉佐尼克的配置性效率和生产性效率的定义。也就是说，国有企业和非国有企业的比较应该是最优效率边界的比较和现实效率的比较。在经验研究上，我们需要对国有企业和非国有企业的数据进行整合，以分离出各种非常规变量的影响，形成可比的统计口径，然后才能进行比较，而不是简单地用工业企业数据或者上市公司数据进行比较（周业安和高岭，2017）。


# 第三节　国企效率、国资效率与效率来源


　　从已有的研究结果来看，中国的国有企业似乎在间接效率（宏

观效率）上较高，在直接效率（微观效率）上偏低。但我认为，这些效率衡量在指标体系上存在一定缺陷，所以不能纯粹从实证结果出发来把握全局，还需要理论上的认识来弥补现有实证结论的不足并加深对研究结果的理解。要深入认识中国国有企业的效率与效率目标，除了要研究国企的微观效率和宏观效率外，还需要引入一对概念——"国企效率"与"国资效率"。在此基础上，需要认识到国有企业效率的三个重要来源：其一是市场环境所引致的效率，这是一种外部环境改变刺激企业组织行为发生变化进而产生的效率；其二是国有企业矫正市场失灵，即"外部性有为"所带来的效率；其三是通过"大协作"这种国资运营的方式，为国有企业在促进经济结构转变和企业间协作两个方面带来的效率。中国特色社会主义市场经济并不是一个虚拟的政治变通，而确实是一个货真价实的、中国所特有的市场经济模式。正如上一节的研究结论和本节所述，中国有自己的制度优势和自己独特的道路，它既可以在一定程度上解决市场失灵，又可以在一定程度上为宏观经济带来动态效率。中国国有企业和民营企业这两种企业形式的搭配，或者说某种程度上的分工合作，非常有可能比纯粹靠市场进行资源配置更有效率。

## 一、国企效率与国资效率 ————————————————————

前文提到，在姚东林和李军林2016年的研究综述中，企业的效率被划分为"直接效率"与"间接效率"两大类别。前者包括企业自身的效率，实质上就是微观效率，包括财务效率、技术效率、创新效率、全要素生产率等；后者则主要考虑国有企业的外部性效率，实质上就是宏观效率，包括经济辐射效率、社会性效率、政策性效率等。为简便起见，本书仍采用微观效率和宏观效率这对概念表述。

　　现有研究表明，国有企业在微观效率上偏低但在宏观效率上较高——这意味着什么？过去的国企改革基本是围绕着国有企业微观效率的提升展开的，但如果完全按照提升微观效率的逻辑把改革推进下去，那么根据研究结果来看，国有企业应该尽数私有化。但中央反复强调，要做大做强做优国有企业，这又如何理解呢？要真正理解国有企业改革的目的和国企的价值，我们不仅需要厘清微观效率和宏观效率的差别，还需要区分企业和资本运行层面的效率。根据本书在第一章给出的国有企业定义，国有独资和国有控股企业均属国有企业的范畴，因为国有企业中国有资本占主导地位。

　　因此我们可以换种说法，即国有资本占主导的企业微观效率都偏低。这就是过去国有企业饱受批评的地方——既然国有资本主导的企业自身效率都不行，竞争不过民营企业，那就应该把国有企业全盘私有化。但事实上，从对国有企业有一定了解，特别是从事国资管理和国企工作的人的直观感受上讲，国有企业的经营管理不可能是从微观效率指标上表现得那么差劲——相反，它往往比多数民营企业的管理更为科学、规范。因此，我们一定是忽略了国有企业的某些"效率"。正如本章第二节所探讨的那样，过去我们是忽略了国有企业的宏观效率，这是因为微观效率是能够在企业的财务报表里清清楚楚度量的，而宏观效率则往往外溢到了社会上，且不容易度量。目前，研究者普遍认为，国有企业的宏观效率是较高的，因为国有企业承担了许多社会责任，甚至政治责任。但除了这种宏观效率，国有企业还有一种特有的国资运行效率。

　　我国的国有资本，在企业具体形式上是分散的，但实际上在一定范围内都只有一个所有人。例如央企都属中央政府，地方国资则属于它所在的省或市、县政府，政府在必要时可以对其所属的全部或部分国有资本采用合作协同的方式，以总体利益最大化的目标进行资本运营，甚至中央政府资本和地方国有资本也可以通过政府间的行政协调，进行合作协同，在集中力量办成工程、项目、科研的同时，也获得丰厚的经济效益。我们有理由推想，在中国特色社会主义制度下，效率不仅仅出自市场竞争，还可以出自合作协同。而这种国资协同的效率，也就是国资运行的总体效率来源之一。总体效率其实也可以归为宏观效率，因为宏微观效率原本就是一对完备的概念。但考虑到宏微观效率往往是针对单个企业或是同质的、相互竞争的企业进行的讨论，从而容易忽略掉企业间协作所产生的资本的总体效率，因此本书单独在传统的宏微观效率之外又提出了总体效率这一概念。

和宏观效率一样，总体效率也有很大一部分溢出到了全社会。这一点并不奇怪，因为国有资本是国家代表本国人民所持有的资本金，因此它服务于全社会收益的增进，正如私人资本服务于其特定所有者收益的增进一样。国有资本的特性赋予了国有企业追求社会利益最大化的社会目标，也彰显着社会主义的基本特征。但是，如果国有资本旨在追求国资效率，追求全社会收益的增进，那么为什么要针对国有企业进行一系列改革以提升其微观效率呢？答案很简单，尽管国资效率是国有资本的目标，但一味利用国有企业追求社会目标，国资将无法保值增值甚至会逐渐耗尽。这是因为社会收益在形式上由全民以实体或非实体形式享有，而并不为国资本身所有，因此不考虑国企效率的后果就是国家增进全民福祉的能力逐渐消失。这绝不是危言耸听！即使私人资本在追求其利润目标的同时，也会或多或少地考虑社会责任，如果不这样做，就会为民众所抵制，最终影响自身的生存和发展。

只有理解了这些效率概念，才能对国企改革有着更为深刻的理解，才能在面对许多似是而非的观点时保持坚定的立场和主张，才能真正理解国有企业的价值所在，也才能真正破解一个以国有资本为主导的公有制国家实现高速增长的"发展之谜"。

## 二、市场环境引致的效率

几乎任何一本标准经济学教科书都能证明市场经济条件下的配置效率是最优的，当然，要满足一些前提假定。在教科书描绘的图景中，市场经济主体根据价格信号调节自己对不同商品的供给和需求，并以此开展生产活动，就能在实现微观效率的同时实现宏观效率，即达成最优的社会结果。回顾福利经济学第一定理可知，在满足一些假定的条件下，市场经济中的均衡结果必然是帕累托最优的。虽然现实必然不能满足这些前提假定——例如完全竞争市场、完全信息、无外部性等，但对市场经济的效率无须太过质疑。因为即便不满足假设造成现实情况对理论结果的偏离，市场经济依然使得整个经济体保持着较高的经济效率，这也是我国要让市场在资源配置中起决定性作用的原因。

但值得注意的是，市场经济带来的效率并不是凭空而来的，它必然是以市场经济制度作用于经济主体，影响经济主体的经济行为而促成的。例如刚才提到的配置性效率，就是通过放开对价格信号的管制，任其充分反映市场的供求信息，以这种方式协调社会范围内的经济活动，从而达到资源配置的效率。最现实的例子就是自助餐。有位负责某酒店餐饮的经理曾指出，过去酒店承办会议，就是做好几样菜然后平均分配到每个餐盒中，接着把餐盒送到嘉宾的房间，客人却经常抱怨吃不饱。之后酒店餐饮经营模式发生调整，让所有客人自行到餐厅自助选取菜品。在调整之后，尽管总出菜量没有大的变化，菜品也没有进行调整，但顾客纷纷表示满意。很明显，过去平均分配盒饭的方式类似于缺乏需求信息的计划经济，而之后鼓励拥有自身需求信息的顾客自行选菜的方式类似于市场经济，后者相比前者有着较高的资源配置效率。

除此之外，市场经济制度作用于经济主体的一个方式在理论中却被悄然忽略了，即市场经济对于个人的激励作用。这种激励并不只是正向激励，或者说几乎不是正向的激励。从亚当·斯密同时代的诸多英国文学作品来看，斯密所称的"看不见的手"并不像我们所认为的那样有着积极和正面的意义，而是充斥着负面意义，即阴冷、血淋淋和罪恶（Rothschild，1994）。因此，斯密本人可能是以"看不见的手"强调了市场经济对个人的负面激励，即市场经济背后的产权制度剥夺了人们的生存性安全感。这种安全感的失去来自三个方面：其一，市场经济中财产是货币化的，而货币本身的不稳固性使得财产随时可能以各种显性或隐性的方式缩水或流失；其二，在市场经济中要防止财产缩水就需要进入竞争性市场中去以保证财产增值，而迈出这一步自然需要承受竞争失败而失去财产的风险；其三，私人占有物的扩大使得劳动力不得不进入竞争性的劳动力市场中以谋生，而一旦失去工作又必须重新进入劳动力市场，因为对市场经济的参与主体而言，此时已不再有退路（蔡昱和龚刚，2020）。

这种不安全感就促成了市场经济对个人的一种"胁迫式激励"，具体表现为：

第一，市场经济会把个人的非经济欲望转化成经济欲望而实现，进而驱动个体以更强烈的动机参与市场经济活动。这一点是如何实现的？在市场经济条件下，一切人类活动都建立在追逐生存性安全感的需要上，由于在市场经济中所有事物均可按其收益实现资本化转变为"资产"，进而以货币进行标价，所以人的一切欲望几乎都可以通过一个中介——货币来实现。正如哈耶克所言，在这一制度安排下，"金钱成了最伟大的自由工具"。由此可见，由于非经济欲望几乎全部转化为了追逐货币的经济欲望，个人积极配置资源实现利润的欲望扩大到了无以复加的程度，自然会提高经济运行效率。

第二，由于市场经济条件下人们必须以货币来维持生计，因此参与市场经济活动就成了唯一出路。为什么这就会提高经济效率呢？市场经济成型之前的人们不也在从事生产活动吗？首先，人们自产自销的生产活动很难被核算，因此无法在经济数据中体现；其次，人们在市场经济中谋生其实是间接参与到了社会分工之中，而分工进行社会生产必然是相对有效率的；最后，既然经济主体已经没了退路，那就只能像过河卒子一般，每一仗都是背水一战，唯有拼命向前才可能生存下去。

同样的，在国企改制后，市场经济对资源的灵活配置和负向激励也会施加在国有企业身上，使其从过去高度依赖行政命令的生产导向，逐渐转向依赖市场需求的生产导向。这使得国有企业需要面对更加反映实际社会供求状况的价格信号，同时还要参与到产品的价格、质量竞争中去。在"不进则退"的市场竞争中，许多国有企业因为没能跟上市场需要和适应市场竞争而被淘汰。

作为专门从事盈利活动的经济组织，参与市场竞争，接受"优胜劣汰"的洗礼是其应有之义，国有企业也不能例外。市场竞争是其提高效率的重要动力来源，尽管它很残酷。

## 三、外部性有为引致的效率 ————————————

前面提到，市场的配置效率要达到真正的帕累托最优状态，需要满足一系列前提假设，其中包括：完全竞争市场、完全信息、无外部性与公共产品、价格灵活。这四个假设只要有一个不成立，就会造成市场失灵，即市场的资源配置效率无法达到最优。

当生产者或要素投入品的供给方或需求方的某个主体拥有市场势力时，完全竞争市场假设就不再成立。这是因为当一方拥有市场势力时，它自身的供给或需求水平就会影响整个市场的价格，这会造成主体在做决策时不会选择社会边际成本等于社会边际收益时的产出水平，而是会选择以比竞争性市场价格高的价格出售较少的商品，或是以比竞争性市场价格低的价格购入较少的生产要素。这意味着经济体会处于无效率的状态。

此外，存在信息不完全也会导致市场失灵。信息不完全不仅是指那种绝对意义上的不完全，即由于认识能力的限制，人们不可能知道在任何时间、任何地点发生任何情况，而且是指"相对"意义上的不完全，即市场经济本身不能够生产出足够的信息并有效的配置它们。特别是当信息不对称时，会基于信息特点出现两种特殊的商品：支出品和信任品。支出品的特点通俗地讲就是消费了才知道质量如何，信任品的特点则是消费了也不清楚质量如何。支出品最常见的例子就是路边的小餐馆，特别是在没有美食点评App的时候的小餐馆（当然，这种美食点评应该是客观、公正的）。这种餐馆并不在你家附近，所以你也不清楚它味道如何，只有进去点了菜，自己吃了才知道究竟质量如何。信任品最突出的例子就是保健品，我们只能靠品牌信誉来挑选保健品，但这些保健品吃下去之后对我们的身体究竟有没有帮助，有多大程度的帮助，其实我们并不十分清楚。而一旦存在信息不对称，在不采取其他手段的情况下，就会导致逆向选择，即市场将会经历"劣币驱逐良币"的反向筛选过程。事实上，第三章第二节讨论的核心问题——委托代理问题，就是因为信息不对称而产生的。

外部性与公共产品的问题已经在第一章中进行了说明，故而此处重在解释价格灵活的重要性。当价格无法灵活地根据市场供求情况进行调整时，价格信号就无法充分反映市场的供求情况。最著名的例子就在凯恩斯的宏观经济学理论中，劳动力的价格——工资是刚性的。这是因为工资在现实中只能向上调整，很难向下调整。而正是工资刚性导致了经济在下行阶段无法自我调整：在经济下行阶段物价水平会持续走低，因此实际工资水平在名义工资水平不变的前提下会提高，这又会持续刺激劳动力的供给同时压制企业对劳动力的需求，最终导致劳动力市场出现持续的供过于求——即就业不充分。在正常情况下，供过于求会导致要素价格下降，进而使得市场向供求相等的均衡状态收敛，但在工资刚性的前提下，这个收敛过程不可能自动进行，因而只能靠政府加大采购和投资力度刺激需求，消化掉劳动力的超额供给——这正是凯恩斯主张有为政府的理论基础。

为什么要提市场失灵？因为市场给了国有企业发挥重要作用的广阔天地。

上面关于四个假设的解释其实已经或多或少展现了国有企业的作用。例如在竞争不充分的行业中，像自来水、天然气、电网这样的资源垄断行业，国有企业并不会利用自身的垄断地位而不断提价。从现实的国有企业经营中，即使出现供给短缺，国企在党委的方向和大局的把握下，也不会趁机坐地起价发"国难财"的不端举动，甚至还会在政府的协调下，识大体、顾大局，通过自己掏钱补贴来平抑物价，保障经济平稳，服务企业和客户。这在事实上解决了在垄断行业中企业可能利用市场势力刻意提高价格缩减产出的问题。再如外部性和公共产品的问题上，国有企业还可以通过直接生产并提供公共产品，一方面满足社会需要，另一方面又使价格控制在广大消费者可以接受的水平。正因现实中市场失灵较为严重并且失灵现象总会持续存在，因此国有企业才有了围绕外部性进行作为的"外部性有为"所引致的效率来源。

## 四、国资协作引致的总体效率

前文对国企层面的效率和国资层面的效率作了区分，但是要进一步理解国资协作引致的总体效率，还需要对一些基本的理论概念进行深入剖析。本书认为，总体效率有两个重要来源，一是需要产业政策推动的经济结构转型，二是对交易成本的节约。

为什么经济结构转型会带来总体效率呢？考虑前面提到过的卡尔多—凡登定律。卡尔多在1966年以"英国经济增长缓慢的原因"为题，在他任剑桥大学个人讲座教授的就职讲演中对这一定律作出了比较完整的表述。在他看来，第二产业，特别是制造业的生产率是最高的，在第一产业和第三产业存在大量过剩人口的情况下，制造业产出增长越快，劳动力向制造业的转移也越快，同时带来其他部门过剩人口的减少，以及这些部门生产率提高。卡尔多认为，发达国家有着同发展中国家类似的二元经济结构：一方面是劳动生产率极低，有着大量剩余劳动力的农业部门；另一方面则是技术飞速发展，报酬递增的资本密集型工业部门。因此，把农业中的劳动力资源转移到具有更高效率的经济部门——工业部门中去，其决定性因素是看后者对劳动力引致需求的增长情况。从这个意义上讲，工业部门，尤其是工业中的制造部门，被看作是经济增长的发动机。也正是这个原因，卡尔多认为经济增长与经济中的工业部门具有特别重要的联系（夏明，2007）。

显然，卡尔多的思想对解释发展中国家的增长过程也是有解释力的。国内生产总值的增长为何同工业，特别是其中的制造业具有强正相关的关系呢？卡尔多认为，首先，当工业生产增长、产出扩张时，劳动力资源就会从那些具有隐形失业和剩余劳动力的部门中转移过来。显然这种转移不会在这些部门中引起产出的下降，反而会使这些部门的劳动生产率提高。换句话说，这些部门中的劳动力资源是没有机会成本的。因此，制造业的增长越快，劳动力从受规模报酬递减规律制约的部门中转移出来的速度也越快。其次，制造业都有比经济中的其他部门更长的产业链，其发展会给经济的发展产生累积效应。再次，工业部门，特别是制造业部门，不论从静态还是从动态的结果来看，都具有报酬递增的趋势。最后，从国际收支的约束来看，如果工业部门能够高速增长，就会大大缓解国际收支问题，从而引发整个经济的高速增长：经济的增长必然带动非制造业部门产出的增加。总之，卡尔多认为，工业，特别是制造业，具有非常强的正外部性，因而其政策意图显然就是要求采取行动（不管是政府行为还是市场行为），通过促进劳动力资源从农业部门向工业部门的转移而使经济达到一个较高的发展水平（夏明，2007）。

当然，我们在这里引用卡尔多的概念，不是为了说明制造业对转移劳动力、促进经济增长的重大作用。而是要说明，在经济社会发展过程中，产业的此消彼长，资本的进入退出是经常性的现象。通过市场的优胜劣汰是一个途径；通过企业间的资源整合，实现大协作或大重组又是一个途径。而国资的公有性质为这种快速整合协作提供了可能。我们从卡尔多的这个概念切入，才能明白我国国有企业为何会具有所谓的总体效率。市场失灵所有国家都有，但是能够拥有支持卡尔多—凡登定律成立的如此大体量的、在市场竞争中生存下来的国有企业，目前只是中国有。正如上一节的研究结论和本节所述，自己的制度优势和自己独特的道路，它既可以在一定程度上解决市场失灵，又可以在一定程度上为宏观经济带来国资运行的总体效率。

现在再来讨论国资运营对于交易成本的节约问题。交易成本这一概念最早源自 1991 年诺贝尔经济学奖获得者罗纳德·科斯。他在 1937 年的一篇著名论文《企业的性质》中提出了一个重要结论，这个结论中所包含的交易成本是整个新制度经济学理论大厦的基石：企业的本质是对市场的替代，是行政命令对价格信号的替代，以降低纯市场交易中产生的交易成本——因此，企业的边界也就是行政命令对价格信号的替代在边际上的收益为零的地方（Coase，1937）。一般来说，所谓交易成本，就是在交易过程中产生的搜寻、缔约和保证合约执行所耗费的成本。

交易成本总是令交易双方都不愉快，而新制度经济学的基本逻辑就是，人类社会制度变迁之逻辑就在于不断降低交易成本。由此可以得到一个推论："如若制度是存在于零交易费用的框架中的，那历史也就无足轻重了；相对价格或偏好的改变将立即导致制度的重构，从而作出有效率的调整"（诺思，2014：109）。这一推论中包含的思想也根源于科斯于 1960 年发表的《社会成本问题》一文。

　　该文提出了著名的科斯定理：在交易费用为零的情况下，不管权利如何进行初始配置，当事人之间的谈判都会导致这些财富最大化的安排；在交易费用不为零的情况下，不同的权利配置界定会带来不同的资源配置；因为交易费用的存在，不同的权利界定和分配，则会带来不同效益的资源配置，所以产权制度的设置是优化资源配置的基础（Coase，1960：87-137）。而现实生活中，就是充满着交易成本，这些交易成本的存在实质上阻碍了一些有益的经济活动的开展。博弈论最喜欢举例的"囚徒困境"表明，合作是双方最优的选择。但在"困境"中，选择合作是非常困难的。

　　而正如前文提到的那样，中国的国有资本虽然在企业具体形式上是分散的，但实际上在一定范围内都只有一个所有人——即企业所属的各级人民政府。政府在必要时可以对其所属的全部或部分国有资本采用合作协同的方式，以总体利益最大化的目标进行资本运营，甚至中央政府资本和地方国有资本也可以通过政府的行政协调，进行合作协同，在集中力量完成工程、项目、科研的同时，也获得丰厚的经济效益——而无须在搜寻、缔约和监督合约执行上投入太多资源，即节约了大量交易成本。

　　如2020年8月，国家电网按照坚守电网主业主责的要求，下决心退出传统制造业和房地产业务，将其持有鲁能集团100%的股权整体划转至另一家央企——中国绿发投资集团。对国网公司而言，最核心的主责主业就是运营管理好国家电网，做好供电保障，其他的都不是核心业务。而中国绿发则是以绿色能源、幸福产业、绿色地产和国家战略性新兴产业为发展方向，作为能源生产和地产产业为主业的鲁能集团，划归中国绿发，不仅有利于产业做强做大，更好地体现企业的规模效益。而且从国资总体上看，优化了国资布局，改善了产业结构，使国资更好地获取比较优势，从而提高国资总体运营效率。

通过资本的退出，更好地向重要行业和关键领域集中，以获取国资运营总体效率的另一个案例就是，珠海国有资本优化布局的案例。2019年，珠海国资委把其下属的上市公司格力电器18.22%的股份中的15%卖掉，使格力电器成为国资参股企业。国资委从格力股权变现400多亿元后，在全国各地投资了一二十家上市公司，多为前瞻性、战略性新兴产业。珠海国资委的这一资本运作，让国资从传统家电行业中退出，使格力电器作为一般竞争性企业脱离了国资控股，使其成为更有利于开展市场化经营的非公经济市场主体，也使国资更好地向新兴产业集中，有利于国资的保值增值任务的完成。

国资国企的合作协同的情况更为普遍。可以说，新中国成立以来，完备工业体系的建设、重大项目、重大科研、重要机构设立和重大基础设施建设都采用了这一"法宝"。

新中国在成立之初是一个百废待兴的传统农业大国。中国共产党领导全国人民，发扬艰苦奋斗的精神，充分调动全社会的力量，开展社会主义建设，建成了许多重要大工业项目。比如鞍山钢铁公司无缝钢管厂等三大工程项目、长春第一汽车制造厂、沈阳飞机制造厂、沈阳第一机床厂、武汉长江大桥、南京长江大桥，还有南水北调工程、大庆油田、"两弹一星"等"国之重器"，把我国初步建成一个在国际上有崇高地位，拥有一定工农业基础的国家。邓小平同志指出："如果六十年代以来中国没有原子弹、氢弹，没有发射卫星，中国就不能叫有重要影响力的大国，就没有现在这样的国际地位。"

改革开放以来，中国政府冲破传统模式束缚，努力建设中国特色的社会市场经济体制，既充分发挥市场在资源配置中的决定性作用，又能更好发挥政府作用，相继建成三峡水利枢纽、青藏铁路、载人航天、高速公路网、高速铁路网、西气东输、南水北调、特高压电网等许多国家重大工程和重点项目。这些重大工程、重点项目都是由国有资本起主导地位，发挥基础性作用，都是采用合作协同的方式来实现的。通过重大工程、重点项目的实施，国民经济赢得了关键领域的高效率发展，国有资本同样赢得了快速高效率发展。在增强国家核心竞争力的同时，国有资本和国有企业也极大地获得了核心竞争力和市场优势地位。

这些事例充分说明，本书所给出的国资协作效率有着坚实的现实基础和宏观例证。因此，我们在讨论国有企业效率时，绝对不能忽视这一点。

## 五、国有企业效率模型

表4-6是对本节核心内容的一个简要概括。借助这个表，结合前面的文字内容，读者们可以一目了然地搞清楚本节的逻辑框架。而本部分的内容则是从前文给出的效率概念框架出发，尝试建立一个简单的国有企业效率模型。

表4-6 效率类型、效率层面与效率来源

| 效率类型 | 效率层面 | 效率来源 |
|---|---|---|
| 微观效率 | 企业层面 | 市场环境 |
| 宏观效率 | | 外部性有为 |
| 总体效率 | 国有资本运营层面 | 国资协同合作 |

来源：作者自制

假设1：经济体中有国有、民营两种企业，都是追求目标函数最大化的理性主体。

假设2：经济体中有2个产品部门，分别生产产品1和产品2。产品1的生产会对产品2的生产带来正的外部性，但不会给生产产品1的企业带来类似的增益。

假设3：经济体为单时期经济体，产品2部门有n个企业，处于完全竞争状态，即价格为外生给定；产品1部门只有2个企业，并且价格由政府外生给定。

假设4：民营企业的产品2生产函数均为 $y_2 = \frac{1}{n} g(y_1) f(K, L)$，国有企业的产品2生产函数均为 $y_2 = \tau f(K, L)$。其中，$y_1$ 为产品1的产出数量，$K$ 为资本投入量，$L$ 为劳动投入量，$\frac{1}{n} g(y_1)$ 代表产品1的生产对部门2中单个企业生产过程的正外部性，$\tau$ 是国有企业因为较高的代理成本、激励—约束机制的不完善、出资人缺位等原因产生的微观效率损失因子。其中 $g(0) = n$，$g(\cdot) \geq 0$，$g'(\cdot) \geq 0$，$\tau \in (0, 1)$。

假设5：生产函数具有良好的性质。即对于 $\forall K, L \geq 0$，都有 $f(0, 0) = 0$，$f'_K(K, L) > 0$，$f'_L(K, L) > 0$，$f''_{KK}(K, L) < 0$，$f''_{LL}(K, L) < 0$。

假设6：产品1需要两个企业分别产出产品2，然后再以1∶1的产出投入进行合作生产。即产品1的生产函数一般形式为 $y_1 = \min\{f(K_i, L_i), f(K_j, L_j)\}$，脚标i和j代表企业i和企业j。

假设7：民营企业参与产品1生产时，因交易成本和协调成本存在，会有总体效率损失因子 $c \in (0, 1)$ 影响产品1产出。

假设8：部门1中企业投入的资本—劳动比相同。

假设9：国有企业的目标函数是全社会利润水平最大化，民营企业的目标函数是本企业的利润最大化。

根据假设2和假设3，我们只用聚焦经济体中只有 $n+2$ 个企业的情形。这是因为假设3中规定，部门1只有2个企业。为了在模型中呈现微观效率、宏观效率和总体效率，我们可以只对以下两种情形进行讨论：

情形1：部门1中只有国有企业，部门2中全部是民营企业。

由假设6可知，此时产品1的生产函数为

$$y_1 = \min\{\tau f\ (K_{s1}, L_{s1}),\ \tau f\ (K_{s2}, L_{s2})\}$$

其中，脚标s1代表1号国有企业，以此类推。考虑到该生产函数的性质，结合假设8，部门1的利润函数可以写为

$$\pi_1 = P_1 \tau f\ (K_{s1}, L_{s1}) - 2rK_{s1} - 2wL_{s1}$$

其中，$P_1$ 为产品1的价格，$r$ 为利息率，$w$ 为工资率。注意，此时 $K_{s1} = K_{s2}$，$L_{s1} = L_{s2}$。而部门2中代表性企业i的利润函数为

$$\pi_{2i} = \frac{1}{n} P_2 g\ (y_1)\ f\ (K_{pi}, L_{pi}) - rK_{pi} - wL_{pi}$$

其中，$P_2$ 是产品2的价格，角标pi代表第i个民营企业。社会总利润，也即国有企业的目标函数为

$$\pi_T = \pi_1 + n\pi_{2i}$$

考虑国有企业资本和劳动投入对自身目标函数的边际贡献

$$\frac{\partial \pi_T}{\partial K_{s1}} = P_1 \tau f_K'(K_{s1}, L_{s1}) + P_2 g(y_1) f_K'(K_{s1}, L_{s1}) f\ (K_{pi}, L_{pi}) - 2r$$

$$\frac{\partial \pi_T}{\partial L_{s1}} = P_1 \tau f_L'(K_{s1}, L_{s1}) + P_2 g(y_1) f_L'(K_{s1}, L_{s1}) f\ (K_{pi}, L_{pi}) - 2w$$

情形2：部门1中只有民营企业，部门2中全部是民营企业。

由假设6和假设7可知，产品1的生产函数为

$$y_1 = c * \min\{f(K_{11}, L_{11}), f(K_{12}, L_{12})\}$$

其中，脚标 11 代指在部门 1 中进行生产的民营企业 1，以此类推。考虑到该生产函数的性质，结合假设 8，部门 1 的利润函数可以写为

$$\pi_1 = P_1 cf(K_{11}, L_{11}) - 2rK_{11} - 2wL_{11}$$

注意，此时 $K_{11} = K_{12}$，$L_{11} = L_{12}$。此时在部门 1 进行生产活动的民营企业的资本和劳动投入对自身目标函数的边际贡献为

$$\frac{\partial \pi_{1i}}{\partial K_{1i}} = P_1 cf_K(K_{1i}, L_{1i}) - 2r$$

$$\frac{\partial \pi_T}{\partial L_{1i}} = P_1 cf_L'(K_{1i}, L_{1i}) - 2w$$

其中，$i = 1, 2$。

把我们最后得到的 4 个式子放在起来，就有

$$\frac{\partial \pi_T}{\partial K_{s1}} = P_1 \tau f_K'(K_{s1}, L_{s1}) + P_2 g(y_1) f_K'(K_{s1}, L_{s1}) f(K_{pi}, L_{pi}) - 2r \# \quad （1）$$

$$\frac{\partial \pi_T}{\partial L_{s1}} = P_1 \tau f_L'(K_{s1}, L_{s1}) + P_2 g(y_1) f_L'(K_{s1}, L_{s1}) f(K_{pi}, L_{pi}) - 2w \# \quad （2）$$

$$\frac{\partial \pi_{1i}}{\partial K_{1i}} = P_1 cf_K'(K_{1i}, L_{1i}) - 2r \# \quad （3）$$

$$\frac{\partial \pi_T}{\partial L_{1i}} = P_1 cf_L'(K_{1i}, L_{1i}) - 2w \# \quad （4）$$

以上 4 个等式右边第一项可以视作是微观效率的表现，如果没有竞争性的市场环境，企业是没有动机去明确该项的具体大小的，因此市场环境才是企业微观效率的来源。不过（1）和（2）中所特有的第二项，也就是微观效率之外的宏观效率部分的表现并未出现在（3）和（4）中。这一点已经在假设 9 中做过解释了，国有企业追求全社会利润水平最大化——即"外部性有为"，而民营企业则追求本企业的利润最大化。在情形 2 中，部门 1 中的民营企业生产产品

1虽然会给部门2中的企业带来"外溢"，但它们不会关注这一项——因为它无法变成自身的收益。因此，即便在 $\tau = c$ 的情况下，即国有企业和民营企业的产品1生产函数无差异的情况下，国有企业也会倾向于投入更多的资本和劳动。因此从账面上看，在产品1的边际外溢和产品1的边际产出不为0时，我们模型中的国企是亏损的。

模型展现了国企的微观效率和宏观效率，那么国有企业的总体效率体现在什么地方呢？在现实生活中，民营企业很少会去生产产品1一类的产品，因此往往很难直接观察到民营企业在生产产品1时会出现的一系列交易成本和协调成本，在模型中这体现为总体效率损失因子 $c$ 。如果情形1中的国有企业只追求自身利润最大化，那么它在账面上的利润可能并不比在情形2中的部门1内的民营企业利润来得低，这取决于 $\tau$ 和 $c$ 的大小关系。

当然，如读者所见，这个简易模型有足足9条假设，事实上是排除了许多现实中的其他因素，因此它的作用主要在于将本节中提出的效率概念学理化、模型化，也方便读者梳理其中的逻辑。

本章对国企效率的讨论，希望能说明这样几个观点：

第一，国企是有效率的。过去我们对国有企业不具效率的认识有失偏颇。虽然，总体上看国有企业在微观效率上处于劣势，但在宏观效率和总体效率上都有着较为突出的效率。这一点并不是经验之谈，而是在现今的学术研究中被实证的命题，更是为中国经济社会发展的辉煌业绩所印证。

第二，现有的西方经济理论，包括厂商理论，不能全面准确度量中国国资国企的全部效率。这表明，要研究中国国资国企的特有经济现象，需要进行相应的经济理论创新。建立起符合中国社会主义制度特征，国资国企特点的经济理论体系。这也提醒我们，学术研究往往是滞后于客观实际的，因此在发展社会主义公有制，做大做强做优国企的改革过程中参考现有经济理论虽然是必要的，但在重大改革原则上不能盲目迷信。

第三，我国国有企业在微观效率之外的宏观效率和总体效率是中国特色社会主义制度的"制度红利"之一，这种制度红利在资本主义社会中是不存在的——可能这也是主流经济学无法触摸到国有企业宏观效率和总体效率的原因之一。只有认清这种制度红利，我们才能在真正意义上坚持道路自信、理论自信、制度自信和文化自信。

事实上，如果一国的某种政治力量，在面对来自阶级冲突和国家间竞争的压力时，有能力利用国家权力推动一场制度的创造性毁灭，将现行的生产关系转变为切合生产力发展需要的生产关系，从而使剩余的增长更多地建立在生产力发展的基础上，就有可能走上第二条制度变迁道路。这一制度的创造性毁灭过程，同时也是国家不断建构的过程。国家既是推动制度变迁的外部力量，其自身之形成也构成了这一制度变迁的内在组成部分，正是这一特点使得国家理论相应地成为一切制度变迁理论的核心（孟捷，2016）。在这一重构的历史唯物主义基础上，我们才能在历史变迁中理解国有企业存在的历史意义和现实意义。

本章参考文献 ————————————————————————

［1］Acemoglu D, Robinson J A. "Economics Versus Politics: Pitfalls of Policy Advice"［J］. *Journal of Economic Perspectives*, 2013, 27（2）: 173-192.

［2］Coase R H. "The Nature of the Firm"［J］. Economica, 1937, 4（16）: 386-405.

［3］Coase R H. "The Problem of Social Cost"［M］//*Classic Papers in Natural Resource Economics*. Palgrave Macmillan, London, 1960: 87-137.

［4］Rothschild E. "*Adam Smith and the Invisible Hand*"［J］. *The American Economic Review*, 1994, 84（2）: 319-322.

［5］Shapiro C, Stiglitz J E. "Equilibrium Unemployment As a Worker Discipline Device"［J］. *The American Economic Review*, 1984, 74（3）: 433-444.

［6］蔡昱,龚刚. "看不见的手"与中国增长奇迹:激励机制还是资源配置机制?［J］. 现代财经(天津财经大学学报),2020,40(02):3—14.

［7］道格拉斯·C. 诺思. 制度、制度变迁与经济绩效［M］. 上海:格致出版社,上海人民出版社,2014.

［8］孟捷. 生产力一元决定论和有机生产方式的变迁——对历史唯物主义核心思想的再解释［J］. 政治经济学报,2016,6(01):61—134.

［9］夏明. 生产率增长的规模递增效应与经济结构转变——卡尔多—凡登定律对中国经济适用性的检验［J］. 经济理论与经济管理,2007(01):29—33.

［10］周业安,高岭. 国有企业的制度再造——观点反思和逻辑重构［J］. 中国人民大学学报,2017,31(04):38—47.

# 第五章 国有企业的改革

在所有组织中，90%左右的问题是共同的，不同的只有10%。只有这10%需要适应这个组织特定的使命、特定的文化和特定语言。

——彼得·德鲁克

# 第一节　国有企业改革进程

所谓国有企业改革，就是针对国有企业存在的问题，从制度上进行变革以达到提升运营效率、提高其对国有资产的保值增值能力的目的。依据学界对改革阶段的划分，大致可以将国有企业改革进程分为以下五个阶段：1978—1984 年的放权让利阶段；1985—1992年的承包制阶段；1993—2002 年的建立现代企业制度阶段；2003—2012 年的国有资产管理体制改革阶段；2013 年至今的混合所有制改革阶段。这一节就是对这些阶段的简要介绍。

## 一、放权让利阶段（1978—1984）

在这一阶段中，针对国有企业权力过分向上集中，从上到下统得过死导致企业导致职工群众缺乏积极性、主动性和创造性的问题，中央政府采取了以放权让利为核心的改革。这一改革的内容就是在保留原来的主要管理框架的前提下，让渡部分经营管理权给企业本身，并允许企业按照一定比例对利润进行留成以供本企业使用（曾宪奎，2019）。

1978 年 7—9 月，国务院召开的务虚会提出要给予各国营企业必要的自主权，使其能根据经济自身的需要，主动地履行经济核算，降低生产成本，并提高劳动生产率和资金利润率，最终提高综合经济绩效。同年 10 月，经国务院批准，四川在全省范围内选择了重庆钢铁公司、成都无缝钢管厂、四川化工厂、新都县氮肥厂、宁江机床厂和南充丝绸厂6家具有代表性的国营工业企业率先进行扩大企业自主权的试点，并最终取得了显著成果。而这6家企业的改革就成了国有企业改革大幕拉开的标志（国企改革历程编写组，2019：4—5）。

到1980年6月，全国试点工业企业扩大到6600家，数量约占全国预算内工业企业的16%，产值和利润分别占60%和70%左右。商业系统的试点企业也达到8900家，占商业系统独立核算单位的一半。这些试点都带来了较明显的成效（国企改革历程编写组，2019：5—6）。1983年，实行明确国家和企业之间利益关系的利改税政策。然而，放权让利这一改革方式在苏联和东欧国家的国有企业改革进程中都不同程度地采用过，确实能在一定程度上激发企业的积极性，但在计划经济体制不变的情况下，能够下放的权和利范围有限，无法从根本上解决企业的激励问题，所以改革效果有限（曾宪奎，2019）。

此外在这一时期，国营企业的治理结构发生了一些变化。一是围绕企业内部党、政、工关系，国营企业首先明确了实行党委领导下的厂长负责制和党委领导下的职工代表大会制，确立企业党组织在企业中的领导地位。1984年大范围实施承包制之后，又开始强化厂长的生产经营和行政管理权，强调实行厂长负责制，将企业党组织的作用缩小到保证监督和职工民主管理两个工作层面上。二是企业内部建立起了岗位责任制，开始关注如何借鉴发达国家企业管理经验。三是推行了企业内部工资分配制度改革，实行了职务工资、岗位工资津贴、浮动工资、奖金提取与分配、承包工资等新的工资制度，将企业管理者和职工工资总额与企业经济效益挂钩（綦好东等，2021）。

## 二、承包制阶段（1985—1992）

在 1985 到 1992 年的承包制改革时期，推行了承包制改革的国营企业在治理结构上进一步发生了重要变化，这些变化具体体现在三个方面：所有权的行使、经营权的分布和激励结构。

在所有权的行使上，承包制下的经理任命并非完全由上级主管部门决定，约有27%的经理是通过投标竞争、职工代表大会选举和承包团队推举出来的。事实上，即便承包企业经理仍由主管部门任命，其任命依据也发生了变化——即以是否能完成承包指标作为任命依据。在新的任命依据下，约有两成厂长被解除职务。但要强调的是，即便在这种情况下，政府对于经理任命依然有着很强的影响力。例如在投标竞争中，主管部门影响着投标竞聘的全过程，在实质上拥有任命的最终决断权。此外，在承包制决定了国营企业将经营目标聚焦在经济目标——企业资产保值增值上，因此企业的考核指标是实现利润和上缴利润（董辅礽等，1995：112）。

在经营权的分布上，国有企业所有权和经营权在此时已经出现事实上的分离，即企业日常经营管理权几乎大部分转移到了作为承包人的企业经理手中。在人事任命上，承包企业中的中层管理人员由经理自行任命的比例高达86.56%。但在员工任免上，经理依然非常慎重，因此这一时期企业根据实际经营情况调整雇员数量的情况极少。在分配上，政府与企业的纯收入分配基本固定，并且企业自留收入部分也在逐渐提高。约有一半的承包企业实行工资总额与利润挂钩的分配方法，一般而言是要求工资总额增速在上缴利润或实现利润增速的50%—70%。而给定工资总额如何分配，由企业经理说了算，但一般是只能升不能降。企业经理此时是获得了一定条件下企业内部工资奖金分配权的。在生产经营方面，承包企业的产出中受计划调节部分逐年下降，到1988年已经不足一半（董辅礽等，1995：113—114）。

激励结构的变化又可以细分为经理激励结构的变化和职工激励结构的变化。经理的激励结构在承包制下变得多样化，因为过去的激励是单一的——能否被主管部门器重进而晋升，而承包制下还加入了货币激励。首先，有近两成的企业要求经理抵押个人财产以加强对其及团队的行为约束；其次，承包制企业中一般都实行按完成指标对经理进行重奖的办法，货币激励的强度较高。在职工的激励结构上，承包企业根据企业经营绩效对职工发放奖金的数额大幅增加。从职工收入总额比例来看，奖金在职工收入中所占比重从1980年的13%提高到了1987年的22%。除此之外，与企业绩效紧密相关的计件工资占比相比1980年上升了70%多。尽管此时员工货币收入大幅上涨，但是职工对企业决策的影响能力迅速下滑了（董辅礽等，1995：114—116）。

## 三、建立现代企业制度阶段（1993—2002）———

党的十四大报告提出，要通过理顺产权关系，促进政企分开，使企业成为"自主经营、自负盈亏、自我发展、自我约束的法人实体和市场竞争的主体"。1993年，党的十四届三中全会提出，要建立"产权清晰、权责明确、政企分开、管理科学"的现代企业制度。党的十五大报告提出现代企业制度是国有企业的发展方向，并指出"股份制是现代企业的一种资本组织形式"，要求国有企业改革要同以"抓大放小"为方向的资产重组、技术改造、创新机制、领导体制等结合起来。在实践中，国有企业改革在这一阶段多措并举、齐头并进。各级政府选取了大约1000家国有企业作为建立现代企业制度的试点单位，形成一批股份有限公司、有限责任公司及国有独资公司，并通过兼并重组，组建了一批大型企业集团。

综合来看，这一时期的国有企业改革尽管和前一时期同样强调产权，却有本质差异。以所有权和经营权分离为主要理论基础的承包制改革，无法真正解决政企分开问题，国有企业无法真正做到自主经营、自负盈亏。在这种情况下，围绕产权改革建立现代企业制度便成为这一阶段改革的重点。在这一时期，通过兼并破产、资产重组建立大型企业集团的气氛异常活跃，产权交易也呈现交易形式多样化、交易渠道更加丰富的特点。这一阶段的国有企业改革取得了突出成效。据统计，到1997年底，改造成股份公司的国有企业达上万家，在上海、深圳证券交易所上市的企业达745家；到2003年底，全国4223家国有大中型骨干企业中，有2514家进行了股份制改造，占比达59.5%。同时，这些改革措施有效促进了国有企业经济效益的提升：到2000年底，国有及国有控股工业企业实现利润2408.33亿元，比1998年提高了3.59倍，比1999年提高了1.41倍；2003年进一步提高到3836.2亿元，比2000年提高了59.3%（曾宪奎，2019）。

## 四、国有资产管理体制改革阶段（2003—2012）

这一阶段国有企业改革的最突出内容是国有资产管理体制改革。党的十六大报告提出，在坚持国有的前提下，建立中央政府和地方政府分别代表国家行使出资人职责，同时"享有所有者权益，权利、义务和责任相统一，管资产和管人、管事相结合"的国有资产管理体制。在此基础上，继续探索两权分离、政企分开的国有企业改革，完善现代企业制度和公司治理结构（曾宪奎，2019）。

同时，在企业制度上推行股份制成为趋势。2003年党的十六届三中全会提出"建立健全现代产权制度……建立归属清晰、权责明确、保护严格、流转顺畅的现代产权制度"，将产权改革作为国有企业改革的方向。2007年党的十七大报告提出，"深化国有企业公司制股份制改革，健全现代企业制度，优化国有经济布局和结构，增强国有经济活力、控制力、影响力"，同时在公有制为主体的前提下，促进多种所有制共同发展，"形成各种所有制经济平等竞争、相互促进新格局"。这一时期的改革产生了明显的积极效果，即在国有企业数量继续下降的基础上，实现了企业发展质量的大幅提升。以国有及国有控股工业企业为例，2003年企业数量为34280个，到2012年降为17851个，在前一时期大幅下降的基础上继续下降，其财务指标却明显上升。2003年，国有及国有控股工业企业的资产总计为94519.79亿元，主营业务收入为58027.15亿元，利润总额为3836.20亿元；到了2012年，三个指标则分别上升为312094.37亿元、245075.97亿元和15175.99亿元，各项数据均明显上升，而且考虑到在此期间企业数量的下降，企业平均财务数据增幅更大（曾宪奎，2019）。

## 五、混合所有制改革阶段（2013—　）———

随着我国经济发展进入新常态，国有企业改革也进入新的阶段，即以混合所有制、资产管理体制由管企业向管资产转变为主要内容的阶段。事实上，混合所有制在之前便已经提出，但一直没有全面付诸实施。2013年11月党的十八届三中全会公布的《中共中央关于全面深化改革若干重大问题的决定》，将发展混合所有制经济作为新一轮国有企业改革的主要方向。2015年8月，中共中央、国务院印发的《关于深化国有企业改革的指导意见》，对推进国有企业混合所有制改革提出具体意见，强调分类推进混合所有制改革，通过健全公司法人治理结构、推进公司制股份制改革等完善现代企业制度；同时，提出在国有企业的管理体制方面要向管资本转变，改组组建国有资本投资、运营公司（曾宪奎，2019）。

这次改革将提高国有资本效率、增强国有企业活力作为中心目标。2015年11月，《国务院关于改革和完善国有资产管理体制的若干意见》进一步就国有资产管理体制改革进行了规定，提出"实现政企分开、政资分开、所有权与经营权分离，依法理顺政府与国有企业的出资关系"；在政府和企业关系上要求"科学界定国有资产出资人监管的边界，专司国有资产监管，不行使政府公共管理职能，不干预企业自主经营权"；在国有资产监管机构与国有资本投资、运营公司的关系上，要求国有资产监管机构按照"一企一策"的原则，明确其对国有资本投资、运营公司授权的内容、范围和方式，国有资本投资、运营公司对授权范围内的国有资本履行出资人职责，并依法自主开展国有资本运作；在国有资本投资、运营公司与所出资企业关系方面，规定国有资本投资、运营公司依据相关法律法规，对所出资企业行使股东权利，以出资额为限承担有限责任。2018年7月《国务院关于推进国有资本投资、运营公司改革试点的实施意见》，对国有资本投资、运营公司改革试点的具体操作提出了相关要求（曾宪奎，2019）。

2020年5月22日，第十三届全国人大三次会议在人民大会堂开幕，国务院总理李克强在2020年国务院政府工作报告中提出，将实施旨在提升国资国企改革成效的国企改革三年行动。国有企业改革三年行动是未来三年落实国有企业改革"1＋N"政策体系和顶层设计的具体施工图，是可衡量、可考核、可检验、要办事的。做好这项工作，对做强做优做大国有经济，增强国有企业活力、提高效率，加快构建新发展格局，都具有重要意义。国务院国资委将坚定不移狠抓国企改革的责任落实、重点举措、典型示范，切实提升改革综合成效，增强国有经济竞争力、创新力、控制力、影响力、抗风险能力。

2020年6月30日，习近平总书记主持召开中央全面深化改革委员会第十四次会议并发表重要讲话，会议审议通过了《国企改革三年行动方案（2020—2022年）》。同年9月29日，国资委召开视频会议，对中央企业改革三年行动工作进行动员部署。截至2021年12月，国企改革三年行动70%目标任务顺利完成，中国国有企业公司制改革基本完成，中央党政机关和直属事业单位所管理企业中公司制企业占比97.7%，地方国有企业中公司制企业占比99.9%，实现历史性突破。

在这一时期改革成果突出的企业既有中国核工业二三建设有限公司、昆仑能源有限公司这类央企，也有北京能源集团、太原钢铁集团这类地方国企。以中国核工业二三建设有限公司为例，该公司积极探索混合所有制改革，一是通过并购重组中核城建引入民间资本，二是与民间资本共同参股新设立的中核普达。同时，推行企业内部组织结构改革，对内部职能部门进行调整以及压缩编制使得组织结构更适应市场；通过将总部部门正副职和事业部领导班子岗位面向全社会公开竞聘、加强年轻干部提拔、建立职业经理人人才库，优化企业内部的员工素质；除此之外，公司还积极推进优化员工薪酬分配体系，促进员工薪酬中绩效工资比例的扩大（例如利用项目模拟股份制），鼓励公司内部存在显著的薪酬差异以调动员工积极性。改革取得了积极的效果，当年就收到了成效。2019 年当年，中核二三实现营业收入同比增长 23.8%，利润总额同比增长29.1%，经济附加值同比增长 16.3%，新签合同额同比增长 72.1%，任务储备额同比增长 80.3%（国务院国资委改革办，2020：3—7）。

# 第二节　国有企业改革的制度性成就

国有企业改革至今已有 40 余年。虽然这一改革进程十分曲折，并且仍在深化之中，但业已取得巨大成就。其中，最值得大书特书的，是事关国资国企生存发展问题的全局性、系统性、基础性改革的制度性成就。国企改革之路从来都不是一蹴而就的，尤其是在中国这样一个国资经济体量和人口规模庞大的国家，任何一项政策的出台都有可能造成巨大的、难以准确预期到的影响。回望国企改革路程，我们在"上帝视野"下看到的是一条准确的改革路径，但对每一个时点上作出关键决策的改革者而言，每一种选择都是对未知的艰难探索。纵观改革开放的 40 余年，中国向着市场化的方向不断迈进，攻克了一个又一个没有任何先前经验可以参考的改革难关。本节既是对这些制度性改革成就的梳理和总结，也是在为国企改革"张目"。大体来看，国企改革的体制机制性成就可总结为三点：现代企业制度的建立，组织形式的成功转型，企业监督体系的完善。

## 一、现代企业制度的建立 ————————————————

新中国成立伊始，我国就进行了国营企业内部民主化改革和生产制度改革。这些改革举措主要包括由政府委派"军事代表"进行监督和间接管理，委派厂长建立厂长负责制；建立由工人代表参加的工厂管理委员会，实行工厂管理民主化；建立包括企业计划管理制度、经济核算制度、统计工作制度、工资及劳动保险制度等在内的国营企业基础性管理制度。"一五"期间，国营企业内部治理制度建设取得了明显进展。其中，在企业内部领导体制探索方面主要实行厂长负责制与管理民主化相结合，通过采用工厂管理委员会的形式达到民主管理的目的。生产行政工作实行厂长负责制，党在企业中主要负责政治思想领导，对企业生产行政工作发挥保证监督作用，对工会、青年团等群众组织发挥领导作用（綦好东等，2021）。

当时的厂长负责制虽然对加强企业生产行政统一指挥、克服企业管理中存在的多头领导和无人负责现象起到了积极作用，但由于相应的监督机制没有跟上，一些企业出现了命令主义和官僚主义作风，党的政治思想领导作用和职工民主管理作用未能得到有效发挥。为纠正这些问题，1956年9月，党的八大报告明确指出，国营企业应当建立以党为核心的集体领导和个人负责相结合的领导制度，凡是重大问题都应当经过集体讨论和共同决定。这是我国国有企业发展史上首次明确企业党委领导下的厂长负责制，与目前所实行的党委集体领导的体制一脉相承。在实行党委领导下厂长负责制的同时，实行职工代表大会制，吸收广大职工参加企业民主管理。劳动工资制度主要是建立全国统一的企业工资制度；经济核算制主要是构建全国统一的会计核算制度，并将其嵌入企业制度中（綦好东等，2021）。

　　尽管这些扩大自主性、提高效率的改革早早就开启了，但它们终究没能让国有企业成为"现代企业"。20世纪80年代初，日本经济学家小宫隆太郎来到中国考察后提出一个令人吃惊的观点：中国没有企业。这一看似违背常识的结论道出了我国企业当时的实际情况：当时我国既没有民营企业，也没有真正意义上的国有企业。我们所谓的国有企业只是计划经济体制下的一个生产车间，其产品的生产和分配都由政府定计划配给和调配，从利润确定和产品定价，再到原材料供应以及人事安排都由政府一手操办。这时的国有企业缺乏企业的自负盈亏、自主经营、自我积累、自我发展的基本要素。随着国有企业改革的推进，我国国有企业的治理结构逐渐转向国际通用的法人治理结构，最终走到了现代企业制度的轨道上来。

　　如前所述，我国国有企业的法人治理结构近似于利益相关者至上的"共同决定"模型：职工代表既占到监事会中监事数量的三分之一以上，同时也像共同决定模型中员工通过选举董事进入到董事会参与企业日常经营管理一样，通过选举职工代表召开职代会，然后间接参与到企业日常经营和未来发展相关的重大决策，或者是跟职工切身利益相关的一些办法、方案、措施中去。另外，国有独资企业虽然不设立股东会，但国资委的成立和在公司治理结构中地位和作用的明确，在形式上也履行了股东的职能——尽管它不能完全替代真正的股东。最后，国有企业中的监事会虽然确立时间较晚、形式多变，但到目前为止已经有了最基本和最典型的固定形式，并且也在发挥着监督功能。

　　此外，在决策上，国有企业决策已经基本实现了程序化、规范化和科学化。特别在党的十八大后，我国国有企业更加加强了党组织的领导核心地位和作用，把党组织镶嵌在公司治理结构中。这非但不是我们又回到了企业"党政不分"的时代，而是进一步提升了企业的科学决策和依法经营水平。董事会和经理层依然享有企业的投资、生产经营活动的最高决策权。党委会也不干涉企业的日常经营管理，只是发挥董事会决策前的前置审议作用，最终仍是在董事会上进行民主决策。企业党委的领导核心作用集中体现在"把方向、管大局、保落实"上——注意，这里是"把方向"而不是"把一切"，是"管大局"而不是"管具体"，是"保落实"而不是"抓落实"。而职工代表大会的参与则是反映了我国国企在治理结构中关注利益相关群体诉求的制度优越性。同样，国资委对重大决策的最终审核权也是发挥了其作为股东（出资人代表）的作用。因此可以说，国企的决策已经从以前的行政命令决断、行政一把手敲定，转变为依照现代公司治理结构建立的决策制度进行科学决策。

公司制改制的完成推动了国有企业不断健全现代企业制度、转换经营机制。党的十八大以来，绝大部分国有企业陆续建立了规范的董事会，适应市场竞争要求的决策、执行、监督机制进一步得到完善。国有企业内部三项制度改革进一步深化。国有企业负责人薪酬、履职待遇、业务支出管理进一步规范，考核与薪酬挂钩的激励约束机制不断强化，市场化用工的理念逐步深入人心，一些企业开展了市场化选聘经营管理者并探索实施职业经理人制度的尝试，国有企业公平参与市场竞争的环境正在加速形成（胡迟，2018）。

## 二、组织形式的成功转型

我国国有企业组织形式的转型不是一蹴而就的，事实上任何组织的转型都不可能如此。组织经济学的相关研究已经告诉我们，妄图仅通过变革企业的所有制关系就能让企业变得高效是不切实际的。

为什么组织变革如此困难？互补性可以提供部分答案。当一个已有的组织中存在许多互补性（即相互促进）的惯例，但原有组织形式下的惯例和新系统中的惯例（或称为制度）存在冲突时，过渡就很可能是困难的，尤其在决策权分散时。由于互补性的存在，只改变一种惯例，或者只改变其中的一小部分惯例，很可能会降低整体绩效。然而，至少存在三方面原因使得立刻进行大范围的改革可能很困难甚至不可行（吉本斯和罗伯茨，2020：13）。

第一，存在基本的协调问题。控制不同惯例、资产、市场和战略的参与者，包括一些可能不在公司直接控制范围内的参与者，需要就变更的范围、时间和内容进行协调。此外，由于最优决策很可能无法预测，所有行为人需要就惯例的额外调整和租金再分配进行持续协调。所有这些努力都需要准确的沟通和激励相容（吉本斯和罗伯茨，2020：13）。

第二，组织内不仅有明确的、定义清晰的惯例和选择，还有许多隐性的、定义模糊的惯例和选择。这些因素可能包括组织的文化和员工在完成任务时使用的经验法则。不论那些明晰的惯例发生了何种程度的变革，员工和商业伙伴们很可能还是倚仗旧有的组织思维行事。也就是说，即使所有已知惯例的变革都得到了协调，如果隐性的惯例没有变革，组织反而可能比变革前还更糟糕（吉本斯和罗伯茨，2020：13）。

第三，即使能够确定和界定足够多的相关变化，并且所有相关的行为者都能就一个行动计划达成一致。提供变革的时间表也会出现困难。变革的时机也会出现困难。因为有些变革（例如，建造一个新的工厂，雇用和培训一个新的员工）是需要时间的，所以很难使所有的变革同步进行。此外，当资源有限且改革成本较高时，企业可能没有能力一下子完成所有改革，而必须分阶段来推进改革（吉本斯和罗伯茨，2020：13）。

我国的国有企业经济效益的提升是以体制机制的改善为基础的。改革开放以来，国有企业改革发展不断取得重大进展，总体上已经同市场经济相融合，运行质量和效益明显提升。40多年来，伴随着经济体制转型，传统计划经济体制下单一的国有国营企业组织模式已被彻底打破，国有企业基本从行政机构附属物转变为独立的法人实体和市场竞争主体，企业的产权制度、法人治理结构、内部管理体制和经营机制都更加成熟和接近市场经济的需要，建立起面向社会主义市场经济的体制和机制。公司制逐步成为企业的主要组织形式，企业内部管理体制、经营机制与劳动、人事、分配制度都发生重大而深刻的变化。从外部效应看，由于国有企业改革相应影响和带动了计划、财政、税收、金融、外贸、价格、政府、劳动人事、收入分配、社会保障、法制等许多方面的系统改革，国有企业改革对经济体制改革和国民经济发展起到有力的促进作用。反过来，这些领域的改革同时也为国有企业的改革发展创造了良好条件（胡迟，2018）。

另外，与组织形式相匹配的组织文化也已经成功转型。早在2006年，战略管理国际期刊《战略管理杂志》上的一项研究就已经表明，国有企业基于其公有制特点的所有制类型，形成了独特的组织文化，并且这种文化已经从国企改革的文化过渡到了更符合我们当年开展国企改革时所期望形成的文化。这意味着我国国有企业的传统等级制和行政结构已经演变为更加以市场为导向的形式。换言之，我国的国有企业在2006年就具备了演变为可以在市场竞争中生存的经济实体，并且将继续在我国经济发展中发挥主导作用的可能性（Ralston et al.，2006）。

## 三、企业监督体系的逐渐完善

国有企业属于全民所有，因此构建起有效的国有企业监管体系，以保障国有资产保值增值、防止国有资产流失是让国有企业发挥其职能的根本要求。在国企改革进程中，国有企业的监督体系也在逐渐地走向完善，这种制度上的完善具体体现在以下三个方面。

第一，建立了国有企业的出资人制度。从2003年起，我国特设中央和地方各级国有资产监督管理委员会，分别代表中央和地方各级政府履行出资人职责，一定程度上解决了长期存在的国有资产出资人缺位、多头管理等问题——尽管这一制度还不够完善，本书将在下一节专题提出问题并在下一章提出我的个人思考。国资委作为出资人代表，履行国有企业负责人选择、业绩考核、薪酬管理、收益管理、改革重组、产权管理、规划管理等职能，并强化对企业改制重组、产权交易、重大投资、境外资产监管等方面的监督力度。党的十八大以来，我国又开始以管资本为主加强国有资产监管，进一步完善了国有企业的出资人制度（袁东明和袁璐瑶，2019）。

第二，形成了较为完整的国资监管制度体系。国务院国资委成立以后，为强化对国有资产的监管、防止国有资产流失，与其他部门联合出台了一系列政策法规，涉及国有企业清产核资、对外投资、资产评估、产权转让等各个环节，如《企业国有资产交易监督管理办法》《企业国有资产评估管理暂行办法》等。仅2015年以来，国务院国资委就出台了旨在强化监管的30多项制度文件。这一系列政策法规与《企业国有资产监督管理条例》和《企业国有资产法》共同构成了较为完整的国资监管制度体系（袁东明和袁璐瑶，2019）。

第三，外部监督体系不断改进与完善。经过多年改革，目前已经形成了以国家审计、外派监事会、社会监督等为核心的国有企业外部监督体系。在国家审计方面，对国有企业、国有资本及国有企业领导履行经济责任情况实行审计全覆盖。在外派监事会方面，由国务院派出监事会，代表国家对国有重点大型企业的国有资产保值增值状况进行监督。在社会监督方面，通过建立国有企业信息公开制度，接受社会监督，保障社会公众对国有企业与国有资本保值增值的知情权和监督权（袁东明和袁璐瑶，2019）。

# 第三节　国企改革面临的深层次问题

客观地讲，国有企业治理体系改革取得了一系列重要成就，但我们不能因此忽视掉国有企业治理结构自身存在的不足。这些不足既有国企在推进现代公司治理体系建立的过程中，遇到一些执行层面上的操作性困难，也有西方自由主义经济下私有企业形成的企业法人治理结构与我国公有制下国企的本质要求不相适应的深层次问题。我们在继续加大改革推进力度，解决操作中的具体问题的同时，还需要从国情和国企实际出发，通过更好的制度设计安排，探索出一条符合我国国情和国企特点的国企治理体系改革之路。有一点需要明确的是，我们研究和设计国有企业的治理结构有一个基本前提，就是保障它的公有制前提，而这一点并不是基于纯粹效率的判断而推导出的，而是基于一种符合我国社会主义制度本质的价值理性。我们研究进而推进国有企业的治理结构改革的目的在于壮大国有资本，使其在社会主义国家的引导下，按照人民的意志，发挥其社会权力，从而达到增值目标与整体社会利益相一致。在当前阶段，国企改革走向"深水区"的时候，至少面临着四方面的深层次问题：一是自主权下放不到位；二是激励与约束机制不完善；三是战略退出机制的缺失；四是"出资人缺位"尚未得到有效解决。这一节重在提出问题和分析问题成因，并将此作为下一步深化国企改革的探索性问题。解决方案的探讨将留到本书第六章。

## 一、自主权下放不到位

前文提到，无论是国有独资还是国有控股企业，一旦遇重大决策事项，国资委是会提交上级政府审批的。这是为什么呢？其实从委托代理关系来看非常明了，即国资委并不是真正的出资人，因而也不是企业真正的股东，而只是代股东（政府）发挥股东职能的一个制度安排而已。这导致了什么问题？一方面，这导致了一组新的委托代理问题的产生；另一方面，又使得企业决策链条的加长，进而降低了企业的决策效率。看到这里有读者可能会问，既然如此，为什么要设立国资委，而不是让政府直接作为股东来控制企业呢？如果让政府直接进入企业管理，确实会减少代理成本并缩短决策链，但问题在于政府是一个行政组织，是市场经济的裁判员。

如果让政府直接拥有企业控制权，至少会有两个隐患。一是不公平竞争，恶化营商环境。由于企业直接由政府背书，在开展经营活动时会拥有无法被替代的优势，实质上会造成以行政手段抢占市场份额和操纵市场价格的后果，并且会严重打击民营企业的经营预期，造成我国营商环境的恶化。二是国企改革倒退回"政企不分"的时代。我国国企改革的目标一直是提质增效，而手段就是建立现代企业制度——这一点是改革的共识。让政府控制企业，很容易造成企业与政府在组织结构上的趋同，即企业组织的行政化。这也就回到了小宫隆太郎眼中的中国国有企业组织形式——只是计划经济体制下的一个生产车间，其产品的生产和分配都由政府计划配给和调拨，从利润确定和产品定价，再到原材料供应以及人事安排都由政府一手操办。

这些隐患也间接表明了委托代理理论，或者说委托代理视角的不足。这一视角仅仅着眼于监督的改善，单纯地把代理成本的节约与某一方的监督动力联系起来，而不是把代理问题与实际产出相关联，这就容易陷入一个逻辑怪圈：因为要解决代理人偷懒的问题，所以需要委托人监督；因为要解决委托人的监督动力问题，才需要赋予委托人剩余索取权；因为只有拥有实物资产的人才拥有剩余索取权，所以最有效的企业制度安排一定是业主制企业（杨瑞龙和周业安，2000：46）。这很明显与现代企业的所有权经营权分离特征不符合。因此，本书虽然以委托代理视角定义国有企业的治理结构，但这种定义不是完美无缺的，并且很可能会致使改革忽视一些深层次的问题。

对此，我们需要充分认识到，国企改革造成的决策链条加长也许是国有企业决策科学化不得不承受的代价。改革要做的不是纯粹缩短这一链条，而是在保卫既定改革成果的前提下尽可能克服这一问题对公司治理带来的消极影响。此外，这一问题可能并没有想象的那么严重。通常的决策事项是一种企业自主、国资委和政府三者分层决策的模式，而企业需要报到政府的重大决策并不多。这对倾向于分权的国有企业来说这可能不构成一个问题：例如浙江物产集团本部人数很少，其子公司的公司治理结构已经比较完善，因而需要上报国资委的决策其实很少。尽管如此，我们不禁要问，为什么自主权放不下去？

从实际改革进程来看，自主权下放作为一个改革目标，在20世纪就已经早早确立了。但是从改革成果来看，自主权下放不足的问题依然存在，这就从侧面说明自主权的下放受到了一定阻碍。自主权下放为什么推不动？本书认为，主要是存在两方面问题：一是"放不下"，二是"接不住"。

国资委并不是"不想放"，而是"不敢放"。不敢放的根源在于不放心。在2008年颁布的《国务院关于机构设置的通知》中明确规定，国资委需"根据国务院授权，依照《中华人民共和国公司法》等法律和行政法规履行出资人职责，监管中央所属企业（不含金融类企业）的国有资产，加强国有资产的管理工作"，并且"承担监督所监管企业国有资产保值增值的责任"。这意味着在国有企业经营中，国有资产一旦决策失误，造成国资损失，国资委需要承担相应的监督管理责任。因此，从国资委的角度来看，贸然下放显然不是一个保险的选择。此外，国有企业的经营队伍也不敢轻易地接过下放的自主权。这一方面与经营团队的人员素质和团队建设有关，但更关键的，是与一些制度安排有关。具体的讨论将放到接下来的内容里。自主权力下放不到位的直接结果是，国企决策难，从而极大地抑制了国企的活力和创造力。

## 二、激励与约束机制不完善 ————————————

作为中国人，对乒乓球赛应该都很熟悉。一般情况下，乒乓球赛一局是 11 分，谁先拿下 11 分就拿下了整局比赛。如果有一个选手以 11：9 拿下了一局比赛，我们会认为他至少是成功的，只不过是过程艰难了一些，付出的代价大一些。同样的道理，企业在残酷的市场竞争中，无论是以 11：1 或是 11：9 战胜对手，都是胜利，只是胜利的代价有所差别而已。这一结果对民营企业和外资企业来说都是容易接受的，但到了国有企业这里就不一样了。对国有企业来说，以 11：0 完胜，才是应有的胜利。要是以 11：1 取得胜利，那丢掉的 1 分就是要追责的。这就涉及"国有资产流失"这柄"达摩克利斯之剑"。

"国有资产流失"是国企改革之初最容易被提及的"罪名"，虽然在现在的《刑法》中没有了"国有资产流失罪"，但与其相关的罪名有滥用职权罪和私分国有资产罪。根据《刑法》第一百六十八条第一款，国有公司、企业的工作人员，由于严重不负责任或者滥用职权，造成国有公司、企业破产或者严重损失，致使国家利益遭受重大损失的，处三年以下有期徒刑或者拘役；致使国家利益遭受特别重大损失的，处三年以上七年以下有期徒刑。根据《最高人民检察院、公安部关于公安机关管辖的刑事案件立案的追诉标准的规定（二）》第十六条规定，国有公司、企业、事业单位的工作人员，滥用职权，造成国家直接经济损失数额在 30 万元以上的，应予立案追诉（付余，2019）。

另外，《刑法》第三百九十六条还规定，国家机关、国有公司、企业、事业单位、人民团体，违反国家规定，以单位名义将国有资产集体私分给个人，数额较大的，对其直接负责的主管人员和其他直接责任人员，处三年以下有期徒刑或者拘役，并处或者单处罚金；数额巨大的，处三年以上七年以下有期徒刑，并处罚金。司法机关、行政执法机关违反国家规定，将应当上缴国家的罚没财物，以单位名义集体私分给个人的，依照前款的规定处罚。

这种评价追责体系无疑是极大地抑制了行为人侵吞国有资产的败德行为，但同时也导致国有企业的经营者极端厌恶经营风险。这一套惩罚机制就像"达摩克利斯之剑"，时刻悬在国企经营者的头上。但是经营活动本身必然带有风险。在市场竞争条件下，只有承担一定风险才能赚取一定收益——这是现代经济学的基本共识之一，因此企业有亏损或有盈利都是正常的。即便不谈国有企业中的正向激励问题，这种负向激励——即代理人所面临的约束自然会让代理人的行为趋于保守，在经营中不敢创新也不敢冒风险，甚至会错失国有企业长期发展的战略机遇。

除此之外，目前国有企业的正向激励机制也存在不足。在企业经营活动中，经营者和少数管理、技术骨干起着十分重要的作用，甚至是决定性的作用。从实际情况来看，国企职工当前薪酬水平与其他所有制的企业相比大体相当，总体上看可能还略高于社会平均水平，因此可以将之视为市场决定的结果。但国企经营者和优秀人才的薪酬决定却并非如此。国企高管的年薪一直是在政府指导意见下确定的——从2002年不超过职工平均工资的12倍到2014年进一步降低到8倍，因此可以说国企高管资源的配置不是由市场而是由政府决定的（冯海宁，2016）。

简单地用结果的相对平均来贯彻这一原则是弊大于利的：在"限薪令"下，国企薪酬体制平均化严重，存在优秀人才向民企、外企集聚，国企职工队伍平庸化的隐患和趋势。此外，国企高管薪酬激励不到位的问题也比较突出。近期的一项研究结果表明，国有企业较为平均主义的薪酬体制对企业的创新活动产生了负面影响（高岭等，2020）。尽管"限薪令"的放松极有必要，但在改革过程中这一问题十分复杂。我国的国有企业具有公有制的实现形式和社会主义分配制度的实施主体，因此，关于高管薪酬就成了一个较为敏感的话题。分配改革前期需要做大量宣传工作，改革过程中需要兼顾多方利益，改革后还需要在薪酬制度根据实际情况的不断调整中对其进行巩固——这本身就是一个巨大的改革系统工程，是一个耗费相当机会成本的过程。

## 三、战略退出机制的缺失 ————————

如果企业经营前景不好，资本就应该在企业资产和经营状况相对较好时退出，这才是让资本保值增值的运营之道。企业及其公司形态与各生产车间不过是资本的物质形态而已，因此国有资本的退出并不意味着国有资产的撤离或者是国有经济的削弱——从前景较差的领域退出的资本完全可以通过新设企业或者注资现存企业的方式进入更需要资本要素的领域中去。这既是让市场在资源配置中发挥决定性作用的要求，也是做大做强国有资本的必由之路。

但是目前我国国有资本几乎没有战略退出机制可言。虽然有退出行为，但这种退出并不是主动的战略退出，而是企业无法继续经营、濒临破产清算时的被动退出，即某个国企或几个国企会对濒临破产的国企重组，对其业务进行整合。显然，这并不能看作是一种战略退出机制，而只是一种处理不良资产和亏损国有企业的被动方式。所谓主动调整的战略机制，是指在国有资产保值增值的前提下，基于国资所在行业的发展前景（国有企业有无必要继续存在），通过合并、重组、出让等方式对现有国有企业中的资产和员工的配置进行重新优化，有选择地退出某些行业（或者进入某些行业）的机制。

由于这种机制的缺失，现有的国有资产管理方法在事实上必然会导致国有资产的损失——但这种损失一般难以度量，故而也不会对国资部门进行追责。由此可见，我国国有企业战略退出机制缺失是缺乏建立有效的国资经营权责利相一致的制度机制，但这可能又与国资经营管理全过程中的出资人缺位有关。出资人缺位，导致了符合国资利益的战略退出机制及其配套制度无法推行。因此，要克服国有企业先天性不足所带来的缺陷，就需要针对出资人缺位问题设计一系列相关制度安排——就像钢铁侠心脏附近的弹片虽然无法取出，但可以依靠安装小型反应堆来防止弹片进入心脏。我们要清醒地看到，社会问题可能不存在什么终极答案，而只能靠制度设计保证社会在极端情形之间行稳致远，以防止社会滑入非此即彼的陷阱中。关于退出机制缺失的进一步解释，将在第六章给出。

## 四、"出资人缺位"尚未得到有效解决

政府如何行使好出资人权利，是国资国企改革的重点内容之一。现代企业的基本特征之一，就是所有权与经营权的分离，并基于此形成一系列制度安排和委托代理关系（梯若尔，2007：22—27）。党的十六届三中全会提出，"归属清晰、权责明确、保护严格、流转顺畅"的现代产权制度，实现出资人所有权与企业法人财产权的两权分离与权责明确，从理论上解决了政府作为出资人对国有资产的管理模式问题。通过设立政府特别机构——国资委作为出

资人代表履行出资人职责，行使对国企的收益权、决策权和选聘经营者等一系列权力，试图从理论上解决国有资产出资人缺位的问题。

这是一个符合我国国企自身发展规律，也符合现代化、国际化的资产管理制度安排。但自国资委设立以来的实践表明，我国的国资管理，与现代化、国际化的高标准高要求还有一定差距。政企、政资分离不彻底，管理依然以行政方式为主，并且国资委仍然以政府部门的面貌出现，而国资管理在实际操作过程中则成为一个政府归口管理部门。因此，作为出资人的政府并没有通过完备的现代企业法人治理体系和契约管理形式等现代企业的管理方式对国有企业进行管理，这严重影响着企业的运行效率。这一现象出现的主要原因在于，目前对出资人的定位仍然模糊不清，出资人游离于企业法人治理结构之外，因而依然存在实质上的出资人缺位。

根据现代企业治理理论，公司法人治理制度的目标与依据是维护以股东为核心的相关权益主体的利益，通过建立企业内部权力机构、决策机构、监督机构，形成和经营者之间的制衡机制，为保证企业绩效最大化而建立科学的决策系统。契约理论表明，企业内部治理是通过建立委托代理关系，设立最优激励机制，以解决在委托人与代理人之间利益相冲突和信息不对称环境下的激励相容问题，以此来提高企业效率，实现对资产的科学管理（梯若尔，2007：1122—1127）。遗憾的是，在当今的国企的内部法人治理结构里，并没有真正意义上的出资人代表。而公司法也并无要求国有独资企业设立股东会，而即使在设立股东会的国有控股企业中，股东代表也是由经营者担任。

由于出资人不在公司治理结构中，所有权和经营权分离基础上的制衡关系就无法形成。游离在外的出资人代表与企业经营者也无法在博弈中达成激励相容的优质契约，从而实现科学管理。也正是因为这个原因，才会出现一种奇特的"内部人控制"，进而导致企业管理者的薪酬管理混乱，并最终迫使政府采用更加严厉的行政手段进行限薪（杨瑞龙，2001：114—115）。除此之外，这一轮改革难点也是造成国资国企退出机制缺失的关键因素。

## 本章参考文献

[1] Ralston D A, Terpstra-Tong J, Terpstra R H, et al. "Today's State-owned Enterprises of China: Are They Dying Dinosaurs or Dynamic Dynamos?"[J]. *Strategic Management Journal*, 2006, 27(9): 825–843.

[2] 曾宪奎. 新中国成立以来我国国有企业的发展历程与经验[J]. 经济纵横，2019(08)：39—48.

[3] 董辅礽,唐宗焜,杜海燕. 中国国有企业制度变革研究[M]. 北京：人民出版社，1995.

[4] 冯海宁. 以完全透明促进"国企限薪令"落地[N]. 宁波日报，2016-04-26(A11).

[5] 付余. 国有公司人员滥用职权罪中"追诉时效"和"滥用职权"的认定[N]. 中国纪检监察报，2019-04-03(008).

[6] 高岭,余吉双,杜巨澜. 雇员薪酬溢价对企业创新影响的异质性研究[J]. 经济评论，2020(06)：90—108.

[7] 国企改革历程编写组编. 国企改革历程(1978—2018)[M]. 北京：中国经济出版社，2019.

[8] 国务院国资委改革办,国务院国资委新闻中心编. 改革样本：国企改革"双百行动"案例集[M]. 北京：机械工业出版社，2020.

[9] 胡迟.国企改革：四十年回顾与未来展望[J].经济纵横，2018(09)：18—27,2.

[10] 罗伯特·吉本斯,约翰·罗伯茨主编. 组织经济学手册[M]. 费方域, 许永国,蒋士译.上海：格致出版社，2020.

[11] 綦好东,彭睿,苏琪琪,朱炜. 中国国有企业制度发展变革的历史逻辑与基本经验[J]. 南开管理评论,2021,24(01):108—119.

[12] 让·梯若尔. 公司金融理论[M]. 王永钦译.北京:中国人民大学出版社,2007.

[13] 杨瑞龙,周业安. 企业的利益相关者理论及其应用[M]. 北京:经济科学出版社,2000.

[14] 杨瑞龙. 国有企业治理结构创新的经济学分析[M]. 北京:中国人民大学出版社, 2001.

[15] 袁东明,袁璐瑶. 国有企业改革:成就、经验与建议[J]. 经济纵横,2019(06):21—28,2.

[16] 上原一庆. 中国的经济改革与开放政策[M]. 东京:青木书店,1987.

# 第六章 深化国有企业改革的若干思考

每一个人都受变化支配着，一旦要度过这变迁的岁月，他的生命便终止了。

——西塞罗

# 第一节 国企改革的重点任务

古人云："以铜为镜，可以正衣冠；以史为镜，可以知兴替；以人为镜，可以明得失。"历史是人类社会最好的实验场，从历史中总结出的经验教训是我们向前迈进的垫脚石。同样的，从国企改革历史中总结经验教训，加深对国企改革的认识，是保证国企改革方向正确的必要条件。本节延续了前四章的讨论，在前四章中已经确立的结论基础上与读者一起进一步确立对国企改革的基本认识，为之后第二节的改革问题分析提供认识基础。

2020年6月30日，中央全面深化改革委员会审议通过了《国企改革三年行动方案（2020—2022年）》，这是面向新发展阶段我国深化国有企业改革的纲领性文件，着重聚焦八个方面的重点任务。

第一，坚持"两个一以贯之"，加快完善中国特色现代企业制度。充分发挥企业党委（党组）把方向、管大局、促落实的领导作用，把党的领导融入公司治理各环节。充分发挥董事会定战略、作决策、防风险的重要作用。全面建立董事会向经理层授权的管理制度。大力推进国有企业管理体系和管理能力现代化，提高制度执行力，开展对标世界一流企业管理提升行动。

第二，着力推进国有经济布局优化和结构调整，提高资源配置效率。坚持更好地服务国家战略，进一步聚焦战略安全、产业引领、国计民生、公共服务等功能，调整存量结构，优化增量投向，充分发挥国有企业在解决发展不平衡不充分问题上的重要作用。积极推动国有资本向关系国家安全、国民经济命脉的重要行业和关键领域集中，向提供公共服务、应急能力建设和公益性等关系国计民生的重要行业和关键领域集中，向前瞻性战略性新兴产业集中，加快不具备竞争优势、缺乏发展潜力的非主业、非优势业务剥离，抓好无效资产、低效资产处置。充分发挥国有企业在构建关键核心技术攻关新型举国体制中的重要作用。

第三，积极稳妥深化混合所有制改革，促进各类资本优势互补、共同发展。坚持因地施策、因业施策、因企施策，宜独则独、宜控则控、宜参则参，按照完善治理、强化激励、突出主业、提高效率的要求，积极稳妥深化混合所有制改革。重点推进国有资本投资、运营公司出资企业和商业一类子企业混合所有制改革，稳妥推进商业二类子企业混合所有制改革，规范有序推进具备条件的公益类企业投资主体多元化。加强对混改全过程的监督，切实防止国有资产流失。

第四，不断健全市场化经营机制，充分激发企业活力。深化企业内部三项制度改革。积极推行经理层成员任期制和契约化管理，推动管理人员能上能下，全面实行经理层任期管理，加快推行职业经理人制度。全面推进用工市场化，推动员工能进能出。健全业绩决定薪酬分配的机制，推动收入能增能减，推动薪酬分配向作出突出贡献的人才和一线关键苦脏险累岗位倾斜。支持更多国有企业运用国有控股上市公司股权激励、国有科技型企业股权和分红激励等中长期激励政策，充分激发骨干员工干事创业的积极性主动性创造性。

第五，健全以管资本为主的国有资产监管体制，提高国有资产监管效能。深入推进国资监管机构职能转变，重点管好资本布局、规范资本运作、提高资本回报、维护资本安全。优化管资本的方式手段，全面实行权责清单管理，深入开展分类授权放权，加强事中事后监管，切实推进信息化与监管业务深度融合，全面建成全国国资国企实时在线监管系统。深化国有资本投资、运营公司改革。改进考核评价体系，深化差异化分类考核。健全协同高效的监督机制，推进出资人监督和纪检监察监督、巡视监督、审计监督、社会监督等统筹衔接，建立健全企业内部监督体系，全面建立覆盖各级国资监管机构及国有企业的责任追究工作体系和工作机制。

第六，积极推动国有企业公平参与市场竞争，优化营商环境。强化国有企业的市场主体地位，营造各种所有制主体依法平等使用资源要素、公开公平公正参与竞争、同等受到法律保护的市场环境。推进政府职能转变，凡是市场机制可以有效调节、社会组织可以替代、企业在法律范围内能够自主决定的事项，政府部门不再审批。进一步完善公平竞争制度，加强和改进反垄断和反不正当竞争执法。深化自然垄断行业改革，在电网、电信、铁路、石油、天然气等重点行业和领域，放开竞争性业务，进一步引入市场竞争机制。实行分类核算和分类考核，对商业类企业中的公益类业务，按照不同类别业务分类核算相应的收入和成本。规范补偿机制，建立健全符合国际惯例的补贴体系。

第七，抓好国企改革专项工程，积极发挥示范引领作用。积极开展"百户科技型企业深化市场化改革提升自主创新能力专项行动"，重点在完善公司治理、市场化选人用人、强化激励约束、激发科技创新动能等方面取得创新突破。动态调整充实"双百企业"名单，保持"一池活水"，推动更多企业制定实施个性化、差异化综合改革方案。在深入推进上海、深圳、沈阳三地综合改革试验的基础上，配合实施国家重大区域战略，将青岛、西安、武汉、杭州等地纳入综合改革试验范围。深化东北地区国资国企改革，加大力度推进东北地区国资国企改革若干措施落实落地。深化世界一流企业创建示范工程。

第八，加强党的领导和党的建设，为国有企业改革发展提供根本保证。始终把加强国有企业党的政治建设放在首位，健全贯彻落实党中央重大决策部署的机制，完善国有企业坚定维护党中央权威和集中统一领导的各项制度。紧紧抓住党建责任制这个"牛鼻子"，着力推进党建工作与生产经营深度融合，积极推动党建责任制和生产经营责任制有效联动。积极培育高素质专业化的企业家队伍，坚持"对党忠诚、勇于创新、治企有方、兴企有为、清正廉洁"的国有企业领导人员标准，建立完善区别于党政领导干部、符合市场经济规律和企业家成长规律的国有企业领导人员管理机制。落实"三个区分开来"要求，坚持公私分明、功过厘清，制定尽职合规免责事项清单。持续深入推进全面从严治党，完善和落实全面从严治党责任制度，持续加大国有企业反腐败力度，加快构建一体推进不敢腐、不能腐、不想腐的体制机制。

这深化国企改革的八方面重点任务，既是落实国企改革顶层设计的"施工图"，涵盖了本书第五章中所列举的当前国企改革中遇到的一些瓶颈问题，也是对实现做强做大做优国企的改革发展目标作出了进一步的谋划。这八个方面的体制机制性改革任务，有的是改革推进中的过程性、阶段性问题，随着主次要矛盾的转化，时机成熟，条件具备就可以实施推进的；有的是工作方式方法等操作层面的问题，通过加强组织领导，采用适当的方式方法就可以解决的。有的则是涉及理论创新的问题，需要有理论的创新和突破，才能转变观念，统一思想认识，把改革进行下去。中国国企改革，是在中国特色社会主义制度条件下展开，要借鉴吸收人类经济社会文明进步的共同成果，又要坚持社会主义制度的根本要求，是一项前无古人的伟大工程。因此，要完成下一阶段深化国企改革的重点任务，必须在勇闯"无人区"中实现经济体制和国企改革理论的"守正创新"。有关在实施《国企改革三年行动方案》，完成国企改革重点任务中可能遇到的问题和对策研究将在本书后续章节中阐述。

2021年4月，国务院国资委召开了"深化国有企业分类改革专题推进会"（简称"推进会"），会议结合五年来改革进展情况，对于国企分类改革的内容，进行了更加细化具体的规定。

商业一类企业改革要突出四个方面，即率先全面落实市场化改革举措；积极稳妥推进商业一类子企业混合所有制改革，引导各类战略投资者积极参与公司治理；国有相对控股混合所有制企业，特别是国有股权比例低于33%且合并报表的企业，要实施更加市场化的差异化管控；加快职业经理人制度，灵活开展多种中长期激励。对比之前的商业一类企业改革要求，这次政策更加明确指出，改革不仅要在国有股权层面，更要在市场化机制、均衡型治理、差异化管控等方面做足功课。

商业二类企业改革要突出四个方面，即加大国有资本投入，加强关键核心技术攻关，加快布局涉及国计民生、重大国家战略的行业领域和前瞻性战略性新兴产业；稳妥推进商业二类子企业混合所有制改革；对商业一类企业提出的关于实施市场化改革，特别是培育世界一流企业等方面的要求，对商业二类企业也是适用的；用好各类中长期激励政策，科技领军人才和团队实行工资总额单列。商业二类企业处于关系国家经济发展的四梁八柱行业领域，推动和深化改革必须同时向强化"强""控""优"三个方向发力。加强在国民经济核心领域聚焦资源、投入力量。保持在关键行业和领域的国有资本控股地位，同时放开竞争的行业环节。深化推动市场化改革，构建市场化经营机制，特别是科技属性高的企业推动中长期激励工具应用。要率先示范建设世界一流企业。

公益类企业改革核心是突破一点：公益类企业不是行政机构，必须遵循市场经济规律和企业发展规律，也必须健全市场化机制，充分学习借鉴商业类国有企业市场化改革的先进经验。国企当中的公益类企业，有一些从政府部门、事业单位转型转制而来，也有一些长期从事民生型、基础型工作，政府公共产品特点强，计划控制特点强，市场机制在历史上就是短板。在整个国企改革过程中，这类企业获得发展的基本方向还是内部市场和外部市场，所以本次改革明确强调公益类企业不是不需要市场化改革，而且是必须健全市场机制，学习先进商业类国企经验。其目的，是给这类企业改革整体上划定"跑道"。

# 第二节　国企的改革分类

给国企进行分类，是为了更精准地深化国企改革。分类改革和监管是现阶段国企改革的基本思路。过去的改革，往往只停留在对国有经济的功能定位的整体认识阶段，还没有细化到基于国有经济功能定位而对国企使命进行分别界定，进而推进国有经济战略性重组的具体操作阶段，其结果就是难以实现"不断增强国有经济活力、控制力和影响力"的目标。

党的十九届六中全会《决定》指出："国有经济要控制的行业和领域主要包括：涉及国家安全行业、自然垄断行业、重要公共产品和服务行业以及支柱产业和新技术产业中的重要骨干企业。"国有经济的功能定位就很明确了：弥补市场缺陷、巩固社会主义制度的经济基础和发挥在国民经济中的主导作用。国有经济的这一定位，既满足了市场经济的共性要求，又满足了社会主义市场经济体制的特性要求，是十分科学的。

国有经济的总体定位，也赋予国有经济"盈利性使命"和"公共政策性使命"的双重特性。由于国企的形成和来源不同，国企所涉及的领域极其广泛，具体企业所从事的行业主业和功能作用也迥然不同，必须加以精细地分类。

2015年12月，国务院国资委、财政部和国家发改委联合印发了《关于国有企业功能界定与分类的指导意见》（以下简称"《意见》"）。《意见》指出，国有企业功能界定与分类是新形势下深化国有企业改革的重要内容，是因企施策推进改革的基本前提，对推动完善国有企业法人治理结构，优化国有资本布局，加强国有资产监管具有重要作用。具体有四方面的目的和意义。一是有利于分类推进国有企业改革。准确界定不同国有企业功能并科学分类，是深化国有企业改革的重要前置性工作，有利于根据不同类型企业特点有针对性地推进改革，将改革引向深入。二是有利于促进国有企业科学发展。通过明确不同企业的战略定位和发展目标，形成差异化发展路径。三是有利于优化国有经济布局结构。进一步明确国有资本投向，优化国有资本配置，从整体上增强国有经济的质量和效率。四是有利于加强国有资产监管，推进分类监管、分类定责、分类考核，增强国有资产监管的科学性、针对性和有效性。

## 一、国企的改革分类

《意见》根据企业主营业务和核心业务范围，将国有企业分为商业类和公益类两类。

商业类。商业类国有企业以增强国有经济活力，放大国有资本功能，实现国有资产保值增值为主要目标。主业处于充分竞争行业和领域的企业，要在注重经济效益的同时，兼顾社会效益；主业处于关系国家安全、国民经济命脉的重要行业和关键领域、主要承担重大专项任务的商业类国有企业，要实现经济效益、社会效益和安全效益的有机统一。前一种商业类国企被称为"商业一类"；后一种商业类国企被称为"商业二类"。

公益类。公益类国有企业以保障民生、服务社会、提供公共产品和服务为主要目标，必要的产品或服务价格可以由政府调控；要积极引入市场机制，不断提高公共服务效率和能力。

## 二、国企的改革定位

国企的分类改革缺少具体个性化的政策落地，加之一些被划入非充分竞争性类型的企业偏向强调其基础性、公益性的功能属性，对增强企业活力的改革产生可以少改革或慢改革的错误认识，使国企的分类改革出现不坚决、不主动的问题。

2021年4月，国务院国资委展开的分类改革专题推进会，对国企分类改革工作作出专门部署。专题会要求，商业一类国有企业，

"要聚焦充分竞争行业和领域，全面推进市场化、国际化，当市场竞争的引领者"。商业二类国有企业，"要聚焦重要行业和关键领域，更好服务国家战略、完成重大专项任务，争做国有经济控制力、影响力的担当者"。公益类国有企业，"要聚焦保障民生、服务社会，高效率提供公共产品和服务，做好优质服务的提供者"。

以上三者实际上是进一步为国企的改革标定了新的坐标定位。这表明，商业一类国有企业，不是简单的市场参与者、行业追随者，应该达到引领的作用、主力的作用。商业二类国有企业不是简单完成目前的公司指标任务，应该在国民经济的核心领域承担起挑大梁的重大责任。公益类国有企业不以盈利为目标，而是专注于做优质服务的提供者。这种优质服务的标准，核心是"高效率"。需要持续提升投入产出的高效率、业务流程的高效率、客户服务的高效率、应急反应的高效率。

这套坐标体系意味着国有企业改革如果达不到这样的功能定位，就会被兼并重组，甚至通过资本处置而被淘汰。

## 三、国企的分类考核

分类考核是国企分类改革管理循环当中的最后一环，也是闭环管理的关键一环，是评价"指挥棒"，也是激励"基准线"。自国企改革以来，各级国有企业在考核激励方面持续深化细化，取得了很大的成绩。这次专题会进一步强调了在分类考核方面的若干原则。

对于商业一类考核，突出两个要求，即创造高于社会平均水平的资本回报率，综合效益应优于同行业其他类型企业；科技进步要求高的企业，要加强对研发投入强度、科技成果产出和转化等方面的考核；同时加入并强化了科技创新类指标的要求，以适应我国建设创新经济的迫切需要。对于商业二类考核，明确基本标准，即在保证合理回报和国有资产保值增值的基础上，重点考核保障国家安全和国民经济运行、发展前瞻性战略性产业以及完成重大专项任务等情况，进一步明确了要在保证合理经济效益的基础上，实现四类专项目标的原则。对于公益类考核，维持原有维度，即重点考核产品服务质量、成本控制、营运效率和保障能力等，根据不同企业特点，有区别地考核经营业绩和国有资产保值增值情况，考核中要引入社会评价。从这个要求可以看出，公益类企业的核心价值首先体现在质量、成本、效率和保障等社会价值领域，但不是不管业绩和资本投入产出，也需要根据企业不同特点来考核这两个经济维度。

总体来看，商业一类企业、商业二类企业、公益类企业的考核原则，在2015年政策确定的经营业绩、资本保值增值和竞争能力三个维度基础上，进一步澄清了不同类型国企考核需要达到的标准，为不同类型国企的具体考核指标确立了基本政策边界。

# 第三节　改革需要突破的若干问题

党的十九大对国企改革作出了重大部署，指明了方向，提供了根本遵循。习近平总书记在党的十九大报告中指出，要完善各类国有资产管理体制，改革国有资本授权经营体制，加快国有经济布局优化、结构调整、战略性重组，促进国有资产保值增值，推动国有资本做强做优做大，有效防止国有资产流失。深化国有企业改革，发展混合所有制经济，培育具有全球竞争力的世界一流企业。本章的第一节，向读者们介绍了现阶段国企改革的重点任务和国企分类改革的具体目标。中央政府正在有力地推动着国企改革走向深入。但正像本章第一节中所提起的，由于中国特色社会主义制度的本质要求和国企的本质特性，中国国企的改革必定要走一条前无古人的独特之路。国企改革无成功经验可循，无法套用西方自由经济下的经济理论、市场经济模式；无法照搬照抄国外企业的厂商理论、企业治理模式以及激励约束机制，必须在借鉴经验、吸取教训的同时，进行制度创新。当前，我国的国企改革进入了"深水区"，诸多深层次的问题日益显现，成为阻碍改革推进的"瓶颈"制约。按照中央所擘画的国企改革大政方针和发展目标，扎实推进《国企分类改革三年行动方案（2020—2022年）》，取得国企改革的全面胜利，还必须在理论上和实践上实现重大突破。

## 一、委托代理关系：授权管理制度

任正非有句名言："让听得见炮声的人来作决策。"这不仅是为了效率，更是为了决策的正确。扩大企业自主权，建立更加充分的经理层授权管理制度，一直是国资国企改革的重点工作之一。通过充分授权，建立科学的委托代理关系，也是提高企业活力、竞争力的重要前提。在国资国企的管理链条中，最主要的委托代理关系有两个：国资委向国企董事会授权；国企董事会向经理层授权。从形式上看，这与一般情况下的企业治理模式相一致。国资委向国企董事会授权，相当于股东会向董事会授权（单一所有制国企不设股东会），是所有权与经营权的分离，属于资产经营管理权的分权。董事会只负责企业的一些重大事项、重要方向的决策，一般不再直接管理企业。企业的日常生产经营活动交由经理层负责。而企业委托代理关系的法律特征是：代理人在委托人的授权范围内行使代理权，实施代理行为；委托人的利益依赖于代理人的行为；代理人以委托人的名义实施行为，但其行为的法律后果要由委托人承担。根据米恩斯等经济学家对委托代理关系的深入研究表明，委托人和代理人在激励与责任方面存在不一致性甚至存在矛盾，加上信息不对称，代理人有可能背离委托人的利益或不忠实委托人的意图而采取机会主义行为，发生道德风险和逆向选择，使委托人蒙受损失，甚至承担法律后果。那么问题来了：首先，国资的委托人能承担得起法律后果吗？私企、外企的股东会是由资本所有者构成。他们通过推选董事会，以自己的出资承担董事会和经理层代理活动所产生的后果。而国资委则是作为政府出资人代表的面目出现的，仍实际上是受政府委托的国资管理代理人，无法承担国资委托管理的法律后果。故此，"怕放权"就成了国资委的一种普遍心理。其次，对国资代理人放心吗？相对于私企、外企股东会对选择董事会人选、董事会对聘任经理层往往有绝对的人事权。国企的董事会、经理层往往是由上级党委及其组织部门选择任命（经理层需由董事会履行聘任程序），而组织部门选择国企高管的标准，往往是由上级组织部门从政治素质、业务能力、工作表现、群众口碑以及干部资历、历史因素等方面来进行综合考虑，尽管国资委有一定的建议权，但没有决定权。由于选人用人中的信息不对称，有时也会出现"人岗不相适"的人员缺乏快速的调整机制，从而使国资部门对国资管理权的下放增加了"不敢放"的顾虑。还有一些国企班子的建设比较薄弱，存在"一言堂"或者"一盘散沙"的问题，以至于经营权的下放出现"放不下"和"接不住"的问题。最后，企业"一把手"责任如何落实？教科书中描述的规范的法人治理结构中的董事会职责主要是在公司的生产经营计划和投资方案决定公司的年度财务预算、决算方案，利润分配和弥补亏损方案的制订，注册资本金增减、发债、公司合并、分立、解散或变更方案以及内部管理机构设置等方面发挥作用。《公司法》也是这么作一般性的规定的。同时，根据《国企改革三年行动方案（2020—2022年）》要求，董事会还应该在人力资源管理、计划预算、财务、资金、固定资产以及合同、信用管理等方面向经理层授权，由总经理办公会履行决策职权。这样的治理结构和职责分工，呈现在我们眼前的董事会工作场景是：董事会只在公司重大决策、重要方案制订方面履行职责，一般一年两次会议。与监事会的监督配合共同向股东会负责。事实上，私企、外企的董事会也确实如此。

但国企的董事长通常是与党委书记职务"一肩挑"，还承担着两个"一"的责任：党建工作第一责任人和行政工作"一把手负责制"，对公司的党建工作和行政工作负全局性、关键性、重要性的总责。即对公司党的建设和生产经营活动负全面责任。自从2016年10月中央国企党建工作会议以后，企业党组织确立了在企业中的领导地位，党的领导融入公司治理各环节，党组织内嵌于公司治理结构之中。这个英明决策，彻底解决了企业长期以来党政"两张皮"，党建工作"党务化"的问题，从而使党建工作在国企中真正发挥出强大的政治优势和管理优势。因此，在国企这样的管理体系下，要把董事会、党委会、经理层以及相应的工作机构的职责全面划分清楚，使其独立开展工作是不现实的。比如，人事工作授权经理层管理，而人事又往往与干部工作重叠在一起，干部管理、后备干部培养、人才队伍以及职工队伍建设是党组织的重要工作职责，组织部（人事部）工作如何分割，党委书记、总经理各管一块？显然是做不到的。再如，党组织已内嵌在公司治理结构、党的领导已融入公司治理之中。党中央明确指出，党员干部的第一身份是党员，第一职责是为党工作。国有企业无论是党建工作，还是业务工作，首先都是党的工作。国企的党建与业务工作已经完全融合在一起，可以说已经是硬币的两面，不可分割。

此外，董事长作为企业"一把手"，仅靠一年两次董事会（一般而言）和若干个工作委员会的工作，存在信息不对称的巨大风险，又如何能履行好"一把手"的总责呢？总之，委托代理关系的产生是出资人通过聘请专业（职业）的代理人来弥补自身资本运作和经理管理能力的不足，并以聘任（解聘）权和奖惩机制为制约，以出资为风险承担所形成的契约关系，而我国的国企董事会既没有承担出资风险的能力，又没有决定经理层聘任（解聘）和奖惩的权力，也不是为了弥补自身资本运作和经营管理能力的不足，因此，完全采用西方公司制的法人治理结构并按此运行显然是水土不服的。

关于国企如何建立符合我国国资国企实际情况的问题，可能很难清晰地提出切实可行的解决方案，需要在改革实践中逐步探索完善。以问题为导向，可以在这样几个方面进行探索与研究：一是国资管理的充分授权。由政府完全授权国资委，使其有最终的决策和处置权，成为名副其实的出资人。或者由政府直接委托国企董事会，国资委纯粹作为国资监督机构。从而把委托人的出资风险承担能力提升到位、责任压到实处。二是管资产与管人相一致，以解决"自主权"不敢下放的问题。三是公司内部法人治理结构既讲党委会、董事会、经理层分工负责，各司其职，又讲国企班子的整体性，实行班子里的分工负责。一些国企在法定工作机构职责区分的基础上，通过制定符合中国特色、国企特点的党委会、董事会和经理层工作规则和班子成员分工来落实各项工作职责，收到了比较好的治理效果。

## 二、集中与退出：资源配置效率

《国企改革三年行动方案（2020—2022年）》明确要求，国有企业要坚持更好地服务国家战略，进一步聚焦战略安全、产业引领、国计民生、公共服务功能，调整存量结构，优化增量投向，推动国有资本向关系国家安全、国民经济命脉的重要行业和关键领域集中，向前瞻性、战略性、新兴产业集中，加快从不具备竞争优势、缺乏发展潜力的非主业、非优势业务中退出。这个决策，无疑是十分正确而必要的。本书在第四章关于国企效率中论述到的有关国企的"外部性有为"和国企协作引致的效率，就是依靠国有资本的集中和退出、结构优化以及协同合作等国资运营举措，来实现国资国企总体效益最大化。

在关于国有资本的集中与退出中，难在退出上。国有资本向重要行业和关键领域集中，本质上是由若干次的扩大投资或新的投资活动来完成的。尽管说投资是资本经营活动永恒的主题，是投资人在经营活动中最为艰难的选择之一。一项投资在蕴含着新的希望的同时，也伴随着无尽的风险。但相对于国资国企的投资，比国资的退出显然容易得多。其原因恐怕不外乎这样四点：

一是国民经济发展和政府宏观调控的迫切需要。在经济社会发展中，国家安全以及人民对于物质和文化生活的美好需要，要求政府不断解决发展的不平衡、不充分问题。因此，政府对于社会生产力的发展和物质财富、精神财富的生产供给有切实的感受，可以及时地要求国有资本加大投入，容易形成国资的投资决策。二是投资方向相对容易把握。国资国企的地位和作用表明，国企要成为国民经济的支柱和我党执政兴国的依靠力量，关键在三个"不"上发挥独特的作用，即事关国家安全和民生需求，但因为投资回报低或周期长而非国有经济不想干的；因为资本和人才集聚规模大、强度高而非国有经济干不了的；因为关系到国家安全和国民经济命脉而非国有经济不能干的。三是国企投资重在看政治、社会和经济三者的总体效益，对经济风险的承受能力相对较高。四是创办新企业、开拓新产业是吉庆之事，容易得到广泛的认同和支持。对于国资国企的管理者而言，是名利双收的好事。因此，国资国企的投资冲动往往是比较强烈的。

与此相对，国资的战略退出，却并不那么容易。本书在第五章第三节对当前国企深化改革中面临的深层次问题的讨论中，已将其作为一个问题作了提示。经验告诉我们，在现实生活中，国资的退出往往是被动进行的，是一种对濒临破产企业而采取的兼并重组、破产、剥离等处置措施的无奈之举。其根本原因是，国资国企缺乏一种内生的战略退出机制。首先，评价体系的欠缺。在本书第一章第一节中就对国企的来源进行了详细的描述，多种来源构成了国资国企的整体。但就单个企业的功能作用而言，不总是与当前中央对国资国企的定位相一致的。特别是在政企分开的机构改革时期，很多政府工业部门机构精简甚至撤销，形成产业或企业集团。随着外资和民企的壮大，彻底扭转了很多商品的短缺状况，一批从事商品生产和服务供给的国企逐渐失去了基础性、功能性的作用，完全成为竞争性产业。而这些产业由于国企的信用较好、融资的便利和资管成本优势，以及一些行政扶持、政策倾斜，继续保持不错的经营业绩，但是其本身并不具备竞争优势，也缺乏发展潜力。问题在于，在现实中要判定这类企业是否具备优势和发展潜力，是否应该退出，以及什么时候退出是非常困难的。非公企业一般都是由出资人凭着对市场和产业的敏感性、直觉作出抉择的，而国企在这方面，没有权威的评估机制，也没有可操作的评价标准，更欠缺相关的利益责任机制。在种种因素的作用下，国资往往非要到濒临破产的时候才能退出，而这里的代价无疑是巨大的。本书第四章第三节列举的关于国家电网剥离鲁能集团的案例，则是源自中央巡视组依据中央关于"聚焦企业主责主业，做强做大做优国有企业"的要求所提出的整改意见，是一种外部力量的推动。因此，我们还是应该按照中央深化国企改革的要求，研究建立起科学合理的国资国企战略性退出机制，建立起符合国情省情的国企功能作用评价办法和权威的评价团队，明确国企退出的决策程序，制定科学的国资退出规划计划，建立责任体系和考核办法，明确责任主体和责权利关系。真正使国企做到宜强则强、宜大则大、宜进则进、宜退则退。变被动退出为主动作为，使国资的流动能够经常化，使退出的国有资产能"卖个好价钱"。

## 三、激励与约束：市场化经营机制 —————

《国企改革三年行动方案（2020—2022年）》明确，深化企业内部三项制度改革，积极推行经理层人员任期制和契约化管理，推动管理人员能上能下。全面推进用工市场化，推动员工能进能出。健全业绩决定薪酬分配的机制，推动收入能增能减。这是解决国企活力不足的一剂良药，极富针对性。

我在第五章第三节中提出，国有企业改革面临"激励与约束机制"不完善的困难，即国有企业在实施"正向激励"和"负向约束"方面存在着制度性的困难。激励和约束，在企业中具体表现用人用工和收入分配。激励约束不完善，直接导致企业缺乏活力，雇员缺乏积极性和主观能动性。

首先我们讨论用人制度问题。国有企业冗余人员多，职工能进不能出的这一用人用工特点对国企的效率、活力和竞争力造成了负面影响已是共识。尽管《劳动合同法》已明确国企职工的身份从固定用工转为全员劳动合同用工，但国有企业职工的劳动关系仍然受到严格保护：在职工没有重大错误、造成重大工作损失的情况下，除非本人愿意，国企不能解除职工劳动关系。这一现象没有得到根本改变，恐怕与片面理解长期深入人心的职工是国企主人翁的理念有关。其中最有代表性和影响力的就是蒋一苇的"职工主体论"（蒋一苇，1991）。他认为，在社会主义公有制条件下，职工是企业的主体，是生产资料的主人。而职工在企业居于主体地位还是客体地位，是社会主义企业与资本主义企业的最根本区别。在国有企业里，劳动合同不是职工与厂长之间的合同，而是职工个人与劳动集体之间的合同。作为企业主体的职工，既拥有企业的决策权，也拥有对企业实行民主管理的权利，因此企业重大生产经营问题应先由职工进行民主决策，再由厂长集中指挥、组织实施。这个理论的推论就是，既然职工是企业的主体，企业不能选择退减职工也是顺理成章的。国有企业不能根据自身的经营管理任务的变化选择和退减职工，还与国企承担的社会就业的社会目标有关，因此对国企用人用工制度的变革很可能与国有企业本身的既定目标相冲突。

问题是，用人用工市场化的改革进程不能因为这些困难就中止。因为这一进程如果不能顺利推进，将会使得围绕提高国有企业效率而展开的国企改革停滞不前，甚至可能会功亏一篑。为什么用人用工市场化会如此重要？

回顾历史，20世纪50年代初我国在完成了土地改革以后，开始推行农业合作化运动，初期农业产量持续增加，在1959—1961年间却突然出现了农业生产大幅滑坡。农业合作化运动早期推动了农业发展，而后却导致农业生产下滑、停滞的现象也出现在苏联和其他发展中国家。林毅夫1991年发表在《政治经济学》杂志上的《集体化与1959—1961年的中国农业危机》一文构建了一个博弈论模型，说明农业合作化运动的成功有赖于农民的自我监督，而农民自我监督的先决条件是农业合作社的社员必须拥有退社权，即当其他社员偷懒（不自我约束）导致农业减产时，勤劳的社员可利用退社权来保护自己的权益，使偷懒者丧失集体的规模经济所能带来的好处。但是合作化运动初期的成功，容易使热衷于合作化运动的政治领导人误认退社的勤劳社员是反对合作化运动的坏分子，如果政治上把退社的权利剥夺了，勤劳的社员在不自我约束的社员偷懒时无法自保，也可能会跟着偷懒，导致合作社的生产积极性和产出大幅下滑（Lin，1990）。对国有企业而言，这一历史经验意味着，如果不存在对偷懒雇员的有效惩罚机制，国资的保值增值就会受到严重影响。为什么一定要通过退减员工，而不是加强用人用工来实现对员工偷懒行为的限制呢？这其实正是现有经济学理论的重要结论之一。

无论是马克思经济学还是新古典经济学，在劳动力市场上都或多或少地承认这样一个事实：劳动力究竟付出多少努力，并不是能在合同里写清楚的。因此，劳动力市场上这种交易被称作"竞争性交易"。这一概念最早见于鲍尔斯和金蒂斯于1988年合著并发表于《美国经济评论》的《竞争性交易：政治经济学与现代经济理论》

一文中。文中对竞争性交易给出的定义是："当交易的商品的某些方面具有对买方有价值的属性，并且提供这种属性需要耗费成本，同时这一属性还难以被衡量或是不受确定的合约规范约束时，这种交易即为有争议的交换"（Bowles & Gintis，1988）。

竞争性交易的典型例子是劳动力市场和信贷市场上的交易，在这两个市场的交易中存在着一种"事后"的交易，例如劳动力是在签订劳动合同后才提供劳动，而借款人也是在订立借款协议后才决定贷款的投资去向——劳动力在付出真实工作努力上与雇主，借款人在选择投资去向上与贷款人都存在着利益冲突，而雇主和贷款人又难以准确衡量或用成文合约条款对实际工作努力和投资去向进行严格限制。因此，这种事后的交易是由买方为诱导卖方做出合乎买方本意行为而建立的监督、制裁和激励机制决定的。而这种竞争性交易的存在正是理解经济体中政治结构的重要切入点，因为"在竞争性交易中，这些内生的执行竞争性权利主张的制度可以被视为经济中的政治结构要素。在自由主义社会中，因为国家垄断了合法的人身控制权，所以经济行为人可用于内生执行合同的工具被严格限定了。在这些工具中，'或有续约'处于核心地位：买方通过承诺只在对卖方的表现感到满意时才续约，来诱使卖方遵守合同"（Bowles & Gintis，1988）。[①]

但这种"或有续约"手段要想保持有效性，买方就必须向卖方提供一种"执行租金"，使当前交易对卖方而言严格优于次优选择，因为只有在这种情况下不续约才能成为一种威胁。可以证明，

---

[①] 所谓内生执行，即需要交易中的经济主体以花费资源的方式进行合约的强制执行，这一概念与外生执行——即第三方机构（例如国家）以对交易中的经济主体而言无成本的方式强制执行合约相对。

这种租金是一种市场均衡现象，因此这些市场无法出清并且存在权力关系——因为竞争性交易市场永远都是卖方市场。在劳动力市场中，这种租金表现为员工现行工资高于市场均衡工资水平的现象。

在我国的国有企业中，员工虽然享有这种执行租金，却并不受或有续约的影响。应该说，"职工主体论"产生于计划经济国营企业时期，职工在企业中的地位和关系的认识在国有企业的本质上，有一定的合理性。但在具体的实现形式上，显然与现代企业制度、企业法人治理体制不相符合。或许有人会认为，社会主义性质的国有企业不应该用不再与员工续约这种或有续约手段来让员工付出有效劳动。本书认为，这种认识是错误的。历史经验告诉我们，如果只能用货币工资，即执行租金正向激励员工，而不能以或有续约对员工实施约束，那么后果就是企业无法真正进行管理控制，而缺乏管理控制不仅是过去中央计划生产体系组织能力欠发达的基本原因，而且是国有企业在从计划向市场过渡中实现组织转变的最大和最直接的障碍（路风，2000）。

在现代企业制度中，雇员是代理方，而不是委托方。国有资本是为全民利益服务的，不是归本企业员工所有，只为本企业员工利益服务。因此，即便国有企业在经营中确实尽量少开除员工，也只是意味着国有企业在适度追求它的社会目标，而并不意味着从根本上损害职工是企业的主人翁地位，即最终的委托方，也并不意味着劳动者将在企业中彻底丧失权益保护，沦为企业的工具。参考前文对国有企业治理结构的论述，在党委领导下，雇员的权益将得到统筹，即以和平方式解决劳资对立——这也是国家直接影响作为经济基础的生产关系的表现。因此，企业的民主管理并不会因为这种观念的转变而消失，只不过是把雇员的角色从过去的"主人公"调整为了适应现代企业制度的"利益相关方"来参与民主管理。

再来谈谈国企收入分配问题。本书认为，国有企业现有的激励机制之所以存在许多问题，特别是有关收入分配问题，根源可能不在于许多人认为的"路径依赖"，而是在于国有企业的经营业绩评价体系存在种种不足。而这种不足仍是国有企业的双重经营目标造成的。首先，社会目标的收益难以具体量化，因此无法根据实际获益而对员工进行奖励；其次，若仅根据经济目标进行激励，则会导致员工侧重企业经济目标的实现，常常表现为无法兼顾社会目标的实现；最后，正是由于社会目标实现情况难以量化而经济目标情况几乎指标完备，因此容易把经营风险和为实现社会目标造成的经济亏损判定为经理人的失职。

本书认为，要实现国企内部薪酬激励改革，首先要加强对国有企业的理论研究，特别是对基础性的国有企业的业绩评价体系进行学理性的探讨和分析，进而开发出具有操作性的业绩评价指标体系。当然，世界上不存在完美的绩效评价体系，就连高度发达的欧美国家中的公司治理也问题重重，因此我们不可能一步到位，指望很快开发一套绝对完美的评价体系，而必须在改革实践中动态地对其进行发展和完善。

马克思主义认为，生产力由人、劳动工具和劳动对象三个要素构成。而在这三个要素中，人是最活跃、最重要的要素。在企业经营活动中，经营者和少数管理、技术骨干起着十分重要的作用，甚至是关键性、决定性的作用。可以说人是最重要的要素资源。国企职工的薪酬水平总体上略高于社会平均水平，我们可以将之视为市场决定的结果。但国企经营者和优秀人才的薪酬决定，并非由市场决定的。前文提到，国企高管有一个"薪酬帽子"，即高管薪酬从

2002年不超过职工平均工资的12倍到2014年进一步被降低到8倍。那么对国有企业经营者薪酬实行行政干预是因为它的配置具有市场失灵特征吗？职工平均工资8倍的理论依据又是什么呢？表面上看，与目前国有企业还不是完全的市场主体，尚无法做到自负盈亏，还没有真正建立起职业经理人制度的现实状况有关——即市场规律还不能有效地对这一要素的配置发挥作用，需要有政府这只"有形的手"来调节。但事实上，也与人们对"效益（率）优先，兼顾公平"这一分配原则的误解有关。该原则一度对鼓励充分发挥市场调节作用，对打破大锅饭、分配平均主义起到很好的作用。但这一原则的执行缺乏实施细则与之配套。诸如公平该如何被兼顾？或者说由谁来实施公平，要实现什么样的公平？此类重要问题没有明确的说法。我认为，正确的理解应该是，这里的兼顾公平不是简单地以企业为单位确定员工收入的比例，而应该是在国家的宏观层面通过税收政策和再分配手段，在依法保护合法收入、取缔非法收入、整顿不合理收入、调节过高收入的同时，保障低收入者基本生活、帮助贫困地区和家庭发展经济，最终实现社会公平。不过这种"误解"，在事实上已经成了某种意义上的社会共识，并且成了组织文化的重要组成部分。

此外，薪酬决定还受到科层制管理方式的限制。即国企内部雇员的薪酬是与个人的层级挂钩的，要根据党的干部任用的规则来决定薪酬水平。这意味着，如果要对某些业绩突出的个人论功行赏，就需要根据相关规定提高他的层级，否则就无法给予薪酬激励。而层级的提升不仅是要看个人能力，还要考虑政治因素、资历因素及民主意见等，个人的业绩只占其中的一块，这是由国企采用的一套类似于行政组织的人事管理方法决定的。在这样的管理体制下，完全以业绩来论功行赏是不可能的。

在长期激励方面，众所周知，股权激励在公司治理中是一项非常常用的激励手段，即把个人的前途命运和企业的持久发展联结在一起，以避免管理者的短期行为的重要手段。这是公司治理实践中逐渐摸索出来的、效果较为突出的一种激励设计。但是在国有企业中，股权激励很难推开。其一在于理论上没有突破：按照现有的理解，国有企业的所有制结构决定了要把企业资产的股份交给少数人长期持有是一种部分私有化的行为；其二是操作上的困难，即要把国企业绩中一些非经营性的因素——例如对资源的垄断、利息上的优惠和政策的相关支持等分离出来，并且在分离清楚后把业绩和股权挂钩，把资产界定清楚落实给业绩突出的管理人员，在实际操作中很困难，并且一旦没有达到预期效果又会带来一系列负面影响。表6-1呈现了国有上市企业和非国有上市企业管理层的薪酬结构。

**表6-1 中国上市公司管理层薪酬**

| 年份 | 经理薪酬（元） | | 董事薪酬（元） | | 股票期权虚拟变量 | 股票期权百分比 |
|---|---|---|---|---|---|---|
| | 平均值 | 中位数 | 平均值 | 中位数 | | |
| 面板A：国有企业样本 | | | | | | |
| 2003 | 160639 | 118702 | 151746 | 110833 | — | — |
| 2004 | 196940 | 146214 | 171212 | 124896 | — | — |
| 2005 | 212748 | 163866 | 174155 | 119333 | — | — |
| 2006 | 265083 | 200000 | 214577 | 141000 | 0.02 | 3.89 |
| 2007 | 369799 | 257035 | 304230 | 191566 | 0.01 | 3.04 |
| 2008 | 405227 | 288000 | 325305 | 221966 | 0.04 | 2.84 |
| 2009 | 431909 | 320000 | 350609 | 247666 | 0.02 | 2.77 |
| 2010 | 519991 | 383933 | 418771 | 292328 | 0.02 | 2.69 |
| 2011 | 610340 | 443166 | 487363 | 334833 | 0.02 | 2.64 |
| 2012 | 621358 | 476083 | 523277 | 379484 | 0.03 | 1.92 |

续表

| | 经理薪酬<br>（元） | | 董事薪酬<br>（元） | | 股票期权<br>虚拟变量 | 股票期权<br>百分比 |
|------|--------|--------|--------|--------|--------|--------|
| 2013 | 656040 | 500573 | 538918 | 401866 | 0.03 | 2.28 |
| 2014 | 701194 | 514333 | 566614 | 409966 | 0.05 | 2.26 |
| 2015 | 733450 | 553250 | 569302 | 420000 | 0.05 | 1.83 |
| 2016 | 777300 | 574150 | 599206 | 445633 | 0.04 | 2.48 |
| 2017 | 893127 | 637233 | 704067 | 492400 | 0.06 | 2.99 |
| 平均 | 522802 | 366100 | 421018 | 281400 | 0.03 | 2.54 |
| 面板B：非国有企业样本 | | | | | | |
| 2003 | 168374 | 118700 | 163079 | 110356 | — | — |
| 2004 | 200459 | 140000 | 194910 | 133000 | — | — |
| 2005 | 213727 | 148366 | 208751 | 133200 | — | — |
| 2006 | 246467 | 160000 | 235042 | 152633 | 0.05 | 8.28 |
| 2007 | 390511 | 196666 | 376177 | 190100 | 0.03 | 4.72 |
| 2008 | 376651 | 234433 | 356621 | 230000 | 0.09 | 6.39 |
| 2009 | 416941 | 262433 | 388546 | 248366 | 0.05 | 4.47 |
| 2010 | 461285 | 321933 | 444347 | 296466 | 0.09 | 5.31 |
| 2011 | 497496 | 368500 | 477864 | 345266 | 0.15 | 5.19 |
| 2012 | 540688 | 393600 | 518856 | 376724 | 0.17 | 5.53 |
| 2013 | 596301 | 417433 | 569448 | 396300 | 0.22 | 5.20 |
| 2014 | 632349 | 452650 | 600900 | 430850 | 0.26 | 4.22 |
| 2015 | 709644 | 491266 | 674199 | 474800 | 0.29 | 4.36 |
| 2016 | 764498 | 544950 | 713943 | 513416 | 0.28 | 4.27 |
| 2017 | 820553 | 594016 | 778953 | 560000 | 0.31 | 4.73 |
| 平均 | 506979 | 340675 | 482357 | 320000 | 0.19 | 4.73 |

来源：Lin K J et al（2020）

注：经理报酬按公司内薪酬排名前三的经理人的报酬之和除以3计；董事报酬按薪酬排名前三的董事之和报酬除以3计；股票期权虚拟人是一个指标变量，如果公司在该年度向其高级经理人授予股票期权，则等于1。

　　因此，要建立起科学的国企激励、约束机制，形成市场化的企业经营机制，需要在理论上突破"职工主体论"带来的错误观念，形成现代企业治理体系；正确理解"效率优先，兼顾公平"分配原则的本质含义，建立起由市场决定的薪酬制度，并在充分竞争的商业性企业中，率先进行股权激励等长效激励手段的探索实践，以切实推进国企内部"三项制度改革"走向深入，增强国企的活力和竞争力。

## 四、追责与容错：责任追究工作体系 ————————

　　趋利避害、厌恶风险是人的本性。但就企业经营而言，又不得不去拥抱风险。因为风险与收益是形影相随的孪生兄弟，没有风险就没有收益。一般来说，收益高则风险大，风险小则收益低。风险是收益的代价，收益是风险的补偿。私人资本拥有天然的强烈逐利性。马克思说，一旦有适当的利润，资本家就会大胆起来。有百分之五十的利润，就会铤而走险；为了百分之一百的利润，就敢践踏一切人间法律；有百分之三百的利润，就敢犯任何罪行，甚至冒绞死的危险（马克思，1963：258）。与之相反，国企是普遍厌恶风险的。但在企业经营的高风险工作中，不出错是做不到的。要想不被追责，就要少做事，甚至不做事。事情做得越多，可能出现的问题就越多，追责就越多。这是弥漫在国企经营者中的普遍心理。而家国情怀，靠情怀做事，将个人安危置之度外，就成了国企经营者最难得、最宝贵的品格。国企开拓能力、创新能力、竞争能力和企业活动不足与各级经营团队"畏首畏尾"的自保心理有很大的关系。因此，建立和完善科学的国企责任追究工作体系和工作机制是十分必要而紧迫的。对搞活国企、为企业经营者担当有为创造良好的工作环境极其重要。

根据国务院国资委发布的《中央企业全面风险管理指引》，企业风险的定义是："未来的不确定性对企业实现其经营目标的影响。"企业风险主要有：市场风险，即因市场变化导致市场份额下降，或出现反倾销、反垄断指控导致的经营风险。产品风险，即因企业新产品、服务品种开发不对路、质量缺陷，或产品陈旧等导致的风险。经营风险，即由于企业内部管理不善、股东撤资、资产负债率高、资金回笼慢、资产沉淀等造成亏损或资不抵债的风险。投资风险，即因投资项目论证不足，导致项目失败。外汇风险，即外汇汇率变动引起经营状况的恶化。人事风险，即用人不当，骨干人才流失，或员工大面积停工、辞职造成的损失。体制风险，即因企业法人治理结构、组织体系、激励机制不适应造成企业运转困难，产生风险。购并风险，即企业股权发生变化或转移，引起恶意收购、兼并带来的风险。自然灾害风险，即因不可抗拒的自然环境恶化或人为重大恶性事故造成企业难以继续运行。公关危机，即因某种问题被公众媒体曝光，使企业公信力和美誉度急剧下降，经营活动陷入困境。政策风险，即因政府法规、体制、规划、政策等发生变化给企业经营活动带来严重影响。外交风险，即因我国与其他国家之间政治、外交关系变化影响企业生产经营活动。以上这些主要风险，是按业务性质划分的。在这些众多的企业风险中，有一些是不会构成追责的，比如自然灾害风险、政策风险、外交风险等。有一些是多种所有制成分的企业共有的，会构成追责的，但一般不会构成刑事责任的。比如市场风险、产品风险、经营风险、公关风险等。还有一些是存在被刑事追责风险的，如投资风险、购并风险和生产安全风险。在这些风险中，为国企所特有的责任就是"国有资产流失"。这是悬在国企经营者头上的一柄"达摩克利斯之剑"。尽管说，"国有资产流失罪"在法律上已经取消了，但因国有资产流失而追究的滥用职权、失职渎职罪，同样使国资经营者"心悸不已""寝食难安"。

国有资产流失是指国有资产的投资者、经营者和管理者由于过错，违反有关国有资产管理的法律、法规，造成国有资产损失或者致使国有资产处于流失状态的行为。国有资产流失主要有以下几种情形：假破产真讨债；高值低估；管理不善；决策失误；财政性吞食。其中最让国企经营者难以把握的是决策失误和高值低估两个罪名。下面着重就这两个问题进行讨论。

决策失误。决策的情形很多，为了便于简便说明问题，我们只以最有代表性的投资决策失误为例。而这个决策只限于企业自主决策的投资行为。判断投资决策是否失误不是一件困难的事情，只要将结果业绩表现与预期目标作个比较，就可以一目了然。投资失误最常见的就是市场变化需求不及预期，或者投资过旺造成供给过剩。也有项目成本控制因为预算不准确或原材料人工成本涨价等因素失控。还有一类是前瞻性投资，这是最能衡量投资能力水平的投资，它考验一个企业家是否具有技术含量，也是决定一个企业是否具有活力、竞争力的最重要投资。像吉利集团收购沃尔沃轿车业务的神话就属于这类投资活动，无疑这类投资风险也是最大的。"成王败寇"往往在这类投资里被演绎得淋漓尽致。投资理论和常识告诉我们，投资是有风险的，而风险和收益有正相关关系。并且一个企业、一个企业家投资不出现失误是基本不可能的。投资失误是个概率问题，衡量投资人是否精明，无非是失误多少、损失大小、获益多少的问题。既然企业投资活动是充满风险的"与虎谋皮"，失误是在所难免的，那么，这个"魔咒"同样适用于国企经营管理者的投资活动。现在我们再来讨论一下投资决策失误的追究。在非公企业里，出现投资决策失误，造成股东利益损失，先看收益与损失的多少，如果总收益大于总损失，而且还能满足出资人对于资本收益的预期，那么这个经理层工作业绩至少是合格的。对于损失，除非有主观故意，一般不会追责。如果投资失误不存在主观故意或出现问题后没有不积极去弥补的重大过失存在，对经理层的追责也只是薪酬处罚直至解聘。投资损失则由出资人自己承担，作为代理人选用不当的代价。

在国企里，出现投资失误，则是"锱铢必较"，哪怕是总体业绩很好。因为对于国资国企有一种潜意识是"做好是应该的，做不好是不应该的"。所以，在国企经营者之间私下流行着一句话，叫作"我们打乒乓球只能11：0取胜"，输一个球都是不允许的。国企经营者一旦出现投资决策失误，造成所谓的国资流失，那便意味着自己处于极其被动的境地。头上悬着的这柄"无形的剑"立刻变成了一柄实实在在的"有形的剑"。能不能落下来、落到哪个部位已经不是自己可以主导的了。就拿重复投资来说，在市场经济体制下，无论哪个国家，都会存在重复投资的问题，否则，便不会发生资本主义的经济危机了。按照匈牙利经济学家科尔内的"短缺经济学"理论，只有在传统的计划经济制度下，才会长期出现商品和服务供给的短缺（科尔内，1986：127—128）。国企的投资一旦不幸地被证明是重复投资后，其经营者在决策中的过错是非常容易被找到的。从立项、可研到评估论证、审核、专家咨询，再到党委会前置审议、董事会讨论决策，如投资比较大还要报请国资委甚至政府批准。即使程序完全符合规范，对于各个环节的工作质量也是经不起事后的分析、评判的。如果说在这期间，有不同意见，那决策者的责任就更大了，哪怕是严格按照议事规则、决策原则来进行决策的。如果是前瞻性的投资，就更麻烦了。对于开拓性的产业发展，本来就没有太多的经验可循。对于前景的预期，也是相对比较粗放的，更多是一种趋势的判断。投资前瞻性项目大都是战略性举措，事关企业长远发展，往往有较长的培育期，所谓"先赔后赚"。这类项目的投资，更多体现经营者独到的眼光。也正是这一点，才显出企业家的过人之处。投资前瞻性项目，对国企而言，本身就需要力排众议，做好思想统一工作，决策时就不容易。更困难的是与建立在当期效益为主的现有国资考核评价体系不在一个维度上，让决策者"百口莫辩"。

高值低估。在20世纪末、21世纪初的相当时期，国企进行了较大规模的改制改革，由于管理不规范，一些改制企业出现了比较严重的内部人控制、恶意高值低估，造成国有资产的流失和职工的强烈不满。我们这里要讨论的是，非主观故意，而是因为资产价值评估的复杂性造成对资产价值大小看法不同而引起的问题。了解资产属性的人都知道，要完全精确测定资产的价值是极其困难的。资产能为你带来利润时，它是财富；为你带来亏损时，它就是包袱。它在这个地方时，它是财富；到另一个地方时，可能是包袱。它在这个时间时是财富；换一个时间时就成了包袱。它在善于经营的能人手里时是财富；在一个不善经营的庸人手里时就是包袱。它在这个体制机制下是财富；在另一个体制机制下可能是包袱。它在金融家眼里是财富；到实业家手里就是包袱。因此，资产价值评估只有在给定的时间，结合现有的地点、状态、用途和经营机制、管理现状的条件，按照资产评估的规范做出的人为判断。一旦前提条件发生变化，资产反映在利润表现上的价值也可能会出现变化。上市公司的上市价格评定就是最好的例证。初始价格和上市后二级市场的表现往往是不一致的，有的还有很大的差别。连续涨停和跌破发行价的情况比比皆是。因此，我们可以说，除非在资产评估时，委托方没有真实、完整地给评估机构提供资产的全部材料和情况，存在主观故意或过失，或者评估公司业务不精存在评估失当。否则，资产的评估与资产产权转移（部分转移）后的实际表现是无关的。我在此想要说明的一个观点就是，正常的资产评估也是经不住事后验证的。用事后的业绩来倒算事前评估的价值是不科学的，也是不公平的。当然，可以作为"问题导向"的一种分析方法，来寻找问题所在，特别是有没有主观故意等败德行为。在程序和工作正常的情况下，应该尊重当初评估的结果。

一个不够完善不够切合实际的责任追究制度对国企经营活动带来的导向性问题也是显而易见的。它直接导致国企经营者不敢主动作为，对重大决策瞻前顾后，产生求稳自保心理，从而丧失了很多商机，影响了企业的健康良性可持续发展。

国有银行对民营企业惜贷造成民企融资难，其背后的根源就在于对银行贷款业务的责任追究体系上。银行家们对国企贷款即使不能回收给银行造成损失，也不存在国有资产流失问题，"肉烂在锅里"。而对民企就不一样了。一旦贷款不能回收，就有国资流失的风险。因此，为了保险起见，只好选择实力强、信用好的民企，加上比贷款额度多得多的资产做抵押担保。此外，还要把民营企业家的个人资产一并抵押上，承担无限责任，做到"万无一失"。

为了鼓励国企经营者更好地改革创新，为其撑腰鼓劲，让广大国企干部愿干事、能干事，中央提出要建立"容错机制"，给真正的改革创新者在放手闯、大胆干的同时，吃了一颗"定心丸"。

党的十八届六中全会提出，要"建立容错纠错机制，宽容干部在工作中特别是改革创新中的'失误'"，并将其写入《关于新形势下党内政治生活的若干准则》之中。容错机制的核心是，坚持"三个区分开来"：把干部在推进改革中因缺失经验、先行先试出现的失误和错误同明知故犯的违纪违法行为区别开来；把上级尚未明确限制的探索性试验中的失误和错误同上级明令禁止后依然我行我素的违纪违法行为区别开来；把为推动发展的无意过失同谋取私利的违纪违法行为区别开来。"容错机制"的提出，树立了鲜明的导向，通过依规容错、合理容错、及时纠错、澄清保护，消除干部思想顾虑，鼓励干部积极作为，激发调动干部干事创业积极性，起到了积极的作用。但在现实中，容错机制出现了"叫好不叫座"的情况。究其原因，最根本的恐怕还是经营者存在"不想犯错"的普遍心态。毕竟即便是被"容错"和"宽容"，终归还是"有错"。从实践上看，容错机制也存在一些不适应、不协调、把不准、难操作的困难。比如，什么样的错可容，什么样的错不可容？无心之过与故意犯错该怎么判别？可容不可容由谁评判？这些问题往往到具体实际就很难分辨，也很难事前明确。总之，对经营者而言，一旦出错，自己命运就交到别人的手里，这是他无论如何也要努力避免的。

现行的国资国企责任追究办法对国企经营管理的干事创业积极性是有一定制约作用的，应该加以完善。首先，是出资人应该回归到企业的规律性认识把握上，对待投资经营损失应与非公出资人一样，对经营者非主观故意造成的资产损失，应放在经营责任制考核机制中来追责，包括降薪，甚至解聘，而不是用"国有资产流失"相关的概念来定性，甚至追究其刑事责任。把国资国企的经营管理者从"国有资产流失"的风险包袱中解放出来。由于企业经营国资的风险或者经营者能力不足造成的风险损失，应作为出资人选聘经营者不当的代价来看待。其次，是进一步细化"容错办法"，使之制度化，增强刚性约束，减少追责的自由裁量权。应以总体业绩评价为主。对于总体业绩较好，但存在非主观故意的投资或经营性损失，应视为合理性损失，不可对经营者的出错要求过于严苛。打球要看整个比赛的输赢，而不是纠结于某一局，甚至某一分的输赢。当然有主观故意的必须"每球必较"。最后，对于投资经营的正常性损失，重在评判决策程序的合规情况。应给企业正常性的损失有一定的宽容度。以银行贷款为例，对民企国企在资金损失的追责上应该一视同仁。对于民营企业，只要符合银行贷款条件，并经严格审核、党委会前置审查、董事会集体决策的贷款，即使受到损失，也要将其视为正常的经营性损失，按经营业绩考核办法予以惩处，而不能冠之以国有资产流失相关的"罪名"予以法律甚至刑事上的追责。同样，对于不符合贷款条件的国企，提供不当贷款造成损失，也要予以追责。当然，上述观点，只是一家之言，仅供参考甚至批判。

## 五、出资人定位：法人治理体系 ———

政府如何行使好出资人权利，是国资国企改革的重点内容之一。现代企业的基本特征之一，就是所有权与经营权的分离，并基于此形成一系列制度安排和委托代理关系（梯若尔，2007：22—27）。党的十六届三中全会提出，"归属清晰、权责明确、保护严格、流转顺畅"的现代产权制度，实现出资人所有权与企业法人财产权的两权分离与权责明确，从理论上解决了政府作为出资人对国有资产的管理模式问题。通过设立政府特别机构——国资委作为出资人代表履行出资人职责，行使对国企的收益权、决策权和选聘经营者等一系列权力，从理论上解决了国有资产出资人缺位的问题。这是一个符合企业自身发展规律，也符合现代化、国际化的资产管理制度安排。但自国资委设立以来的实践表明，我国的国资管理，与达到现代化、国际化的目标要求还有一定的差距。政企、政资分离不彻底，管理的行政化色彩还比较浓厚，国资管理在实际中仍然是作为一个政府归口管理部门的主责主业。因此，作为出资人的政府并没有通过完备的企业法人治理体系和契约管理形式等现代企业的管理方式对国有企业进行管理，这都会影响企业的运行效率。这一现象出现的主要原因在于，目前对出资人的定位仍然不够清晰，出资人游离于企业内部法人治理结构之外，依然存在实质上的出资人缺位。

本书在本章节第一个问题，讨论国资"委托代理关系：授权管理制度"中，分析了国资的委托代理关系：即，由政府对国资委进行出资人代表授权，赋予它国资管理的代理人之职责；然后国资委作为委托人授权企业董事会，代理国资委行使企业国资管理职责。根据《国企改革三年行动方案》要求，国企董事会还要在人力资源管理、计划预算、财务、固定资产的合同、信用管理等方面向基层授权，由总经理办公会履行决策职权。这样，在关于国有资产的管理链条上，形成了"四、三、三"的模式，即四个管理主体（政府、国资委、企业董事会、经理层），三个委托人（政府、国资委、企业董事会），三个代理人（国资委、企业董事会、经理层）。国资委、企业董事会和经理层在上一层国资管理主体的授权范围内，行使委托人职责。

与这种比较完整的国资委托—代理关系相适应，国资国企现代管理体制改革，也还呈现出逐步规范的国资决策—执行管理体制。在这个制度体系里，政府作为国资出资人，承担着国资的管理职责，对重大事项承担决策职责，是一级决策机构。国资委既作为政府决策的执行机构，同时又承担着国资的委托管理职责，对授权内的国资的重要经营管理活动履行决策职责，是二级决策机构。在企业内部管理体系上，《公司法》和2017年国务院颁布的《关于进一步完善国有企业法人经理机构的意见》明确指出，"董事会是公司的决策机构"。《国企改革三年行动方案（2020—2022年）》也明确指出，董事会要充分发挥"定战略，作决策，防风险"的作用。所以公司董事会是企业的决策机构也是明确的。已经明确的还有经理层是企业的执行机构。但《国企改革三年行动方案（2020—2022年）》又进一步明确"董事会还应该在人力资源管理、计划预算等方面向经理层授权，由总经理办公会履行决策职权"。这说明，总经理办公会也是企业的决策机构。这样，在国资管理的决策机制，一共有四个决策机构，即政府、国资委、企业董事会、总经理办公会。我们可以这样理解，政府和国资委是国资的决策机构，而企业董事会和总经理办公会则是企业内部的决策机构。从以上可知，国资委和经理层（总经理办公会）具有双重的性质，既是决策机构，也是执行机构。那么，企业董事会有没有这种双重性质呢？我国新出台的《民法典》已经对此作出了明确的规定：营利法人应当设立执行机构。执行机构为董事会或者执行董事。我们知道，《民法典》在国家法律体系中居于基础性地位，是市场经济的基本法。公司治理也在它的法律调整范围。国企总体上看都属于"营利法人"，因此，国企的董事会被赋予执行机构的职责定位是大势所趋。

众所周知，企业是独立的经济主体。完善的法人治理结构是现代企业制度的最重要组织架构，是公司制度的核心。建立科学规范的企业内部法人治理结构，也是我国国企改革的重要目标任务之一。如前所述，尽管从形式上看，国资管理的委托—代理链条和决策—执行组织机构体系是完善的，但用完备的企业内部法人治理结构来衡量，国企内部治理结构中，没有决策机构。政府和国资委属于国资的决策机构，而现有的国企决策机构——董事会，与一般企业的股东会不同，只能在国资委授权委托下的有限决策。将来，随着《民法典》规定的落实，国企董事会更主要为执行机构。国企的治理体系，亟须建立内部的决策机构，即出资人代表。

根据现代企业治理理论，公司法人治理制度的目标与依据是维护以股东为核心的相关权益主体的利益，通过建立企业内部权力机构、决策机构、监督机构，形成和经营者之间的制衡机制，为保证企业绩效最大化而建立科学的决策系统。契约理论表明，企业内部治理是通过建立委托代理关系，设立最优激励机制，以解决在委托人与代理人之间利益相冲突和信息不对称环境下的激励相容问题，以此来提高企业效率，实现对资产的科学管理（梯若尔，2007：22—27）。但遗憾的是，在国企的内部法人治理结构里，并没有出资人代表——国资委的"身影"。《公司法》并不要求国有独资企业设立股东会，而即使在设立股东会的国有控股企业中，股东代表也是由经营者担任。

由于出资人不在公司治理的框架中，所有权和经营权分离基础上的权利制衡关系就无法形成。因此，让国资委真正进入公司治理结构之中是有必要的，也是克服出资人缺位带来的负面影响的必由之路。尽管说，现行的国资委事实上代替了公司的股东会行使责权，但由于这个"股东会"并不在国企的企业法人治理结构架构之内，加之国资委内部的组织结构是按行政性管理机关的模式来设置的。因而在信息收集和机构运行上无法与企业成为有机的整体，或多或少还存在权责不清、情况不明、出资人职责履行难以到位的问题。本书提出的建议是，要进一步廓清国有企业中的出资人定位及其作用和运行方式，通过国资出资人实现方式的改革，使国企的股东会真正成为与企业有机联系的最高权力机构。要么改革国资委的组织结构和管理方式，使之成为以建强和发挥国企公司最高权力机构为核心任务的"股东会"组织，围绕股东会运行的要求，设置国资委的主要职能部门机构，并与国企法人治理结构构成一体化管理体系。要么国资委派出资代表到企业中，组织企业的股东会，完善国企股东会、董事会和经理层三级治理结构。只有让出资人代表进入到企业内部法人治理结构中，国资委才不会成为一个游离在法人治理结构外的"上级行政机构"，而国有企业中出资人缺位的弊端才能得到克服。也就是说，在目前的情况下，国有企业与出资人之间的代理链条越短，信息传递的成本才会越低，决策过程的效率才会越高（Lin et al.，2020）。

## 六、市场化主体：国企改革价值取向 ——————

回顾国企改革历程，我们不难发现，改革总是处于一种两难之中。作为改革的主导和推动部门，努力使国企按照市场经济体制的要求，真正成为独立的市场主体；而作为国民经济运行调控部门，则更希望国企的改革不要削弱"政策工具"的功能，与政府继续保持紧密关系，依然为政府的宏观调控发挥基础性作用。这两者在根本利益和总体目标上是一致的，但在实际操作上还有待作进一步的探索。道理很简单，国企是听市场的，还是听政府的，或者听谁的多一点，由谁对国企的行为起决定性作用，这是国企的市场化改革如何与政府的行政调控方式相适应的问题。从更深层面上说，则是市场经济体制与公有制如何相容的问题。

我国经济体制和国企改革的基本逻辑是要建成市场主体、市场体系、宏观调控体系、收入分配制度和社会保障制度这"五大支柱"。通过发展国有资本、集体资本和非公有资本等参股的混合所有制经济，使国企成为自主经营、自负盈亏的市场主体。其中最为关键的就是建立起市场主体。而市场主体的一个核心特征是有独立的决策自主权的。但正如上一章最后一节所展现的那样，现在国企改革面临的困难之一就在于很多国有企业承担"政策工具"的作用，牺牲了部分企业自主权，无法成为真正的市场主体，因而不能独立参与市场竞争。在这个既定事实面前，我们一方面当然要试图突破阻碍自主权下放的一系列因素，但另一方面也需要明确未来国企改革的价值取向，因为有时候改革设计比改革努力还要重要。

这项改革的破题之策就是实行"混合所有制改革"。我们曾经一度对新加坡的淡马锡模式发生了兴趣。在第三章第三节中，本书提到，淡马锡有两个密切联系的关键特征：其一，淡马锡在公开文件中明确阐述了其以经济目标为重的经营目标，并且实际的经营绩效也验证了它对于这一原则的贯彻；其二，高度独立，不对其投资组合中的任何公司直接施加政治影响。因此，我们很快发现新加坡的淡马锡模式是不能照搬的。这是因为对我国而言，淡马锡模式存在四个问题。

一是国有企业的数量问题。新加坡只有一个淡马锡，而我国的央企就有100多家，再加上海量地方国有企业，打造如此超级规模的"中国式淡马锡"必然加剧国际对中国国有企业对外投资的警惕和阻挠。二是公司治理结构问题。新加坡的淡马锡模式本质上是家族企业管理模式，不需要担心内部人控制导致的代理问题。而我国的国有企业显然不是这种模式，国资委要监管数量如此庞大、具有极大经营自主权和财权的"超级淡马锡"相当困难。三是当前中国国有企业与民营企业在产业链分布上是"垂直一体化"格局，超级淡马锡凭借产业链优势和市场势力可能会挤压民营企业的利润空间（高岭等，2021）。四是淡马锡模式下的国有企业只有经济目标，而卸下了社会目标和政治目标，即企业任何的活动都服务于国有资产的保值增值。其中，最关键的是第四条，即淡马锡完全是一个以经济利益为中心的独立市场主体，它并不受政府的直接调控。这显然不是我国作为国民经济支柱和共产党执政物质基础的国企定位。

当然，问题不能一概而论。我国的国有企业数量巨大，门类众多，对国民经济的作用和意义也很不一样。国资分类改革明确把国企分类商业一类、商业二类和公益类三类，明确了不同类型企业的改革价值取向，予以分别施策，这是十分高明的举措，必将有力地推动国企改革走深走实。

关于商业一类企业。商业一类企业属于完全竞争性企业，企业的主要功能是获取利润，实现国资保值增值。因此，对这类企业要大力推动混合所有制改革，使之真正成为独立的市场主体，与其他经济成分的企业一样充分参与市场公平竞争，以利润最大化为目标。通过股份制改造，逐步实现国有企业的资产证券化，然后政府部门对这些国有企业的管理就按照养老金、社保基金和国外大学捐赠基金等领域的基金管理模式，采取资产组合管理技术和方法，确保国有资产的保值和增值。对这些国有企业的管理，以利润最大化为目标，当然前提是收益和风险的匹配（高岭等，2021）。要实现这一目标，就需要对竞争性国有企业大胆放权，大胆引进职业经理人队伍并建立起职业经理队伍带头人审查制度。而这也需要把选人用人权下放到企业董事会和党委会，因此这也是一个双方的权责界定重新调整的过程——这一点将在下一节展开。

问题在于商业二类和公益类企业如何改？使其既适应市场经济要求，又很好地承担起基础性职责。我认为，这两类企业可以按这样两个价值取向进行改革，即继续作为政策工具的公益类企业和作为政治工具的商业二类企业。

关于公益类企业。作为政策工具的国有企业是指，政府从经济社会发展和国民经济调控的需要出发，通过向国企下达投资任务、调整价格政策、实施产能调控、压缩利润空间、分配工作任务等行政方式，引导和把控国企的经营活动，来实现其社会目标。同时，又通过采取对其有利的产业政策、价格政策、税收政策、金融政策和财政手段，来弥补国企因超越自身能力去履行社会责任而产生的损失。这种方式力度大、见效快、作用直接且效果显著，政府运用起来较为得心应手，又因为这种方式符合传统习惯和一般的社会认识，所以一直以来为政府所用。但是，这种方式直接地把国企当作顺应政府政策的一种工具，因此客观上动摇了国有企业的市场主体地位，进而削弱了国企的独立性，并且干扰了国企按市场规则和企业自身规律发展的进程。除此之外，企业追求经济效益的积极性也被挫伤，久而久之经营者不再把市场中的消费者当作服务对象，转而把政府和政府制定的政策当作服务对象。但这也是客观存在的一种改革取向——即不再把国有企业当作独立的市场主体。事实上，目前许多国有企业正处于这条改革路径上。

那么这条改革路径上的重难点问题是什么？一是明确认定公益类企业的非市场主体地位，它是作为更好地发挥政府作用，解决"市场失灵"的政策性工作而存在的；二是通过深化企业改革，更好地建立起企业资源调配的科学化、制度化决策流程。具体而言，就是要建立起科学的国有企业产品事前定价机制和事后损益评估机制，不能仅凭地方官员的个人经验来判断国有企业产品调价程度。而这个事前定价机制，必须包含科学化的、基于科学的定价后果分析的应急预案以及相应的审核机制。

关于商业二类企业。那么商业二类企业为什么不能采用现在的这种政策工具的功能作用作为改革的价值取向呢？因为他们首先是商业性的，然后才是基础性的。作为政治工具的国有企业是指，政府通过在国有企业中建立起现代企业制度，主动维护国企的市场主体地位，并且支持国企在平等一致的政策环境和公平公正的市场环境中按照竞争中性的原则，以利润最大化为目标开展自由竞争，并最终在竞争中实现资产保值增值和良性发展。对于具有战略性和前瞻性的国家重大投资需求和关系国计民生的公共产品和服务需求，政府则在保证国企资本合理回报的前提下，通过公共产品和服务的购买以及向企业注入资本金等经济手段进行间接调控，来保证企业在正常盈利的情况下实现其社会目标。这种方式在实质上是把国企特有的社会目标转化为经济目标，通过统筹国企的企业收益和社会收益，尽可能减少实现目标所需的直接调控。同时，通过国企经济效益的创造和财富的积累，以及国有资本的放大效应，不断夯实和巩固中国共产党执政兴国的重要支柱和依靠力量。

为了说清楚商业二类企业实行以政治工具为导向的改革价值取向的合理性，我们先来分析商业二类企业的本质属性问题。

毋庸置疑，企业是以赢利为目的，运用各种生产要素，向市场提供商品或服务，实行自主经营、自负盈亏、独立核算的社会经济组织。交易理论认为，企业本质是交易成本的节约，这是企业的经济属性，商业二类企业也概莫能外。

商业二类企业除了伦理文化意义上的企业所应有的一般社会性以外，还具有其所特有的社会属性——公益性（从广义意义而言）。国企是生产资料归全体人民所有，并通过国家共同占有的一种公有制形式，是实现全国人民根本利益和共同富裕的重要保证，是国家调控经济的一种手段，是提供公共产品以承担社会责任的主体，其社会功能主要体现在保障就业、提供公共产品、保障基本生产生活、对基础产业进行政策引导、保障社会稳定、巩固社会主义经济基础等。

党的十八大以后，随着对国企属性的认识深化，我们党又作出了国企是具有鲜明政治属性的市场主体的正确论断。国企是政治属性和经济属性的统一体。这是由建设中国特色社会主义和发展社会主义市场经济共同决定的。习近平总书记在2016年10月10日全国党建工作会议上强调，国有企业是中国特色社会主义的重要物质基础和政治基础，是我们党执政兴国的重要支柱和依靠力量，并提出要通过加强和完善党对国企的领导、加强和改进国企党的建设，使国企成为"六种力量"。至此，从理论上明确了国企的政治、经济和社会三种属性和国企的三个责任（这里所讲的国企，更多的是指商业二类和公益类企业）。

如果我们再作深入分析，就不难发现，政治属性有广义和狭义之分。从广义上看，国企的生产资料所有制性质及其一切生产经营活动，都服从服务于党的执政地位和社会主义制度的巩固，都是为了更好地满足全国人民对美好生活的追求。因此，国企的经济属性和社会属性都包含在政治属性中。从狭义上看，国企的政治属性主要是体现在生产资料所有制性质上。而原来我们归结为国企社会属性中关于公有制本质特征的那部分属性都应归属于政治属性范畴。国企的社会属性则应是指其关于公益性的社会功能。本文将就基于这个概念对三种属性进行讨论。

如何统筹好这三种属性，履行好这三个责任，是国企面临的重大课题。在这三种属性和三个责任中，政治属性是一种阶级性和基础性的属性，履行好政治责任，主要是要加强国企党的建设，发挥好党组织的把方向、管大局、保落实的核心引领作用，确保国企的社会主义性质不改变。因而，政治属性是本质属性，与经济属性、社会属性并不矛盾，在国企认识和实践中没有歧义。问题在于经济责任和社会责任的协调一致上。

国企的实践经验表明，经济性和社会性是一对对立统一的矛盾，它表面上看是反映了企业局部利益和社会整体利益的矛盾，是兼顾效率和公平之间的矛盾。而深层次是两种决策运行机制在企业中同时发挥作用的不相容性矛盾。一方面作为经济组织必须遵从市场规则和秩序，实现利润最大化。另一方面作为事实上的公益组织接受政府的行政领导和控制，履行社会功能职责。正是这种既要经济效益又要社会效益的双元目标要求，造成了当前对国企的属性和定位的模糊认识，简单地把企业的经济属性和社会属性看成是一体两面的并列关系，两个目标同时并列，不分主次，不分先后，甚至更加强调国企的社会属性，把国企的意义看成就是为了履行社会责任而存在的，认为国企不应该强调经济效益。而国企的经营者也往往认同这种模糊认识，不敢坚持以效益为中心，大胆喊出效益最大化的口号。企业的经济活动，始终处于两种效益、两个目标、两种机制的两难平衡之中。

事实上，企业是以盈利为目的的经济组织，盈利是企业的最基本要求。只要是企业，都必须服从于这个目的，都必须遵循市场规则和经济规律。这是为社会所公认的共识。而关于国有企业必须以经济为中心，中央早有定论。江泽民同志曾经指出，国企要建立现代企业制度，成为自主经营、自负盈亏、自我发展、自我约束的法人实体和市场竞争主体。这从本质上明晰了国企首先是企业，必须追求经济效益。胡锦涛同志也强调，国企是经济组织，企业党组织更应紧紧抓住生产经营这个中心，服务于这个中心，作为工作的出发点和落脚点。习近平同志在全国国企党建工作会议上指出了"三个有利于"的国企改革标准，并再次强调提高企业效益、增强企业竞争实力、实现国有资产保值增值作为国有企业党组织工作的出发点和落脚点，以企业改革发展成果检验党组织的工作和战斗力。

由此可见，企业为经济效益而设立，因经济效益而存在，循经济规律而发展，这是企业的根本要求和内在逻辑，商业二类企业同样适合于这个要求和逻辑。所以，国企的经济属性与政治属性一样，是企业的本质属性。而国企的社会属性则是以企业的经济效益为基础，依托于企业的经济性来实现其社会功能。如果国有资产不能保持增值，不具备市场竞争力，那么社会保障无法实现，基础设施无法建设，甚至连自身的生存都成为问题，反而成为社会的负担。所以，国企的社会属性，是以其经济属性为前提条件的，因经济属性而存在的，是一种功能属性。

我们再来分析商业二类企业政治功能和社会功能的实现形式。前面我们分析过，作为政策工具使用的国有企业，采用直接调控的方法，一定程度上动摇了国企的市场主体地位，削弱了国企的独立性，也挫伤了企业追求经济效益的积极性。

而作为政治工具运用的国有企业，政府变直接调控为间接调控，遵循了市场经济规律，保护了企业独立的市场主体地位。商业二类企业则与其他所有制的企业一样，通过市场配置资源，在市场供求关系和价格引导下，独立自主地开展生产经营活动，为社会提供对路的产品和服务，繁荣商品经济，满足人民的物质文化需要。同时，通过其经济效益的创造和财富的积累，以及国资的放大效应，不断壮大党执政的经济基础。党通过加强对国企的政治领导，政府通过运用经济手段实现对国企的间接调控，国企则通过其党的建设和强大的财富创造服务于政治，成为党执政兴国的政治基础和物质基础。这种实现形式无疑是维护了国企的市场主体地位，符合中央关于国企改革的目标方向。

通过上面的分析，我们可以就商业二类的改革价值取向得出三点结论，供读者思考。第一，建立和完善现代企业制度，其根本任务是进一步明晰国企以企业的本来面目，使之成为以实现利润最大化为目标，独立核算，自主决策，自负盈亏的市场经济主体。这不仅关系到国企自身能否按照市场经济规则和企业的发展规律实现健康可持续发展的问题，更是关系到市场能否通过供求规律，对资源配置起决定性作用，更好地发挥好政府作用的问题。可以说，没有国企市场主体地位的真正确立，便不会有公平的市场规则，便不会有中性竞争原则，也便不能有效地约束政府减少用行政的手段干预市场的行为。从而便不能真正建立和完善中国特色社会主义市场经济体制，我们的经济改革任务便不能最终完成。

第二，国企具有政治、经济和社会三种属性，并相应地承担着政治、经济和社会三种责任。但这三种属性并不是同等的并列关系，其中政治和经济是国企的本质属性，社会属性则是功能属性。功能属性依附或从属于政治和经济这两个本质属性。国企只有在保持政治正确、经济效益充分的前提下，履行其自身经济能力允许前提下的社会责任。

第三，国企通过生产资料为全社会占有的具体实现来体现其社会主义公有制的基础性作用，通过经济效益的创造、财富的积累成为党执政的经济基础。政府应该充分尊重国企的独立性，尽可能多地用经济手段间接调控的方式来引导企业执行好党和国家的重大战略决策，承担保障国计民生的社会责任。使国企成为党和国家的政治工具。

最后需要注意的是，竞争性行业和基础性行业是一对历史的概念，任何行业都有可能变成竞争性行业，任何行业也有可能变成基础性行业。例如在遭受战火洗礼的国家，谷物行业就是基础性行业，而随着经济恢复和发展，这一行业也就成了竞争性行业。总之，技术生产方式、经济发展水平、具体历史情景和产品性质等因素共同决定了某一行业的性质，正是因为这种动态变化的存在，我们才需要一个国有资本的战略退出机制。

本章参考文献 ———————————————————

[1] Bowles S, Gintis H. "Contested Exchange: Political Economy and Modern Economic Theory" [J]. *The American Economic Review*, 1988, 78 (2): 145-150.

[2] Lin J Y. "Collectivization and China's Agricultural Crisis in 1959-1961" [J]. *Journal of Political Economy*, 1990, 98(6): 1228-1252.

［3］Lin K J, Lu X, Zhang J, et al. "State-owned Enterprises in China: A Review of 40 Years of Research and Practice" ［J］. *China Journal of Accounting Research*, 2020, 13（1）: 31-55.

［4］高岭,卢荻,唐昱茵. 市场控制还是组织控制:评国有企业向创新型企业转型的两种改革思路[J]. 工信财经科技,2021(04):94—106.

［5］蒋一苇. 职工主体论[J]. 中国劳动科学,1991(09):3—8.

［6］路风. 国有企业转变的三个命题[J]. 中国社会科学,2000(05):4—27,204.

［7］中共中央马克思恩格斯列宁斯大林著作编译局编译. 马克思恩格斯全集(第17卷)[M]. 北京:人民出版社.1963.

［8］让·梯若尔. 公司金融理论[M]. 王永钦译.北京:中国人民大学出版社,2007.

［9］亚诺什·科尔内. 短缺经济学[M]. 张晓光,李振宁,黄卫平译.北京:经济科学出版社,1986.

［10］杨瑞龙主编. 国有企业治理结构创新的经济学分析[M]. 北京:中国人民大学出版社,2001.

# 后 记

## 商 道

　　《道德经》云，道可道，非常道。道，无论你说与不说，它总在那里。天有天道，人有人道，商亦有商道。天道者，自然之规律也。人道者，做人之准则也。商道者，经商之规矩也。经商之道，当是生财之道。利是商之本源，在商言商，言必称利。生财之道就是获取利益、赢得财富的途径与策略。经商之道，还是诚信之道。讲求公平交易，互惠互利。《大学》云，意诚方能正心，方能修身、齐家、治国、平天下。经商亦同此理。商者必须在经营活动中，坚守童叟无欺的品德和信用，方能经营起商业帝国。如若"人心不古，马牛襟裾"，终将是昙花一现。何耶，商道通人道，商道在人心也。经商之道，还在于仁爱之心，在于恻隐，在于人文关怀。古训道："仁者，德之资。德者，财之神。""财自道生，利缘义取。"商者，也需要有乐善好施，雪中送炭的情怀。倘若唯利是图，铁石心肠；或不顾对方死活，趁火打劫；或囤积居奇，发国难财，亦为人所不齿。

然大凡上述种种经商之道，皆为商者之私道，皆为获取私利之道德学问，古今中外，概莫能外。商之私道，本质是资本之道，是资本逐利之道。推动它的是资本的力量，它所体现的是资本的意志，而人则是资本的奴隶。

人类只有摆脱了资本的束缚，才算真正获得了自由。

人类社会的历史，就是一部统治阶级统治被统治阶级的历史。统治阶级大体依靠四种"强权"获得其统治地位，实行对被统治阶级的统治。一是"皇权"。在中央集权的君主专制制度下，皇帝利用其至高无上的权力对黎民百姓进行统治。二是"神权"。统治者以"受命于天"，是神在人间的代理者为名，鼓吹"天授神权"，形成绝对的政治权力，实行对劳动者的残酷统治。三是"宗权"。一个人所属的宗族（族长）对宗族内全体成员行使支配权。中国古代近2000年的封建统治中，基本实行"皇权不下县，县下惟宗族"的地方宗族自治制度。宗权统治是中国基层社会的主要统治形式。四是"财权"。资产阶级登上历史舞台后，资产阶级利用雄厚的资本实力，通过其代理人，加以对国家机器的深刻影响，实行对劳动阶级的统治。

然"兴替忽矣新，山川悄然旧"。只有当社会主义国家实行生产资料公有制，人类社会才解除了套在劳动人民脖子上的最后一根绳索，实现了最广大劳动人民的当家作主和人的真正自由。而国企作为国有经济的最主要实现形式，发挥了基础性、根本性的作用。国企以满足广大人民的物质文化需要为根本的经营目标，是谓公利。国企以人民的权力代替了资本的权力，以人民的意志代替资本的意志。国企之商道，是谓公道，是谓大道。我为国企在人类社会发展史中的重大作用而感到骄傲，也为自己长期从事国企工作而感到自豪！

没有原创性的学术研究，要在与西方不同的社会制度下，用不同的世界观、方法论讲清中国国企的经商之道，是不自量力的。我以自己粗浅的知识和有限的经验，对国企这个庞然大物和独特的经济形态所做的研究，不过是一次走马观花式的巡礼。因此，拙作《国企的效率》就其总体而言，还仅仅是在中国的国情下，用中国的话语对中国国企的初步研究。本书如果能给读者走入国企带来一点导引作用——哪怕是一点启示，或唤起读者把国企作为一种经济现象的一点思考，也就不辱使命了。

在这里，特别要感谢我的大学同班同学、浙大城市学院校长罗卫东教授，省委党校进修班同学、浙江财经大学校长钟小敏教授，他们分别在百忙之中抽出宝贵时间为此书作序，给了我莫大的鼓励！还要感谢唐昱茵、张鑫韬、徐小龙诸君为书稿的资料搜集、整理、打印等方面给予的鼎力帮助！

在此书付梓之际，衷心感谢浙江人民出版社叶国斌先生和几位编辑，没有他们的辛勤工作和大力支持，这本书的出版是不可能的。

本书不免有错讹疏漏之处，恳请读者批评指正。